《摩訶般若波羅蜜經》的思想研究

楊 翼 風 著

文 史 哲 學 集 成

文史哲出版社印行

國家圖書館出版品預行編目資料

《摩訶般若波羅蜜經》的思想研究 / 楊翼風
著.-- 初版 -- 臺北市：文史哲, 民 98.10
　頁；　　公分（文史哲學集成；574）
參考書目：　　頁
ISBN 978-957-549-871-9 (平裝)

221.4　　　　　　　　　　　　98018666

文史哲學集成 574

《摩訶般若波羅蜜經》的思想研究

著　　者：楊　　　翼　　　風
出 版 者：文　史　哲　出　版　社
　　　　　http://www.lapen.com.tw
　　　　　e-mail：lapen@ms74.hinet.net
登記證字號：行政院新聞局版臺業字五三三七號
發 行 人：彭　　　　　正　　　　　雄
發 行 所：文　史　哲　出　版　社
印 刷 者：文　史　哲　出　版　社
　　　　　臺北市羅斯福路一段七十二巷四號
　　　　　郵政劃撥帳號：一六一八〇一七五
　　　　　電話886-2-23511028・傳真886-2-23965656

實價新臺幣四五〇元

中 華 民 國 九 十 八 年（2009）十 月 初 版

序

　　般若思想是佛教的基礎或核心思想，是佛教文化的精髓。這一思想無論在印度佛教發展史上，還是在世界其他國家的佛教發展史上都佔有顯要地位，是東方文化中的重要內容。般若思想雖然主要是在大乘佛教時期興起的，但它的思想淵源可以在原始佛教及一些部派佛教中即可追尋到，而且與佛教產生前就存在的印度其他宗教哲學思想有重要聯繫。般若思想不僅在印度大乘佛教思想體系的發展中起著主導作用，而且對其產生後的其他佛教流派甚至佛教外的思想流派也有重要影響。

　　佛教中的般若類經典數量極多。《摩訶般若波羅蜜經》是其中重要的一部。該經在古代就十分受人們重視。佛教史上地位極高的論師龍樹就曾對其進行注釋。由此可以看出該經在般若類佛典中的重要性。

　　楊翼風博士的《〈摩訶般若波羅蜜經〉的思想研究》一書是其在學位論文的基礎上修訂增改後推出的一部學術著作，是其數年佛教研究的重要成果。該書對《摩訶般若波羅蜜經》的主要內容作了專門研究，對該經中的基本思想作了深入分析，對該經與其他般若類經典的思想異同進行了比較，探討了該經對龍樹中觀思想的影響，並且論述了該經等中展示的般若思想與其他大乘思想的理論關聯。

　　從該書的敘述中可以看出，作者對般若思想中的主要內容作

了細緻的梳理，對印度大乘佛教的基本理念有很好的把握，對印度佛教的主要發展線索有清晰的認識。作者在著作中使用的材料豐富，分析深入，提出的不少觀點有獨到見解，對人們理解佛教文化具有重要的啓發作用。

佛教是思想內容十分豐富的一個宗教派別，也是哲學內容極爲深奧的一個宗教派別。對佛教的研究有種種方法，有多個方面。在佛教思想的研究中，對其基本概念、主要範疇做微觀的專門細緻分析、探討十分必要，但在做這些細緻分析時，同時具有佛教思想體系的宏觀把握或整體意識也十分重要，二者不可偏廢。楊翼風博士的這部著作既突出對般若思想基本概念的分析，又注重從宏觀方面把握這一思想的整體面貌，研究是很有特色的。

當然，佛教思想既可以說是豐富的，也可以說是複雜的。由於種種原因，其中的不少問題並不那麼容易理解，要想對其都作出客觀適當的評述是很難的。書中的不少觀點也都是可以繼續探討的。希望這部書的出版能引起更多的人關注佛教思想，把佛教文化的研究進一步推向深入。

姚衛群

2009 年 6 月 11 日於

北京大學中關園

自 序

　　本書是筆者在北京大學博士論文的基礎上，經過修訂與增刪完成的，因此亦可以算是筆者北京大學博士班求學四年的總結。本書的題目沿用了筆者博士論文的題目，即《〈摩訶般若波羅蜜經〉的思想研究》。《摩訶般若波羅蜜經》為中品般若，成於西元二世紀至二世紀中期之間，漢譯本是由鳩摩羅什翻譯所成，是般若類經典中最具代表性的經典。筆者選擇《摩訶般若波羅蜜經》作為研究對象，是希望藉之進入般若思想的領域，瞭解及闡揚大乘佛教的基本思想與精神。

　　般若思想是大乘佛教早期所出，佛教自此進入一個新的紀元，「上求佛道、下化眾生」為其思想內核，大乘佛教因而具有與部派佛教迥然不同的面貌。為了能將凡夫到成佛這一條道路打通，大乘佛教以教、行、果的分科展現了由凡入聖的理論和實踐。本書的基本線索即按這一思路展開：為了由凡轉聖，大乘思想關注的是如何建立對諸法在世諦與第一義諦呈現的性相作出正確的領悟，以及引導實際證入的觀行方法，並由此提出「空有不二」、「世間即涅槃」的主張。於是，在空融通諸法的情況下，世間不再是厭離的，而是正視的對象，恰於其中方可粹練出慈悲心與般若波羅蜜。般若思想認為，慈悲心與般若波羅蜜，都需要藉由在世間行服務利生之事，才能養成。慈悲心是希望眾生離苦得樂的心，般若波羅蜜是可正確認知諸法性相的智慧。由於般若波羅蜜

的關係，修行者利生的心才不會膠著在實有眾生可得、可度的虛妄，因而能在行菩薩道的漫長過程中，逐漸以「空」融通諸法，最終了知諸法本具的「空」的體性，證得「諸法如幻」的現觀，並能契入度生而實無眾生可度的三分清靜或三輪體空之境地。正因為成佛的條件是慈悲心和般若波羅蜜，故而出現了培養和增長二者的方法，即六波羅蜜法及由之而出的方便力，使行者最終證得圓滿殊勝的佛智 —— 一切智和一切種智－－成為可期。

　　為了清晰地展示般若思想的內在邏輯，本書將用五章的內容來說明：第一章，從歷史的角度，論證了選擇《摩訶般若波羅蜜經》作為研究版本的理論根據。即《摩訶般若波羅蜜經》，雖為般若思想的早期經典，但是由於其語言的精練、名相的集中、思想的完善，而優於其他般若類經典。並在此過程，我們發現龍樹正是通過對該經的詮釋，繼承發展出了中觀思想，由此影響了中、後期大乘佛教的思惟方式和傾向。第二章，從文本的視域，釐清了《摩訶般若波羅蜜經》中的諸多理論。而這也成為本書最重要的部分。文中分別從五個層面展現般若思想的豐富內涵。即「般若波羅蜜的詞義辨析」、「諸法性相的二諦義」、「六波羅蜜與方便力的內在關聯」、「入般若波羅蜜的觀行方法」、以及「佛地觀的確立」。以下三章則都運用對比的方法論證了般若經內部、與中觀學、與唯識及如來藏思想的內在一致性和延承性。第三章，選擇般若類經典對比，揭示出般若類經典思想一貫的特質。我們一方面將《摩訶般若波羅蜜經》與下、中、上品般若對比，不但發現般若類經典從下品、中品至上品的發展軌跡，並在其中發現中品般若在闡述般若思想的理想性；再方面在《摩訶般若波羅蜜經》梵本缺失的情況下，我們將中品般若的諸漢譯本比較，發現《摩訶般若波羅蜜經》與《放光般若經》為同本異譯，與《大般若經》

第二會卻不是來自同一梵文原典,但實質內容甚為類似;另一方面則與中國流傳甚廣的《金剛經》類比,亦發現該經與《金剛經》儘管在名相多寡、說理寬狹上有所不同,但中心思想或重點沒有太大的出入,由此證明般若思想的一致性。而正是統一的般若觀點,為以後大乘思想的詮釋及發展奠定了必要的理論基礎。第四章,以《摩訶般若波羅蜜經》與龍樹思想的對照,探查出龍樹對般若思想的繼承,主要表現在:就文本上看,龍樹直接注釋該經,形成《大智度論》,為自身理論的完善、及後來的中觀理論奠定了基礎;而就內容上說,龍樹關於諸法性相的二諦含義、中道、方便力等問題的論述上,均與般若思想一致。而龍樹理論的特色,所具的時代特點,則在於運用思辨的方法批判諸法自性實有的認知。第五章,則以《摩訶般若波羅蜜經》分別與如來藏、唯識思想進行比照研究,闡述了般若思想和後二者的內在一貫性。我們以如來藏思想中本體與緣起,以及唯識學三性(三相)和轉依的兩對範疇,表達了不同大乘時期之學派,對般若思想關於諸法性相二諦義和般若波羅蜜的繼承與闡發。

　　基於以上的結構分設和內容辨析,我們以為,本書的重要創新處在於:首先,藉由二諦,我們將《摩訶般若波羅蜜經》所闡述之諸法性相的意義完整地披露出來,凸顯了該經以二諦闡釋諸法性相的特色。其次,我們揭示了《摩訶般若波羅蜜經》的理論核心是以諸法的性、相兩邊來闡述其「空相不二」的觀念。向般若波羅蜜則是遵行及扶助證入此核心的方法,其中涵括了三觀、三昧、四十二字門等多元的實踐方法。這補充了以往研究,忽略理論內核和實踐方法統一的不足。第三,我們對般若、如來藏、唯識思想做了一定程度貫通性的理解,發現般若學關於法性、諸法實相和三假的理論,是如來藏思想中的本體與緣起說,以及唯

識學的三性（三相）說的先河，進一步地在理論上證明了大乘各系思想與般若思想的諸多淵源，從而顯現出大乘佛教各系思想之承先啓後、一脈相承的關係。第四，通過和唯識學的對比，我們發現般若學中「般若波羅蜜」擔負著轉識成智的功能，而這一實踐理論和方法，到了唯識學時以「轉依」的方式進行詮釋，論證了般若學在實踐理論上亦作爲源頭而廣爲開發。第五，將般若經中內藏的大乘菩提道（或菩薩道次第）的修行道路呈現出來，並細緻、有機地詮釋了各重要次第與整條修行道路的關係，一定程度上，爲現代般若研究提供實踐層面的參考。

　　由於本書題目涉及的層面太廣，研究的過程極爲艱辛。但是隨著閱讀、思考的深入與不斷修正，同時在長期教導筆者的台灣師長、姚衛群老師（筆者在北大的指導教授）的辛勤指導之下，筆者終於在掌握《摩訶般若波羅蜜經》的思想特點之後，順利展開本文的撰寫。此外，爲了符合佛教解行相應的特質，筆者在撰寫時，也儘量顧及該經所提之般若思想的實踐層面，期能全面性地展現《摩訶般若波羅蜜經》的思想重點。但是由於筆者還在學習的道路上，因此文中還有很多不足之處，也請十方大德不吝給予指正與指導。

　　本書能夠順利的出版還要感激家人、朋友、學校、同事、同學的支持，此中尤其感恩我的母親在家事方面的隨順，以及雲南大學哲學系楊勇老師的校稿，筆者因而能在心無旁騖的情況下，順利將之完成及付梓。

楊翼風

民國 2009 年 8 月 20 日於花蓮

《摩訶般若波羅蜜經》的思想研究

目　　次

序 ·· 1

自　序 ·· 3

序　論 ·· 1

　一、研究對象與範圍 ·· 1

　二、研究況狀略述 ·· 5

　三、研究意義 ·· 8

　四、篇章結構與研究方法 ·· 10

　　（一）篇章結構 ·· 10

　　（二）研究方法 ·· 13

第一章　《摩訶般若波羅蜜經》的文本與基本內容 ······················ 15

　第一節　《摩訶般若波羅蜜經》的
　　　　　相關文本、翻譯與注疏 ·· 16

　一、《摩訶般若波羅蜜經》的成立背景 ···································· 16

　二、文本與翻譯 ·· 20

　　（一）文　本 ·· 20

　　（二）翻　譯 ·· 24

　三、注　疏 ·· 30

第二節 《摩訶般若波羅蜜經》的 ……………… 33

篇章結構與基本內容概述 ………………………… 33

第三節 《摩訶般若波羅蜜經》內容的判攝 …………… 46

第二章 《摩訶般若波羅蜜經》的重要思想內容 …………… 51

第一節 「般若波羅蜜」詞義辯析 ………………… 53

一、「般若」與「般若波羅蜜」 …………………… 53

二、「般若波羅蜜」與「薩婆若」 ………………… 62

第二節 諸法性相的內涵 …………………………… 65

一、世諦層面：三假說 —— 緣起性空、法相假有 …… 66

（一）法假的機理 ……………………………… 68

（二）名假與受假 ……………………………… 72

二、第一義諦層面 ………………………………… 75

（一）法性：「空」而「不空」………………… 75

（二）法相：空假相即的諸法實相 …………… 80

第三節 化度眾生心量、智、力的養成：

六波羅蜜與方便力 …………………………… 84

一、六波羅蜜的內涵：世間六波羅蜜與

出世間六波羅蜜義 …………………………… 85

（一）世間六波羅蜜 …………………………… 88

（二）出世間六波羅蜜 ………………………… 93

二、方便力 ………………………………………… 98

（一）內涵與重要性 …………………………… 98

（二）有方便力的教導：依二諦說法 ………… 99

1、運用「世諦」教化眾生的方便力 …… 100

2、教導眾生悟入「第一義諦」的方便力 ‥ 103

第四節 入般若波羅蜜的觀行：三種觀法 …………… 106

一、空　　觀 ································· 108
（一）空觀知見與思惟的建立：十八空觀 ······· 109
（二）空觀的修持方法 ···················· 111
1、三昧門 ························· 112
（1）三三昧 ···················· 113
（2）百八三昧 ·················· 117
2、文字陀羅尼：四十二字門 ········ 119
二、假　　觀 ······························· 128
三、諸法實相觀 ··························· 129
第五節　佛地觀：佛智、佛身、佛土 ········· 130
一、三智的內涵 ··························· 130
（一）通達法性的一切智 ················· 131
（二）度生後得的道種智與一切種智 ······· 134
1、菩薩的道種智 ················· 135
2、佛的一切種智 ················· 138
二、佛　　身 ····························· 142
三、佛　　土 ····························· 147
第三章　《摩訶般若波羅蜜經》與其
它般若類經典的思想關聯與異同 ······· 161
第一節　與下品般若類經典內容的對照與比較 ········· 162
第二節　與中品般若類經典內容的對照與比較 ········· 172
一、與《放光般若經》的比對 ·············· 172
二、與《大般若經》第二會的比對 ········· 178
第三節　與上品般若類經典內容的比對 ········· 189
第四節　與《金剛經》的對照與比較 ··········· 194
一、大乘義：菩薩道次第 ················ 195

二、二諦與方便力 ……………………………………………… 206

三、般若波羅蜜的觀行方法 ………………………………211

第四章 《摩訶般若波羅蜜經》對龍樹中觀思想的影響 ……… 215

第一節 方便權巧的說法方式 …………………………………… 217

第二節 無自性的思想 ……………………………………… 219

一、世諦層面：緣生法無自性 ……………………………… 220

二、第一義諦層面：無自性性 ……………………………… 226

第三節 中道的思想 ……………………………………… 234

第五章 從《摩訶般若波羅蜜經》看般若思想與
其它大乘思想的理論關聯 ……………………………… 245

第一節《摩訶般若波羅蜜經》與如來藏思想的關係……… 246

一、如來藏思想的發展背景 ……………………………… 247

二、《摩訶般若波羅蜜經》的心性思想 ……………… 251

三、《摩訶般若波羅蜜經》的心性思想與
如來藏思想的關係 ……………………………… 255

（一）二者的理論關聯 ……………………………… 255

1、本體說：心性本淨、本有與
自性清淨藏 ……………………………… 256

2、緣起說：法性、諸法實相與
空如來藏、不空如來藏 …………………… 257

（二）二者的思想銜接：無自性與
無自性性思想 ……………………………… 262

1、三時說的內涵 ……………………………… 263

2、無自性到無自性性的思想轉折 ……… 269

3、相關的論辯 ……………………………… 274

（1）自空見與他空見 …………………… 274

（2）如來藏說與梵我論 ⋯⋯⋯⋯⋯⋯⋯ 275

第二節　《摩訶般若波羅蜜經》與
唯識思想的理論關涉 ⋯⋯⋯⋯⋯⋯⋯⋯ 277

一、諸法性相 ⋯⋯⋯⋯⋯⋯⋯⋯⋯⋯⋯⋯⋯⋯⋯ 277

二、「識」與「智」的相關思想 ⋯⋯⋯⋯⋯⋯⋯ 283

（一）染分的還滅與轉依 ⋯⋯⋯⋯⋯⋯⋯ 284

（二）對佛智詮釋的異同 ⋯⋯⋯⋯⋯⋯⋯ 291

結　　語 ⋯⋯⋯⋯⋯⋯⋯⋯⋯⋯⋯⋯⋯⋯⋯⋯⋯⋯⋯ 297

參考文獻 ⋯⋯⋯⋯⋯⋯⋯⋯⋯⋯⋯⋯⋯⋯⋯⋯⋯⋯⋯ 301

附　表：

表一　《摩訶般若波羅蜜經》的結構與各品的內容重點 ⋯ 34

表二　《摩訶般若波羅蜜經》內容的判攝 ⋯⋯⋯⋯⋯⋯ 48

表三　《摩訶般若波羅蜜經》的思想演繹重點 ⋯⋯⋯⋯ 52

表四　《摩訶般若波羅蜜經》對十八空的釋義 ⋯⋯⋯⋯110

表五　四十二字的音與義 ⋯⋯⋯⋯⋯⋯⋯⋯⋯⋯⋯ 122

表六　淨佛國土的心願 ⋯⋯⋯⋯⋯⋯⋯⋯⋯⋯⋯⋯ 149

表七　「夢行品」與「淨土品」在淨佛
國土相關描述的對照 ⋯⋯⋯⋯⋯⋯⋯⋯⋯ 156

表八　《摩訶般若波羅蜜經》中菩薩道次第
重要階段的內容在本章的呈現 ⋯⋯⋯⋯⋯⋯ 160

表九　《摩訶般若波羅蜜經》與
《小品般若波羅蜜經》的對照 ⋯⋯⋯⋯⋯⋯ 171

表十　《摩訶般若波羅蜜經》與
《放光般若經》品目對照表 ⋯⋯⋯⋯⋯⋯⋯ 173

表十一　《摩訶般若波羅蜜經》與
《大般若經》第二會的簡單對照 ⋯⋯⋯⋯⋯ 188

表十二　《摩訶般若波羅蜜經》與
　　　　《金剛經》異同處的對照 ……………………… 213
表十三　《摩訶般若波羅蜜經》與《解深密經》
　　　　在諸法性相方面的思想對照 ………………… 283
表十四　般若思想與唯識思想在
　　　　「識」、「智」方面的思想對照 …………………… 295

序　　論

一、研究對象與範圍

　　一般來說，佛教的相關研究是多線的發展的：文學、藝術、歷史、文獻學、思想、修證等，每一個領域，皆累積了無數人的心血。因而使得佛教的研究顯得豐富而多彩。但是若從宗教學的領域來看佛教的話，思想與修證的研究，無疑才是佛教內涵的主軸，其餘的如文獻對勘與考據可視為瞭解經典內容的助緣；佛教史可幫助人們瞭解佛教在不同時空背景的特點及思想的發展脈絡；佛教文學與藝術則是對佛教意境的一種展現。可是無論研究領域和形態怎樣的多元，要深入佛教思想且真切地理解，卻仍須以佛教經典所載的見地和實踐方法為探究的基礎。因為若是離開了對經典的認識與實踐，只從後人對佛教多元化的研究與結論中尋求對佛教思想的正確解讀，必然會產生見樹不見林，乃至無法有效掌握佛教的旨趣與宣揚重心的問題。

　　在佛教中，大乘思想出現的目的只有一個，就是引導眾生證入阿耨多羅三藐三菩提，雖然歷史上出現過各種的佛教流派，但是達到這一目標，卻始終是各經典、各流派的旨歸，儘管詮釋的語言或有不同，但經典思想的旨趣不會有本質性的差異。其中，作為表述大乘佛教早期思想的般若類經典，雖然最為早出，但是其內容與後來的唯識與如來藏類經典一樣都是著重在闡述「識」、

「智」之間的還滅與流轉等問題。只是就其異於其它經典的特性來說，般若類經典特別注重闡發「般若波羅蜜」的重要性。其原因在於，「般若波羅蜜」是眾生在因地修行時，唯一可使眾生轉「凡夫識」成「佛智」的智慧。「般若波羅蜜」即以具備這樣的功能，使眾生處於因位時，沒有可與之比擬的智慧而得「波羅蜜」綴於「般若」之後，以彰顯其之「無等等性」。這樣看來，般若類經典既然以述說「般若波羅蜜」為主，連帶地就必須探討「般若波羅蜜」的見地與落實的方法，其內容具體的表現在：從「識」到「智」的流轉、還滅與證悟等問題。總的來說，早出的般若思想已基本涵蓋了大乘佛教所關注的各項議題，只是般若類經典通篇以講述「般若波羅蜜」為重點，對於其它的議題，如識的緣起、如來法界等，只是蜻蜓點水般地簡略說明，並沒有詳盡的介紹，以致要全面地瞭解「識」、「智」之間的各相關思想，就必須借助所謂的唯識類經典與如來藏類經典。通過三類經典的合會，才能完整地描繪出由「世間」跨越至「出世間」的轉變，即菩提道或成佛之道上的種種見地、觀行。雖然眾經各有其宣揚的特色，無疑地，「般若波羅蜜」在「識」、「智」之間的關鍵性地位，使它的重要性特別的突出。基於這樣的原因，以「般若波羅蜜」為中心而開展的般若思想不但在印度影響深遠：有龍樹忠實地傳承了它的思想，並在之後形成中觀派；也深切地影響了中國的佛教。中國的佛教中除了禪宗、華嚴宗、天台宗、三論宗等可見到般若思想開展的清晰軌跡之外，其它的宗派也皆含有般若思想的氣味，可見般若思想在大乘佛教中的共通性與重要性。因此，為了能夠深入地瞭解般若思想以及其在大乘佛教中的根本性意義，進而掌握大乘佛教的思想中心與明瞭由世間入出世間過程中的轉折與方法，我們將藉由般若類經典作為進窺大乘般若思想堂奧的媒介。

　　從佛教的發展史來看，傳達般若思想的般若類經典眾多，從中選取適當的經本研讀，並非易事。在般若經眾譯本及各版本中，我們選擇了二萬二千頌的《摩訶般若波羅蜜經》。它形成於二世紀至二世紀中期之間，在整個般若系列中，位居中品，是對早些成型的般若思想的繼承和擴充。選擇《摩訶般若波羅蜜經》作為研究版本的根據在於：首先，從般若類經典思想的共同焦點看，該經完整地敘述了初發阿耨多羅三藐三菩提心、增長利益眾生慈悲心的六波羅蜜法、習行般若波羅蜜以相應行於第一義的薩婆若（即一切智），乃至在一切智的基礎上習行各種度生的方法以成就道種智，甚至最後方便力具足而得成一切種智，現觀阿耨多羅三藐三菩提、圓滿淨佛國土的整個大乘菩提道（或名菩薩道）[1]的修學理論、實踐方法、次第與果地等內容，大乘佛教的義理、精神因而得以完整的建立。其次，從《摩訶般若波羅蜜經》獨特的內容看，該經有下品般若類經典中未見的內容，如對三假、三智、佛身、佛土等觀點的系統表述；再如對三乘共地與菩薩不共地、諸字陀羅尼門、百八三昧等大乘思想與實踐方法的全面說明。第三，從研究版本的可操作層面上說，《摩訶般若波羅蜜經》簡明扼要而又全面豐富。與該經相比，屬上品的《大般若波羅蜜多經》的初會達到十萬餘頌，共四百卷，其多出部分均是法數的增加以及對每

1　大乘菩提道又名「菩薩道」，以「上求佛道、下化眾生」為其修學的核心內容，若以三乘共十地的次第而言的話，是處於聲聞（包含乾慧地、性地、八人地、見地、薄地、離欲地、已辦地等七地）與緣覺位（第八辟支佛地）之後，位於第九地，其後即為佛地。三乘共十地的完整次第，即是一個從凡夫到成佛涵蓋所有修學法門的「菩提道」。菩薩道為銜接聲聞緣覺至佛乘唯一的通道，以心量與智慧的深遠與廣大而獲大乘之名，也因此菩薩道又可稱為大乘菩提道。

一主題的反覆述說，實際內容未見增加[2]。所以若能掌握《摩訶般若波羅蜜經》的思想，也就等於掌握了《大般若經》初會的精髓。通過研究《摩訶般若波羅蜜經》，我們亦證實了此一觀點。第四，從歷史意義與現實的地位來看，《摩訶般若波羅蜜經》出現的年代正好是般若思想混沌不明，且佛教經論尚未翻譯齊備的魏晉南北朝時代，它以譯文的優美流暢，及對般若思想敘述的完整全面，使其在眾多的般若譯典中特別的突出，並使得它有機會對匡正中國地區的般若思想，做出了極大的貢獻。因此即使到了佛經譯典繁多，品質高絕的有唐一代，《摩訶般若波羅蜜經》仍以其具有的特殊地位與重要性，始終處於不可替代的位置，並也因此被視爲代表般若思想的「主流經典」。最後，還有一點是極爲重要的，就是《摩訶般若波羅蜜經》擁有可直接對參的重要注疏——《大智度論》，它爲研究者提供了不可或缺的歷史性的參考資料。綜上所述，我們最終選取了《摩訶般若波羅蜜經》，作爲研究般若思想的所依經典。

本書的研究是以漢譯的《摩訶般若波羅蜜經》爲主軸，由於該經沒有藏譯本，現存的二萬五千頌的藏譯本與該經並非同本異譯，加上該經的梵本截至目前並未發現，因此本書的研究對象將侷限在漢譯的文本，即鳩摩羅什所譯的《摩訶般若波羅蜜經》。此外，因爲上、中、下品般若的相關經典與《摩訶般若波羅蜜經》屬同一條發展脈絡，所以相關的經典，尤其是同屬中品的《放光般若經》、《大般若經》第二會亦爲我們參照的對象。雖然本書主要是研究《摩訶般若波羅蜜經》的思想，但是爲了凸顯般若思想在大乘佛教中基礎且核心的地位，及深化對般若思想的認知，我

---

2 經過漢、藏、梵的版本比較後，英國佛教學者 Edward Conze 以爲，十萬頌般若中有五分之四也就是約 75000-82000 頌是屬於重複的敘述。

們將《摩訶般若波羅蜜經》中的重要思想，如諸法性相的相關思想（包含法性本具、實相、緣起性空、虛妄憶想分別、假有、無自性與無自性性等）、「識」與「智」的相關思想等，與其它大乘思想進行對照與比較，其範圍包含唯識與如來藏思想，以及以般若思想爲核心內容的中觀派等。於是它們的根本所依經論，如中觀派的《大智度論》、《中論》、《十二門論》、《迴諍論》；唯識思想的《解深密經》、《佛地經》、《瑜伽師地論》、《佛地經論》、《成唯識論》；如來藏思想的《楞伽阿跋多羅寶經》、《佛說不增不減經》、《勝鬘經》、《寶性論》等，即成爲本研究必須涉及的重要經典。

二、研究況狀略述

　　般若思想因爲是佛教中極爲重要的思想，所以從古到今，不論印度、漢地、藏地、日本以及歐美地區，對之都有相當多的學術論著。在印度以龍樹的《大智度論》與彌勒的《現觀莊嚴論》爲翹楚。除此之外，尚有五世紀至八世紀期間，由印度論師所作有關二萬五千頌般若經的論釋，計有聖者解脫軍及大德解脫軍兩種的《二萬五千頌般若經論現觀莊嚴釋》；八、九世紀東印度波羅王朝達磨波羅王（約西元 770-810 年在位）精通般若經與《現觀莊嚴論》的王師師子賢所著的《二萬五千頌般若合論》（七十四卷）、《八千頌般若釋論》、《八千頌般若波羅蜜多疏現觀莊嚴明義》、《現觀莊嚴般若波羅蜜多教授論釋》；牙軍的《十萬頌、二萬五千頌、一萬八千頌般若廣釋》等[3]。

　　《大智度論》是《摩訶般若波羅蜜經》的釋論，由龍樹所著，

3 李利安主編（2004）。〈《彌勒五論》前言〉。載《彌勒五論》。西安：西北大學，頁 7-8。

一直以來都被視爲研究《摩訶般若波羅蜜經》，以及正確解讀般若思想不可或缺的重要參考材料。這一是因爲龍樹是對大乘佛教的興起具有關鍵性作用的人物，以他的思想爲核心而形成的中觀派，影響後世深遠；再是由於《大智度論》是直接針對《摩訶般若波羅蜜經》所作的釋論，經論對參方便，對掌握經文確切意涵有直接的助益。龍樹在《大智度論》中對《摩訶般若波羅蜜經》採用隨文註解的方式進行注釋，但由於原論的篇幅過於龐大，鳩摩羅什在翻譯的時候，作了篩檢。羅什將《大智度論》的序品完整的譯出，這部分的內容主要是闡釋《摩訶般若波羅蜜經》序品經文中各項的法數，共用了三十四卷之多的篇幅，以助經文的解讀，至於二品以下則只選譯足以開示文意的部份。

《現觀莊嚴論》全名《現觀莊嚴般若波羅蜜多優波提舍論》，又稱《般若經論現觀莊嚴頌》，是二萬五千頌般若經的釋論，不同於《大智度論》的隨文闡釋，《現觀莊嚴論》以「三智義、四加行、法身」八種現觀共七十義統攝二萬五千頌般若經（內容相當於漢譯的《摩訶般若波羅蜜經》）的內容：即一切相智（十義）、道智（十一義）、一切智（九義）、圓滿現觀一切相加行（十一義）、由煖至頂加行（八義）、漸次加行（十三義）、刹那現證菩提加行（四義）、法身（四義）。七十義分說八種現觀，此即所謂「八事七十義」。「八事七十義」將二萬五千頌般若經的內容進行歸納與統攝，使讀者在閱讀時較易入手，不至因爲經文的冗長繁複，導致深奧的經義不能彰顯。《現觀莊嚴論》在印度傳播甚廣，九世紀開始傳入西藏，十二世紀時，西藏的𠰭譯師（西元 1059-1109 年）爲之作注，開啓成爲藏人對之注疏的先河。從此以後，此論的注疏相繼輩出，其中以十四、五世紀宗喀巴（西元 1357-1419 年）的《詳解善說金鬘疏》爲此類注疏中最爲詳盡的作品。《現觀莊嚴論》進

入漢地的時間非常晚，1938 年法尊法師將其轉譯成漢文後，漢地才開始對之的研究。目前在臺灣有陳玉蛟將其數年來對《現觀莊嚴論》探討的論文集結成《現觀莊嚴論初探》一書，以及羅時憲以《現觀莊嚴論》的八事七十義對讀八千頌般若經的《八千頌般若經論對讀》等著作。

　　在漢地，隋代即有吉藏對《摩訶般若波羅蜜經》所撰的一部類似導論性質的《大品經遊意》一卷[4]。此外，近現代漢地的學者針對「般若思想」及相關議題進行專門研究的圖書資料，計有張曼濤主編〈現代佛教學術叢刊 45〉的《般若思想研究》、印順法師的《初期大乘佛教之起源與開展》、《空之探究》、《中觀今論》、《性空學探源》、牟宗三的《佛性與般若》、姚衛群的《佛教般若思想發展源流》、呂澂的《印度佛學源流略講》（略微涉及般若思想）、蔡耀明的《般若波羅蜜多教學與嚴淨佛土》。其中印順的研究涵蓋般若經的成立與發展、上中下品般若經的對勘、般若的法義等，探討的範圍廣而且深入，在漢地具有相當程度的影響。

　　在日本，針對般若相關思想研究的著作很多，據筆者瞭解，計有梶山雄一的《空的智慧：般若經的現代詮釋》、《般若思想的形成》收於許洋主譯的《般若思想》；真野龍海的《般若波羅蜜多の研究》；玉城康四郎的《心解脫・慧解脫に關する考察》；山口益的《般若思想史》。對於般若經的成立，以及它的各部類進行細緻的分析，則有梶芳光運的《人乘佛教の成立史研究：原始般若經の研究》；靜谷正雄的《大乘佛教の成立過程》；三枝充悳的《般若經の真理》；山田龍城的《大乘佛教成立論序說》、《梵語佛典諸文獻：大乘佛教成立論序說資料篇》（此書在台灣由許洋主譯，將

---

4 唐朝時期的新羅元曉也曾針對《大般若經》做過一部相當導論性質的《大慧度經宗要》。

之翻譯成漢文,譯名爲《梵語佛典導論》,收錄在華宇出版社發行之《世界佛學名著譯叢》第七十九冊);副島正光的《般若經典の基礎研究》以及〈般若經的成立〉收於許洋主譯的《般若思想》;渡邊章悟的《般若部》收於《大乘經典解說事典》。

　　歐美地區對於般若的研究是以 Conze 爲翹楚,他一生致力將佛教介紹到西方,而他在佛教研究的重心則是在般若學。除此之外,他更將般若類經典翻成英文,使西方人士因此有機會認識大乘佛教的重要思想與經典。他的著作很多,重要的相關著作有"The Prajñaparamita Literature"、"The Development of Prajñaparamita Thought"、"Mahayana Buddhism from Thirty Years of Buddhist Studies: Select essays",其中 The Prajñaparamita Literature 的內容包含 Conze 對上、中、下品般若類經典的歷史發展軌跡的陳述、內容簡介與各種文本的介紹,以及對《大智度論》與《現觀莊嚴論》的概略介紹。Mahayana Buddhism from Thirty Years of Buddhist Studies: Select Essays,則是他從自己的著作中選出較具代表性的論文十四篇集結而成。此外,比利時的學者 Lamotte 將《大智度論》翻譯成法文,將此重要的大乘般若釋論介紹給西方人士,亦是貢獻卓著。

三、研究意義

　　嚴格說來,大乘佛教的般若思想源出般若經,是以闡釋「般若波羅蜜」教、行、果的思想爲內容。在中國的佛教史上,「般若思想」一詞也一直就是擔負這樣特定的意義。大乘般若思想的原型(即《道行般若經》中的 「道行品」)出現年代約在西元前一世紀,針對於當時盛行有部思想的印度佛教,它揭櫫了佛陀悟道

的核心部分──空而不空。一般咸認般若波羅蜜只是瞭解人、法二空的智慧，其實作為引領眾生從虛妄的世間出離，至不生不滅的出世間的般若波羅蜜，是可以幫助眾生瞭解諸法分在世諦，與第一義諦呈現不同性相的智慧：世諦中，諸法緣生於人我的虛妄憶想分別，經由這種方式而緣起的諸法，由於性相皆是虛妄不實，因此性相俱皆「假有」，這是世諦中諸法性相的真相；眾生因虛妄分別所認識假有的諸法的性相，在人我的虛妄性消解之後，它們不生不滅、本自具足以「空」為性的清淨本性，即第一義諦中諸法的體性，即得以被如實的觀照與瞭解，由此「空性」所顯發的諸法相狀即為「空相」。此以「空」為內涵的諸法性相，其狀態若以文字強而言之，是不生不滅、不垢不淨、不增不減、無虛妄分別、無所有、無所得。同時，由此性相皆空之際出發觀照世間諸法，因為不具雜染的虛妄憶想分別，所以即能如實地了知世法「空」的本際，而得照見世間諸法如影、如響、如夢、如幻的呈現。此種以「空」為內涵的法相，無論是諸法的「空相」還是「幻相」，皆屬《摩訶般若波羅蜜經》所稱「諸法實相」的範疇。於是諸法實相的內涵同時包含了「空相」（「色即是空」），與以「空相」為內涵的「幻相」（「空即是色」），此二組成了第一義諦中諸法法相的內容。

　　對諸法在「世間」與「出世間」的性相做正確的認識，繼而由諸法本來「空」的性相，融通其在世間所呈現的色法，進而進入色空不二的境界，這整個的過程都需要仰賴「般若波羅蜜」。《摩訶般若波羅蜜經》卷第十五「成辦品」第五十有相關的說明：「是般若波羅蜜，不取色、不著色，故能成辦；受想行識，不取不著，故能成辦；乃至一切種智，不取不著，故能成辦；須陀洹乃至阿羅漢果、辟支佛道，乃至阿耨多羅三藐三菩提，不取不著，故能

成辦」[5]。因此本著般若波羅蜜即能深達諸法性空、無所得,卻又不否定諸法依因緣而起的假有,就能確切地掌握諸法實相空、有兼攝的內涵。同時,在證入諸法實相的過程中,經由般若波羅蜜與利生事行的結合,行者在「空有相即」的情況下,即得生起方便力,而後可以無礙地饒益有情,並依次地現觀一切智、道種智與一切種智。由此可見,以般若波羅蜜為核心思想的般若法教,主要就是以指導眾生上證佛道、下化眾生為目的,因此是引導眾生出於煩惱、入於寂靜,又能無礙地於眾生世間中廣度有情,使眾生皆能得度的一種圓滿的生命教育。研究般若思想於是不論對大乘佛教的理論抑或實踐,均有重大的意義。然而對於這樣義理與實踐兼顧的法教,需要解行相應才能無誤地傳達其思想的奧妙與精深,由此緣故,筆者在寫作本書時,即盡力地朝此方向努力,但因解悟的深度有限,文中不足之處還有很多,尚待各方賢能之士的不吝指導。

四、篇章結構與研究方法

(一)篇章結構

　　本書的內容一共五章,內容包含縱向對《摩訶般若波羅蜜經》成立的歷史背景、基本內容的歸納與分類、主要思想內容的梳理與解析,以及橫向的與其它大乘思想在大乘菩提道或菩薩道、諸法性相、識與智的相關思想等的對參與比較:

在縱向方面:

第一,考察《摩訶般若波羅蜜經》相關的各種文本,範圍包

---

5 《摩訶般若波羅蜜經》(後秦·鳩摩羅什譯)。《大正藏》第 8 冊,頁 328 上。

含八千頌、二萬五千頌、與十萬頌的上、中、下般若以及主要注疏等。經由對中品般若類經典漢語譯業的審視，呈現出中品般若類經典在宣達般若思想的全面性與可行性方面，是他類般若經不可企及的，同時，通過尋求鳩摩羅什所譯的《摩訶般若波羅蜜經》在經義的傳達與文字表述上的特色，從而發見《摩訶般若波羅蜜經》的研究價值。

第二，流覽與解析《摩訶般若波羅蜜經》的基本內容與重要思想。從對《摩訶般若波羅蜜經》基本內容的概述中，把握經中的重要思想內容。《摩訶般若波羅蜜經》的內容雖有二十七卷九十品，共計二萬二千頌之多，但宣講般若波羅蜜、諸法性相、三智的意涵與達成三智的觀行方法而契入諸法實相（諸法的本質含攝性、相二分，而以空融攝性、相即爲諸法實相）是其主要的任務。我們突出這些思想重點，對之詳細討論。具體而言，它包括了以下的幾個方面：首先，就經中的首要主題 ── 「般若波羅蜜」而言，它是可使眾生自世俗智的顛倒出離，趣入諸法實相智的手段或方法，沒有般若波羅蜜，眾生的解脫乃至現觀阿耨多羅三藐三菩提，就成爲不可能的任務。因爲這樣的重要性，《摩訶般若波羅蜜經》對之進行深度的剖析，從而揭示出「般若波羅蜜」內在的深層意義。我們從梳理與解析該經對「般若波羅蜜」義的詮釋，不但瞭解到「般若波羅蜜」的基本意義，還一併地掌握到「般若波羅蜜」實質所具的「轉依」功能，本書對這些都有詳實的闡述。其次，該經將諸法性相依二諦分由空、假、諸法實相三門闡述，其中諸法實相以兼攝空有、不離空有的緣故即是中諦，因此《摩訶般若波羅蜜經》雖未使用三諦之名，卻是三諦並開。三諦的實際內容在該經中雖有極爲詳細的鋪陳，但條理並不清楚。我們組織有關思想，經由二諦貫穿三諦，在本書中系統化地呈現了諸法

性相的完整意涵。第三，爲了凸顯《摩訶般若波羅蜜經》義理與
實踐並重的特質，我們將經中相關的思想融攝成爲探究該經重要
思想中的一個環節。這一部分的內容主要是：闡述如何養成般若
波羅蜜的觀行方法（含六波羅蜜與三種觀法）以及六波羅蜜所緣
生之方便力的內涵。而後，經由探究般若波羅蜜而成就的三智
——一切智、道種智、一切種智以及其相關的思想結尾。這裏的
探討以「佛地觀」爲名，範圍包含《摩訶般若波羅蜜經》中所涉
及佛果中所有的相關話題，即佛智、佛身、佛土。於是本書在闡
述該經重要思想部分的最大特色在於：以般若波羅蜜的內涵、諸
法性相的內容、養成般若波羅蜜的觀行方法、佛地觀等，在不違
佛教解行相應的特質的前提下，清楚地呈現該經對大乘菩提道各
階段的義理、實踐過程與果地（或教、行、果）的闡述。

在橫向方面：

第一，比較《摩訶般若波羅蜜經》與其它般若類經典的內容。
涉及的範圍包括屬十萬頌的上品般若、二萬五千頌範圍的中品般
若、八千頌的下品般若、以及對般若思想的流傳影響甚爲深遠的
金剛般若。《摩訶般若波羅蜜經》由於隸屬中品般若而與十萬頌與
八千頌的上、下品般若屬同一體系，因此在開啓對《摩訶般若波
羅蜜經》內容深層的認識上，上、中、下品般若之間內容同異的
考察與比較成爲不可迴避的一項工作。另外，《金剛經》在般若類
經典中屬「金剛般若」，宣揚般若波羅蜜的方式與上、中、下品般
若不同，而且由於內容只有三百頌，約只相當於《摩訶般若波羅
蜜經》的八十分之一左右，所以在闡述般若波羅蜜時，涉及的深
度與廣度都不能與《摩訶般若波羅蜜經》相比。可是由於《金剛
經》使用語言的精煉，使它在短小的篇幅中，依然基本地完成了
對般若重要思想的講述，由此我們產生興趣將《金剛經》與《摩

訶般若波羅蜜經》這二部內容量相差甚多的經典進行對比，藉以
查明二經在宣揚般若思想不同的闡述方式，進而凸顯二經各具的
特色，並深化對《摩訶般若波羅蜜經》的認識。

　　第二，是以《摩訶般若波羅蜜經》的重要思想，即諸法在世
諦的與第一義諦的性相，以及凡夫由「識」到「智」而成就菩提
的相關思想為尺規，分別探查該經對龍樹中觀思想的影響，以及
和其它大乘思想間的交涉與銜接。這樣做的目的在於，一方面探
究作為大乘根本思想的般若思想，其思想的深義是如何地呈現在
其它的大乘思想中，從而明瞭各思想的偏重與異同；另一方面力
圖梳理出大乘佛教「識」、「智」相關思想之間的發展脈絡。

（二）研究方法

　　在研究方法方面，於本書縱向研究的兩條脈絡中，第一條脈
絡是由對《摩訶般若波羅蜜經》的歷史背景、各種文本、注疏以
及對《摩訶般若波羅蜜經》的基本內容的探討等議題所組成。由
於各項的議題已有豐富的歷史文獻記錄，如《出三藏記集》、《高
僧傳》、《大智度論》、《現觀莊嚴論》與現代的學術科研成果，因
此在此部分，我們主要對這些研究成果進行了探究、梳理以及判
釋的工作；第二條脈絡包含對《摩訶般若波羅蜜經》基本內容的
剖析，以及對經中重要思想的梳理、組織、探究、與分析。對於
些重要的概念，如般若波羅蜜、一切智、一切種智等，我們從
解析它們梵語的字義出發，再參照經中對之的闡釋，以圖完全地
展現它們在佛教中的意義。除此之外，對於經中其他的重要思想，
我們主要以經文為中心來開展各種相關的討論，並以經文內證的
方式，進行研究的工作，在經文的解說不足時並輔以釋論，即《大
智度論》以及《現觀莊嚴論》的詮釋進行參證。不過為使《摩訶

般若波羅蜜經》本身的思想能清晰的呈現，我們還是盡可能地少用釋論的說明，以免經與論的思想混雜。

在橫向研究的兩條脈絡中，第一條脈絡是以比較的方法對《摩訶般若波羅蜜經》和上中下品般若及《金剛經》的內容、經義進行對參，以明《摩訶般若波羅蜜經》與這些經典內容的異同之處；至於第二條脈絡中的論述，是在縱向第二條脈絡討論的結果上，與其它大乘思想的相關內容實行對參與比較，以期一方面表明《摩訶般若波羅蜜經》宣講般若思想的重點所在；另一方面明示般若思想的未發之處；三方面則是為了凸顯般若思想是大乘佛教思想的原型，亦即般若思想奠定了大乘佛教思惟與概念的範式，其後的各種大乘思想均不出般若思想的範疇，從而突出大乘佛教的思想共義。

第一章 《摩訶般若波羅蜜經》的文本與基本內容

　　由於上、中、下品的般若類經典是由同一個原型次第增廣而成，因此三類般若是屬同一個傳承，除了闡釋的詳略有異外，經文的旨趣與走向是相同的。在下品般若的基礎上增廣而成的中品般若，也因此對「般若波羅蜜」教、行、果的相關思想較下品般若有更為詳盡的闡述，但又沒有十萬頌上品般若的繁複難讀，因而中品般若是欲完整瞭解般若思想者的首選。《摩訶般若波羅蜜經》位列中品般若，以其流暢的譯文與特殊的歷史地位，使其在諸中品般若類經典之中特別地突出。我們將從本章開始次第地闡述以《摩訶般若波羅蜜經》為代表的般若思想，以及該經的歷史地位。本章作為進入《摩訶般若波羅蜜經》殿堂的第一步，首先呈現的是對《摩訶般若波羅蜜經》的各種相關文本、傳譯以及成立的歷史背景的詳細探究，接著即是對《摩訶般若波羅蜜經》基本內容與篇章結構的考察。這樣安排的目的是希望提供《摩訶般若波羅蜜經》的一些背景知識，作為在之後章節中開展經文重要思想的鋪墊。

第一節 《摩訶般若波羅蜜經》的
相關文本、翻譯與注疏

一、《摩訶般若波羅蜜經》的成立背景

般若類經典可以算是現存最古的大乘經典，它的出現與大乘佛法的興起有很大的關係。集出的目的是爲了闡揚「般若波羅蜜」及大乘義，以匡正當時部派佛教（尤指上座部）以世間與涅槃爲對立的見地、由此所導致以個人解脫爲唯一追尋的目標，以及當時在社會中流行的有部思想。印度的有部思想是在佛滅後 300 年，也就是西元前約 250 年左右興起，到了紀元前後，有部思想已盛行於北印度。有部以諸法爲實有，違背了佛教諸法性空的基本思想，般若波羅蜜與大乘的概念即是在這樣的情況下被提出。根據大乘佛教，般若波羅蜜是能夠正確認識諸法性相的智慧，諸法的根本性相爲「空」，因此在以般若波羅蜜通達諸法後，即能盡知諸法性相的本末究竟，行者也因而能夠進入「世間即涅槃」，於度生無所障礙的境地，而成就「大乘」之義。

日本學者靜谷正雄在其所著的《初期大乘佛教之成立過程》一書中，將大乘佛教的早期發展分爲「原始大乘」與「初期大乘」，原始大乘的時期是西元前 100 年至西元後 100 年止，而初期大乘的時期則是西元 50 年至 250 年。靜谷氏以八千頌般若的出現作爲二者的分界，認爲出現於八千頌般若之前的原始大乘並未受般若

思想影響，而初期大乘則深受般若思想的影響[1]。靜谷氏這樣的看法忽略了在經典出現之前，經典中所陳述的思想早已先行出現，然後才能有文本的集出。根據印度的傳統，學習一向是以口授耳傳的方式進行，佛陀在教導弟子時也不例外，因此才有在佛陀入滅後，弟子爲了法教的保存與流布，開始進行經典結集的事件發生。以此看來，佛經在文字的著錄出現之前，法門的傳授與學習應是已經進行了一段時間，之後爲了法脈的傳承，行者才會再根據所學，以文字的方式記錄以方便流傳。因此經典思想的出現一定是更早於文本的出現，然後經過原型或初型的成立、傳承及增廣，再來才會有文本或原典的出現，其間每個過程都需要時間的醞釀。我們將藉由這樣的概念來審視般若類經典的成立與《摩訶般若波羅蜜經》的集成。

《摩訶般若波羅蜜經》在般若類經典中是早期的般若經，屬中品般若，根據學界的主流看法，中品般若是在下品般若基礎上增廣而成，而下品則是由原型發展而成[2]。原型是在何時成立的？目前因爲梵文本的資料保存的並不好，所以無法從印度的史料中找到可信的資料。然而漢譯的般若類經典既然大多是從梵本轉譯而來，且又獲得妥善的保存，因此若要追查般若經原型出現的時間，漢譯般若類經典中所透露的一些時代訊息，恰好可以用作推論的依據。根據日本佛教學者平川彰的看法：般若類經典的原型

---

1 印順（1988）。《印度佛教思想史》（四版）。台北：正聞，頁 553-554。
2 另有學者認爲中品般若是先出的，下品是摘要中品內容而集成的，持此看法的計有：中國晉朝的道安、支道林（見晉・道安。〈道行經序〉。載《出三藏記集》卷七以及晉・支道林。〈大小品對比要抄序〉。載《出三藏記集》卷八）與近代日本部分學者如渡邊海旭、干潟龍祥、鹽見徹堂等。（見印順（1988）。《初期大乘佛教之起源與開展》。台北：正聞，頁 625。）

是《道行般若經》中的「道行品」[3]，繼而出現的爲第二到第二十七品，最後的「見阿閦佛品」與「常啼品」，則大約出現在西元一世紀後半，這是因爲其中說到了製作佛像的事，而佛像的製作是始於西元一世紀後半[4]。由是可知，般若經原型的出現，至少可上溯至西元一世紀的前半，甚或西元前一世紀。原型出現之後，因應需要，原型上亦能繼續增廣，這也是八千頌的《道行般若經》會繼續增廣爲一萬八千頌、二萬頌、二萬二千頌以及二萬五千頌的中品般若，乃至十萬頌上品般若的原因[5]。《道行般若經》既完成於西元一世紀後半，則發展至思想圓熟且內容涵蓋甚全的中品般若經時，時間則約當在二世紀中期左右。而內容量較中品般若經多五分之四的上品十萬頌般若經，成立的時間則當不遲於三世紀[6]。因此下、中、上品般若經的內容是一脈相承，彼此間除了有

---

3 現爲一般學者所承認。

4 平川彰（2004）。《印度佛教史》（莊昆木譯）（二版）。台北：商周，頁 210-211。

5 三枝充悳（1989）。〈《般若經》的成立〉。載梶山雄一等。《般若思想》（許洋主譯）。台北：法爾，頁 103-113。

6 由以下二例也可以推斷上品般若集成的時間：（1）上品般若提到菩薩十地各個的名稱，而《摩訶般若波羅蜜經》雖提到菩薩十地，但只是以數目敘述，十地的名稱如歡喜地、離垢地乃至法雲地的名稱還未出現。（2）十萬頌另外提及「五種所知海岸」過去、未來、現在、無爲、不可說等「五種所知海岸」。《大般若經》初會卷五十四「辯大乘品」第十五之四說道：「佛及二乘能度五種所知海岸，何等爲五？一者過去、二者未來、三者現在、四者無爲、五者不可說」（《大般若波羅蜜多經 001-200 卷》（唐・玄奘譯）。《大正藏》第 5 冊，頁 306 中。）。「五種所知海岸」又被稱爲「五法藏」或「五法海」，是犢子部的世界觀。犢子部將宇宙萬有共分爲五類，即：過去藏、現在藏、未來藏、無爲藏、不可說藏。前三藏屬有爲法之集合，總稱三世藏，又稱有爲聚。無爲藏又稱無爲聚，不可說藏即非有爲非無爲之聚，又稱非二聚。《光讚經》、《放光般若經》、《摩訶般若波羅蜜經》等中國早期傳譯的般若類經典都未提到五法藏，可見五法藏是在之後才加入的。但是五法藏與十地的名稱曾出現在龍樹的《大智度論》與《十住毘婆沙論》中，以作者龍樹爲二、三世紀時人，《大智度論》與《十住毘婆沙論》應於此時期中造成，再加上龍樹也知十

增加的部份外，亦有共同的部份，於是可將之視爲是同一部類的般若經。

　　從西元前一世紀中到西元三世紀中早期大乘佛法的時代，也正是般若經從原型次第發展至下、中、上品般若的時期。般若經的次第演進，幾乎完全伴隨了大乘佛法在初期的發展，由此看來，般若思想無疑是奠定大乘佛教思想的基石。尤其般若經發展到中品般若時，內容即已含括了對菩薩道的完整敘述：初發阿耨多羅三藐三菩提心、經由見道相應薩婆若（即一切智）、在一切智的基礎上透過六波羅蜜習行各種度生方法成就道種智、具足方便力、完成一切種智的修習，現觀阿耨多羅三藐三菩提，圓滿淨佛國土。這樣完整對菩薩道的闡述，使得大乘佛教無論在義理、實踐、和果地的達成上都有了依據，也因而使大乘佛教的思想體系得以系統化的建立。從此可知，若要掌握大乘佛教的基礎思想，就必須瞭解般若思想，而要認識完整的般若思想就必須從中品或上品般若入手。其中屬中品般若範圍（包含二萬五千頌、二萬二千頌、二萬頌、一萬八千頌等四種類別）的經典在中國分別轉譯成《放光般若經》、《摩訶般若波羅蜜經》（以上二經屬二萬二千頌的經典）以及《大般若經》第二會（二萬五千頌）與第三會（一萬八千頌）等四類。二萬頌的般若經，全名爲《二萬頌八品般若經》[7]，在中國沒有轉譯。十萬頌般若在中國則轉譯爲《大般若經》的初會。

萬頌般若的存在，因此可推斷十萬頌的出現應不會遲於西元二百年左右，也就是約三世紀之時，比二世紀中出現的《摩訶般若波羅蜜經》的出現約晚了五十年至一百年左右。由此也可見，十萬頌般若是在中品般若的基礎上增廣而成的推斷，應是可成立的（見印順。《初期大乘佛教之起源與開展》，頁692-702）。

7　李利安。〈《彌勒五論》前言〉。《彌勒五論》，頁6。

二、文本與翻譯

（一）文　本

　　《摩訶般若波羅蜜經》屬二萬五千頌般若範疇，由於內容量位居八千頌般若以及十萬頌般若之中，因此龍樹將之稱爲中品，而將八千頌本稱爲下品[8]，十萬頌本則爲上品。龍樹在《大智度論》[9]中說道：「般若波羅蜜部黨經卷，有多、有少，有上、中、下，

8　對於八千頌與二萬五千頌般若，在漢地各有多種的譯本，由於漢地最早出現的八千頌譯本是《道行般若經》因此與之屬同範疇的經典群被稱做「道行系」，而最早譯成的屬二萬五千頌範疇的漢譯經典是《放光般若經》，與之屬於同一範疇的經典群因而被稱做「放光系」。但又有以經文文字的多寡而稱「大品系」與「小品系」道行系以八千頌的文字少於放光系的二萬二千頌與二萬五千頌，成爲「小品系」，而放光系則又被稱爲「大品系」。

9　近代出現質疑龍樹爲《大智度論》作者的聲音，這是因爲文獻考據學的興起，學者喜根據現存的一些有限的史料做個人的臆測。《大智度論》以其對佛教思想的廣大影響，自然而成爲眾所矚目的焦點。做這種主張的學者，主要是比利時的佛教學者 Étienne Lamotte，他提出《大智度論》並非龍樹所作，因爲其中出現《中論》、提婆的《四百論》以及提婆弟子羅睺羅的《贊般若波羅蜜偈》中的文句（佳藤純章（1989）。〈大智度論的世界〉。載梶山雄一等。《般若思想》，頁 166-171）。他認爲《大智度論》是由一位先在說一切有部出家後，再轉入大乘的中觀派行者於四世紀在西北印度所作。但是日本的佛教學者干瀉龍祥並不贊成 Lamotte 的說法，他認爲《大智度論》大多的部分是由鳩摩羅什（西元 344-413 年）所添加的（平川章《印度佛教史》，頁 285-286。），可是原著者還是龍樹，法國佛教學者 Demiéville 有類似的看法。Conze 在曾其所著 The Prajñaparamita Literature 一書中轉述 Demiéville 的看法：Demiéville 認爲《大智度論》的漢譯本中摻雜有羅什的思想，這是因爲翻譯時羅什必須答覆他中國聽眾的疑問，以他們可以懂得的方式向他們傳達《大智度論》的思想所致（Edward Conze（1978），The Prajñaparamita. Tokyo: The Reiyukai, pp. 94.）。中國的佛教學者印順的看法與干瀉、Demiéville 接近，他認爲「大部的經、論，後人增補片段，是印度的經、論常態，怎能以點滴而懷疑全部」（印順（1988）。《印度佛教思想史》。頁 125。），印順這麼認爲是因爲在古印度，知識的傳播一向是以口傳的方式進行，因此在傳遞的過程中有些增減是很自然之事，是故根據印順的說法，《大智度論》除了龍樹本人的闡釋之外，也出現了《中論》、提婆的《四百論》以及提婆弟子羅睺羅的《贊

般若波羅蜜偈》中的文句，是無須驚訝的。由於《大智度論》成立的年代距今久遠，可信的資料有限，出現各種不同的說法亦屬正常。其中不認爲智論是龍樹所作的說法，目前看來亦只是極少數人的推斷，而且這種主張只源自對文獻的考證，對於歷史與宗教的諸多相關因素都未納入思考範圍，就如此而作定論，顯得有些輕率。

對於 Lamotte 否定龍樹爲智論作者的說法，筆者另有一些看法。筆者認爲：龍樹的思想是經由羅什引入中國，在此之前中國並不認識龍樹，羅什在長安翻譯《大智度論》時已是遠近馳名的一代大師，且深受後秦姚萇、姚興父子的禮遇，並爲當時佛教界人士所敬重，因此所言不須也不必冠以龍樹之名，也依然會爲當世人所看重，而且擁有弟子多人的羅什，爲出家僧侶，「不妄語」是基本要持守的戒律，由此看來，羅什實在沒有動機爲了一本在中國還未流傳的論典，且自己比作者還要知名的情況下，將自己掛上智論作者之名。此外，羅什是龜茲人，龜茲在當時位屬西域，相當於今新疆阿克蘇地區和巴音郭楞蒙古自治州部分地區，爲佛教自印度經由陸路進入中國的必經地區，紀元前後佛教即傳入龜茲，三世紀時龜茲佛教進入全盛時期，西晉以後，佛教已普及於龜茲。於是由於地域之便與龜茲佛教興盛的原因，羅什所得佛教的相關資訊必然較快而且較爲正確（法國漢學家列維在《所謂吐火羅語 B 即龜茲語考》一文中即指出，佛教很可能最初是經由龜茲傳入中國，並斷定中國二世紀的佛經必定是從原始的龜茲語翻譯而來，他以中國最早的二世紀佛經譯本中的佛教用語如「沙門」、「沙彌」、「波逸提」爲例說明說明他立論的依據：「沙門」、「沙彌」不能對應梵文的 wramana、wramenera，卻與龜茲語的 samane、sanmir 很近；「波逸提」的音譯當更近龜茲語的 payti，而不是梵語的 payantika。（見列維（1957）.〈所謂吐火羅語 B 即龜茲語考〉。載列維、伯希和。《吐火羅語考》（馮承鈞譯）.《世界漢學論叢》。北京：中華，頁 41）。而且羅什去龍樹生存年代約百年（見《高僧傳》。《大正藏》第 55 冊，頁 185中.），時間相距不遠，又精通梵文，所以羅什所認定《大智度論》是由龍樹所作，總是比一千六、七百年後，在缺乏有效資料依據的情況下所做的推論要可信的多。再說，譯場在羅什時代已具有相當的規模，從僧叡所寫的〈大品經序〉的文中即可見端倪：「法師手執胡本，口宣秦言，兩釋異音，交辯文旨。秦王躬覽舊經，驗其得失，諮其通途，坦其宗致。與諸宿舊義業沙門釋慧恭……道悰等五百餘人，詳其義旨，審其文中，然後書之」（《出三藏記集》。《大正藏》第 55 冊，頁 53 中）。由此引文即可見當時譯場的盛況、譯經論的莊嚴性以及各方僧俗的重視程度，因此要在譯場中將《大智度論》作者改名爲他人，看來幾乎是不可能發生的事。是故誠如印順所言，在歷史發展中《大智度論》也許有後人增補的情形發生，或像 Demiéville 的推論：羅什曾爲了中國聽眾的需要，在翻譯時用了一些解釋以使聽眾易於瞭解。他們二人的說法不但解決了《大智度論》中出現《中論》、《四百論》與《贊般若波羅蜜偈》文句的問題，也對干潟龍祥主張智論的內容主要是由羅什添加而成，提供了說明。綜合來看印順、干潟龍祥、Demiéville 等三位學者的說法，也許真的彌補了歷史的空白處。

光讚、放光、道行」[10]，在此龍樹是將光讚視為上般若、放光視為中般若、道行視為下般若。我們若從他在《大智度論》另文中所說：「此中般若波羅蜜品有二萬二千偈」[11]，則可知他所見到的中品般若梵文原典的內容量是二萬二千偈。由於《放光般若經》的梵文經名與《摩訶般若波羅蜜經》同是 Maha-prajñaparamita-sutra，而且二經除品目、結構雷同之外，內容亦完全一致，所以，漢譯的二經應是同本異譯，因此龍樹所見到的中品般若在漢地有兩個分身，除了《放光般若經》之外，另一即是《摩訶般若波羅蜜經》。另外，擁有二萬五千頌以及一萬八千頌篇幅的《大般若經》的第二、三會，亦屬中品般若範疇。其中第三會是新譯單本，具有一萬八千頌的內容量，第二會則是由二萬五千頌的般若經轉譯而成。第二會內容雖與放光、摩訶等本大致相當，但與放光和摩訶相較之下，卻還是有一些不能對應的部分，並缺少放光與摩訶最後三品的內容（此在第三章有詳細的討論，在此不再多言），而且參照龍樹在《大智度論》中所說，《摩訶般若波羅蜜經》翻譯所依的是二萬二千頌的梵本，因此《大般若經》第二會與《摩訶般若波羅蜜經》所依的梵本，應該不是同一本，這也就是說，歷史中曾出現多種的中品般若經的梵文文本。這與《金剛經》的梵文原典在歷史上也曾出現多種的情況一樣：羅什所譯《金剛經》中的文句與吉爾吉特出土的《金剛經》寫本中的許多文句幾乎一模一樣，卻與加德滿都博物館的公認寫本以及日本法隆寺所藏棕櫚葉上的文句有些出入，可見《金剛經》的梵本，曾出現多種[12]。

---

10 龍樹菩薩造。《大智度論》（後秦·鳩摩羅什譯）卷六十七「釋歎信行品」第四十五之餘。《大正藏》第 25 冊，頁 529 中。
11 《大智度論》卷一百「釋囑累品」第九十。《大正藏》第 25 冊，頁 756 上。
12 蔡耀明（2000）。〈吉爾吉特（Gilgit）梵文佛典寫本的出土與佛教研究〉，《正觀雜誌》，（13），頁 33。

至於原本具十萬頌內容量的《光讚經》，因為傳入中國時，只剩十卷二十七品的殘本，所餘的內容與《放光般若經》、《摩訶般若波羅蜜經》雷同，所以被歸入中般若。至此，曾在中國流傳的中品般若類經典就有《光讚經》、《放光般若經》、《摩訶般若波羅蜜經》以及《大般若經》的第二、三會等。

在梵文原典方面，現存的中品般若有二萬五千頌本與一萬八千頌本，其中二萬五千頌現有 Nalinakasha Dutt 校對的劍橋寫本、巴黎國民圖書館寫本、孟加拉亞細亞協會寫本、東京大學寫本、斯坦因蒐集的中亞梵本（中亞斷片）等。此中 Dutt 的版本是根據吉爾吉特（Gilgit）所出土的五世紀末至八世紀中的佛典而來，其中二萬五千頌的般若經只出版到第一品，但在份量上約佔第二會的三分之一。位於巴基斯坦（原喀什米爾）的吉爾吉特（Gilgit）在 1930 年代曾出土了以樺樹皮或棕櫚葉寫成的梵文佛典及相關文物，經研究大多數的寫本是在六世紀時期完成。其中二萬五千頌與一萬八千頌般若經的寫本也在出土之列，惜都是殘本。

至於藏譯的中品般若類經典，西藏佛教是在西元七世紀松贊干布的主政時期（西元 617-650 年），經由迎娶篤信佛教的尼泊爾的波利庫姬公主與唐朝的文成公主而得傳入西藏。此後松贊干布大力護持佛教，並派遣使者端美三菩提等到印度學習梵文。端氏回國後，創立藏文字母，佛經翻譯才於其後開始，是以由梵本直接轉譯而成的藏文經典，其所依的梵文原典皆為此期之後所出，因此緣故，藏譯經典中沒有與西元 286 年譯成的《光讚經》、西元 291 年初譯完成和西元 303 年-304 年定稿的《放光般若經》、以及西元 403 年完成漢譯的《摩訶般若波羅蜜經》相對應的經本，卻有與西元 663 年完成漢譯的《大般若經》第二、三會相對應的經

本。

（二）翻　譯

　　佛典的語言在翻譯初期，因為譯經才在萌芽階段，所以此時的譯經只算是依文轉寫。語法是梵文式的，佛教名相的專用漢語也還沒有確立下來，常常還借用中國固有思想中，具有相似概念的用語來對應，這使得經文的意思無法被正確的解讀。相似概念的固有用語容易誤導讀者，因為讀者對於這些用語已有先入為主的觀念。再來，梵式語法與漢式語法相去甚遠。梵語因為有八種格位，由格位即可確定語意，並不需要嚴格的確定各種詞類的擺放位置，且印度人對於事件的描述常常是不厭其煩的反覆，又喜以多種的形容詞來修飾一個名詞。在這樣的情況下，若是沒有對梵漢兩種語言有十分的瞭解與掌控，是無法成功地將佛教原典轉譯成可讀又容易理解的漢譯經典。道行本即有上述的問題，例如：在闡述「性空」這個大乘的基本思想時，借用中國道家思想的用語如「無」或「本無」；講到目前已經固定的佛教名相，如「自性」時，是用「自然」；「色、受、想、行、識」，是譯為「色、痛癢、思想、生死、識」，如《道行般若經》卷五「摩訶般若波羅蜜照明品」第十：「如知色本無，痛癢、思想、生死、識亦爾」[13]。道安在〈道行經序〉中對於這樣的情況，做了一些描述：

> 佛泥日後，外國高士抄九十章為道行品。桓靈之世，朔佛齎詣京師，譯為漢文[14]。因本順旨，轉音如已，敬順聖言，

13　《道行般若經》（後漢・支婁迦讖譯）。《大正藏》第 8 冊，頁 449 下-450 上。
14　確切地說《道行般若經》是由竺朔佛口授，支讖翻譯。〈道行經後記〉：「光和二年十月八日，河南洛陽孟元士。口授天竺菩薩竺朔佛，時傳言譯者月支菩薩支讖」。載梁・僧祐。《出三藏記集》，《大正藏》第 55 冊，頁 47 下。

了不加飾也。然經既抄撮,合成章指,音殊俗異,譯人口傳,自非三達,胡能一一得本緣故乎?由是道行頗有首尾隱者。古賢論之,往往有滯。[15]

上述譯經的情況,發展到鳩摩羅什(西元 344-413 年)時,有了明確的轉變:羅什力圖尋求能夠無誤傳達佛教概念的名相來匡正舊譯名相的缺陷,不再借用舊譯語彙,由此佛教慢慢地有了統一的譯語;而且羅什為了保持梵語的韻味,在翻譯時,不像道安以經文的直譯為重,只要在不違背經義的前提下,他認為是可以對文字進行增刪與潤飾的。另外,羅什以為譯語不但要顧及原意,也要通俗易懂,最重要的還要保留原典的優美文章藻蔚。僧佑在《出三藏記集》中所載的〈鳩摩羅什傳〉中提到羅什對由梵文轉譯為漢文的一些看法:「天竺國俗甚重文藻,其宮商體韻,以入弦為善。凡覲國王必有贊德、見佛之儀,以歌歎為尊。經中偈頌,皆其式也。但改梵為秦,失其藻蔚,雖得大意,殊隔文體,有似嚼飯與人,非徒失味,乃令嘔噦也」[16]。也因此各漢譯中品般若類經典由於傳出的年代以及譯師的翻譯能力兩個因素,造成它們對於般若思想在中國的流傳引起的迴響與所做的貢獻大不相同。

中品般若中,光讚本在泰康七年(西元 286 年)由竺法護譯成後,並未流通,直到九十一年後才在涼州發現,但已經殘缺不全了,所以在中國並未受到重視。對於這件事,道安在其所著的〈合放光光讚略解序〉中清楚的說道:「光讚,護公執胡本,聶承

---

15 晉・道安。〈道行經序〉。載《出三藏記集》卷七。《大正藏》第 55 冊,頁 47 中。

16 梁・僧佑。〈鳩摩羅什傳〉。載《出三藏記集》卷十四。《大正藏》第 55 冊,頁 101 下。

遠筆受⋯⋯恨其寢逸梁土九十一年，幾至泯滅，乃達此邦也，斯經既殘不具，並放光尋出，大行華京⋯⋯是故光讚無人知者」[17]。至於放光本的進入中國是由於《道行般若經》的譯文「文章隱質，諸未盡善」[18]的緣故，這也導致朱士行在曹魏甘露五年（西元 260年）的西行求法。朱士行在于闐抄得般若經的梵書胡本九十章後，即派遣弟子弗如檀於泰康三年（西元 282 年）送至洛陽，後由無羅叉及竺叔蘭在元康元年（西元 291 年）譯成漢文。然而因為經義深奧，譯文寫出的時間又前後不一，所以參校者不能完全明白經義，以致譯文不能臻於至善。至太安二年至永安元年（西元 303-304 年）再經竺法寂與竺叔蘭的合作，以現品五部與胡本對勘，才予以定稿[19]，即是現行的《放光般若經》。之後的《摩訶般若波羅蜜經》，則是由鳩摩羅什在弘始三年至弘始五年（西元 401年-403 年）於逍遙園漢譯完成。

對比《光讚經》、《放光般若經》與《摩訶般若波羅蜜經》等三部中國早期完成的中品般若類經典，《放光般若經》內容計有二十卷九十品，與具有二十七卷九十品的《摩訶般若波羅蜜經》的內容基本相同。可是《放光般若經》「言少事約，刪削復重，事事顯炳，煥然易觀也。而從約必有所遺，於天竺辭及騰每大簡焉」[20]。《光讚經》則「言准天竺，事不加飾，悉則悉已，而辭質勝文也。每至事首輒多不便，諸反覆相明，又不顯灼也。考其所出，事事

---

17 晉・道安。〈合放光光讚略解序〉。載《出三藏記集》卷七。《大正藏》第 55冊，頁 48 上。

18 梁・慧皎。《高僧傳》。《大正藏》第 55 冊，頁 346 中。

19 〈放光經記〉。載《出三藏記集》卷七。《大正藏》第 55 冊，頁 48 上。

20 〈合放光光讚略解序〉。載《出三藏記集》卷七。《大正藏》第 55 冊，頁 48上。

周密耳。互相補益，所悟實多」[21]。所以光讚本雖是譯文貼近梵文，反覆講解詳盡周密，但重點反而不易凸顯；至於放光本則是翻譯時刪減太多，雖然經文因此重點突出易讀，但卻也因為太過簡略，而致發生遺漏不完整的現象。二經各有優缺點，但光讚本因為殘缺不全，所以放光本一出，光讚本就幾乎無人再讀了[22]。至於《摩訶般若波羅蜜經》則由於在翻譯時，中國的譯場與譯經制度已發展的較為完善，又由向以文字優美、字句流暢、文義順暢著稱，被譽為是「暢顯神源，揮發幽致」[23]的鳩摩羅什主譯而成，因此翻譯的成果遠遠地超過《光讚經》與《放光般若經》。此外，在《摩訶般若波羅蜜經》初譯完成後，羅什覺得猶有不盡完善的地方，為了使經典的翻譯臻於至善，羅什決定一併將釋論──《大智度論》──譯出。並在釋論的翻譯過程中，以翻譯完畢的經文部分審定經文。若有不合處，隨即予以修改，一直等到《大智度論》翻譯完成，才將《摩訶般若波羅蜜經》定稿。僧叡對於這個情況在〈大品經序〉中有很清楚的描述：「文雖粗定，以釋論檢之，猶多不盡。是以隨出其論，隨而正之。釋論既訖，爾乃文定」[24]。《大智度論》是龍樹專門針對二萬二千頌的《摩訶般若波羅蜜經》所作的闡釋論著，以此緣故，在早期的中品漢譯般若類經典中，《摩訶般若波羅蜜經》相對於光讚本與放光本而言，語意暢達又法義不失，不只可讀性較高，研究價值亦是較高。

---

21 〈合放光光讚略解序〉。載《出三藏記集》卷七。《大正藏》第55冊，頁48上。

22 同上書，頁48上。

23 《高僧傳》的作者慧皎與《出三藏記集》的作者僧佑，都曾為鳩摩羅什作傳，兩傳內容與文字大同小異，並同時用「暢顯神源，揮發幽致」來讚譽羅什譯經的高妙。見《高僧傳》卷二。《大正藏》第50冊，頁332中以及《出三藏記集》卷十四。《大正藏》第55冊，頁101下。

24 劉宋·僧叡。〈大品經序〉。載《出三藏記集》卷八。《大正藏》第55冊，頁53中。

綜觀羅什的一生，譯出佛教經論三十三部，三百餘卷，許多
目前流行甚廣的大乘經論均出於其手。羅什最大的貢獻在於全面
而有系統地翻譯了被後人歸類爲大乘空宗或中觀派的思想基礎——
一般若類經典以及龍樹、提婆的著述。透過這些經論的翻譯，羅
什正式且系統性地將印度的般若思想與中觀思想介紹給國人，他
因而成爲將真正的般若思想介紹進來的劃時代人物。大、小品般
若類經典，雖然在羅什的手上並不是新譯，但他將以往譯本中不
盡完善之處，予以改善。因此至羅什時，般若類經典由於有了較
佳的譯本、釋論以及龍樹、提婆的一些相關著作，中國當時對於
般若思想認知的分歧便被逐漸的弭平了。

除了以上屬於早期漢譯完成的中品般若類經典之外，由玄奘
所譯幾乎涵括所有般若類經典的《大般若經》在西元 663 年出世，
從此漢譯中品般若類的經典又增加了二部，即《大般若經》的第
二、三會。而且一方面由於玄奘的佛學慧解超群、梵漢語文造詣
的突出，再方面譯經工作又獲得皇室的大力支持，因此玄奘譯經
的品質，除了羅什可與之媲美之外，幾乎達到空前也可能是絕後
的的水準。所以在研究中品般若類經典時，《大般若經》的第二會，
是除了《摩訶般若波羅蜜經》之外的另一選擇。

在羅什生存的南北朝時期，由於般若類經典陸續地出現，般
若思想有了大力發展的機會。在羅什之前，中國對於般若思想的
認識，僅是依靠著《道行般若經》以及《放光般若經》，但是因爲
譯文的不盡完善以及個人文化、教育背景與修證程度的不同，對
經文的理解產生了不盡相同之處，所以認知就有了差距，最終導
致了六家七宗的產生。六家七宗是中國自產的般若學派，他們在
解釋般若思想時，受到魏晉玄學很大的影響，因此對般若思想的
理解各有其瑕疵（因爲這不屬本論文探討的範圍，所以在此略而

不述）。這個現象直到羅什來華，完成大、小品般若經以及龍樹相
關論述的漢譯工作之後才算改變。在大品（即《摩訶般若波羅蜜
經》）譯出後，羅什常被延請至長安大寺講解新經，這是因爲羅什
改善了舊譯的缺陷，經義圓通，並無礙原典，所以得到眾人的讚
譽與信服的緣故。僧佑在〈鳩摩羅什傳〉中生動地描述了這個情
況：

> 自大法東被始於漢明，曆涉魏晉經論漸多，而支竺所出多
> 滯文格義。興少崇三寶，銳志講集。什既至止，仍請入西
> 明合、逍遙園譯出眾經。什率多闇誦，無不究達。轉能晉
> 言，音譯流利。既覽舊經，義多乖謬。皆由先譯失旨，不
> 與胡本相應。於是興使沙門僧肇僧、僧碏、僧遷等八百餘
> 人諮受什旨，更令出大品。什持胡本，興執舊經，以相讎
> 校。其新文異舊者，義皆圓通，眾心愜服，莫不欣贊焉。
> 興宗室常山公顯、安成侯嵩，並篤信緣業，屢請什於長安
> 大寺講說新經。[25]

由此即可見《摩訶般若波羅蜜經》在中國流傳的盛況。

　　由於在羅什翻譯的般若類與中觀類的經論中，《摩訶般若波羅
蜜經》是最先譯出的，《摩訶般若波羅蜜經》於是成爲匡正中國地
區般若思想的第一道曙光。雖然《摩訶般若波羅蜜經》與由中國
譯經史上另一位與羅什並駕齊驅的偉大譯師唐朝玄奘所譯的《大
般若經》第二會，同屬佛典譯品中不可或得的優良譯作，但是因
爲二經出現的時期不同，所以對於般若思想傳播所作的貢獻，輕
重的程度就大不相同。魏晉南北朝是大量佛教經典湧進的時期，
此時的中國佛教是以翻譯經典爲最主要的任務，因爲有了足夠的

25　《出二藏記集》。《大正藏》第 55 冊，頁 101 中。

經典,才能提供對佛教義理的正確知見,並進而能夠成為修證的堅實依據。出自羅什之手的《摩訶般若波羅蜜經》就是在這樣的一個年代出現。《摩訶般若波羅蜜經》以流暢的文字清楚地介紹了般若波羅蜜的完整法教,其雖出於《道行般若經》、《光讚經》、《放光般若經》之後,卻是第一本提供清晰而完整般若思想的佛典,這使得在魏晉南北朝時尚處於混沌未明且對之爭議甚多的般若思想有了正本清源的機會。此外,《摩訶般若波羅蜜經》的思想透過《大智度論》的傳揚和龍樹秉承般若思想(大多來自《摩訶般若波羅蜜經》的影響,此在第四章有說明)作出的《中論》,對北齊慧文禪師(約西元六世紀中葉之人)有極大的啟發,並因而開啟了中國天台宗的思想淵源。同時,以龍樹中觀思想為核心而形成的中觀派思想,經由羅什傳來中國後,對中國佛教思想所給予普遍而深刻的影響,多少也可將之視為來自《摩訶般若波羅蜜經》的間接影響。由此可見,《摩訶般若波羅蜜經》的出現對於樹立般若思想的正法幢具有重大且不可取代的意義。然而,經過大約二百五十年,到了《大般若經》翻譯的初唐時期,佛教已進入黃金年代,佛教的思想於此時不但已能被正確的解悟,同時在此基礎上,亦發展出具有中國自己特色的佛教文化,正因為如此,《大般若經》第二會的出現,對於般若思想做出的貢獻與造成的影響,就遠遠地不如《摩訶般若波羅蜜經》。因為時代環境造就的原因,所以《摩訶般若波羅蜜經》比《大般若經》第二會,在中國地區般若思想的流傳史中更顯重要,並因此具有不可取代的關鍵性地位。

三、注 疏

作為《摩訶般若波羅蜜經》唯一逐文翻譯的釋論 —— 《大智

度論》，它的譯出對於《摩訶般若波羅蜜經》的思想研究提供了絕佳的參考依據。而且如前所述，羅什在翻譯該經時，唯恐所譯經文不夠完善，他以《大智度論》中的經文檢視經文，若有不合處，隨即予以更改。因此該經雖然較智論先完成漢譯，但還是等智論翻譯完成，該經在經過與其對參之後，才予以定稿。而且得力於《大智度論》的參照，使得當時對於般若思想的理解尚存在著很多分歧的中國佛教界，得以進一步正確地瞭解般若思想，是以《大智度論》的譯出，對於傳揚《摩訶般若波羅蜜經》的思想，具有相當重要的意義。此外，該論是採隨文註解的方式，原典的內容實在太過龐大，羅什並未完整譯出，只有「初品」三十四卷是完整的，二品以下則只選譯足以開示文意的部份，即使這樣，智論還是有百卷的份量，內容的數量還是相當的驚人，若按《大智論記》的記載，若將其全部譯出，將十倍於斯。《大智論記》：

> 究摩羅耆婆法師，以秦弘始三年歲在辛丑十二月二十日，至常（長）安。四年夏於逍遙園中西門合（閤）上，為姚天王出釋論，七年十二月二十七日乃訖……並此釋論一百五十萬言。論初品三十四卷，解釋一品，是全論其（具）本，二品已下法師略之，取其要，足以開釋文意而已，不復備其廣釋，得此百卷。若盡出之，將十倍於此。[26]

另外，歷史上中品般若的另一部釋經著作 —— 《現觀莊嚴論》，其重要性亦不下於《大智度論》，它在詮釋大品系般若經的工作上，也做出重大的貢獻。《現觀莊嚴論》是彌勒所著[27]，針對

---

26 劉宋・僧叡。〈大智論記〉。載《出三藏記集》卷十。《大正藏》第 55 冊，頁 75 中。

27 本書相傳是彌勒所著，對於作者是否真為彌勒或是他人，目前學界有四種說法：（一）根據八、九世紀末印度波羅王朝達磨波羅王的王師獅子賢的看法，

的文本是二萬五千頌般若經[28]，雖與《大智度論》針對的二萬二千頌的文本不同，但由於《現觀莊嚴論》是採提綱挈領而非隨文註解的方式，因此儘管針對的文本不同，但因內容雷同，還是可以將之作為閱讀的綱目。《現觀莊嚴論》以「三智義、四加行、法身」八種現觀共七十義統攝二萬五千頌般若經的內容：一切相智（十義）、道智（十一義）、一切智（九義）、圓滿現觀一切相加行（十一義）、由煖至頂加行（八義）、漸次加行（十三義）、剎那現證菩提加行（四義）、法身（四義）。七十義分說八種現觀，此即所謂「八事七十義」。「八事七十義」是按照境、行、果的順序來安排的，三智為境，介紹佛智的內容與次第，排在最前開示行者修行所要契入的境界，即所謂的「境」；接下來的四種加行，將般若經所載，對以般若波羅蜜通達三智的觀行方法進行了歸納與統攝，以清楚的綱目與觀行的次第將其經文條理化，使讀者能概括

《現觀莊嚴論》是無著因為《般若經》經義深奧無法通達，於是上升兜率天請求彌勒開示，彌勒為了無著才開出本論。（二）有些學者主張《現觀莊嚴論》是無著所作，為了加強此書的權威性才宣稱是受了彌勒的啟發而作。（三）宇井伯壽與 Tucci 認為《現觀莊嚴論》的彌勒不是天上的菩薩而是彌勒人間的一位老師，這位彌勒的生卒年為西元 270-350 年左右（Edward Conze, The Prajñaparamita Literature, pp. 101.）。（四）呂澂贊成宇井的說法，認為無著、世親應有人間的老師，即是無著、世親之前的一批瑜伽師，無著、世親所學即來自他們，至於他們是否託名彌勒，則很難確定（呂澂（2002）。《印度佛學源流略講》。上海：上海世紀，頁 220）。以上關於《現觀莊嚴論》作者的四種說法，第一種是傳統的說法，因涉於信仰，所以流傳於佛教僧侶以及信徒之中。第二、三、四說法是學者根據有限資料所作的臆測，其中的任何一種都尚未獲得公認。

28 由於二萬五千頌的梵本在不同時地流傳時，各時地的狀況或許有些許差異，導致經本內容發生增刪的現象，二萬五千頌的《般若經》於是另外有二萬二千頌、二萬頌、一萬八千頌各式的文本。根據多羅那他的《印度佛教史》所載，世親的門人解脫軍以為《現觀莊嚴論》與其在波羅奈斯見到由南印度普陀洛傳來的《二萬頌八品般若經》的次第最為相符，與二萬五千頌本則出現落差。（李利安主編。〈《彌勒五論》前言〉。《彌勒五論》，頁 6）。

性的瞭解般若經在實際修證方面的意趣，這是「行」的部分；最後，「法身」是通過四種現觀的修持，圓滿三智後所達成的，是果。《現觀莊嚴論》以境、行、果排列的方式，將中品般若類經典中菩薩道的次第清晰地凸顯出來，但由於原文過於簡略，要與經文正確地對應，也不是一件容易的事，故而還需參考歷來的一些注釋書。該論在印度曾經盛行，九世紀初開始進入藏地，也在藏地廣傳，並成為藏地研究般若經思想的指南，直到今日仍為藏傳佛教各派必讀的論典之一。該論現存的藏文注疏有二十一種之多，西藏的大藏經——《丹珠爾》——全有收錄。《現觀莊嚴論》到西元 1938 年由法尊法師引進漢地，譯成漢文並略加注釋，從此才開啟了漢地對之的認識與研究。

第二節 《摩訶般若波羅蜜經》的
篇章結構與基本內容概述

《摩訶般若波羅蜜經》全經計有二十七卷九十品，該經的目的主要是以般若波羅蜜為主體闡述般若波羅蜜的開展次第，及其在六波羅蜜和佛智養成過程的重要性，簡單來說，即是如何以般若波羅蜜貫穿菩薩道次第。《摩訶般若波羅蜜經》卷一「序品」第一曾說道：「菩薩摩訶薩欲以一切種智知一切法，當習行般若波羅蜜」[29]。由此引文即知，通過般若波羅蜜才能成就知一切法的一切種智，亦即暗示不經般若波羅蜜，則一切種智不能成就，由此

---

29 《摩訶般若波羅蜜經》。《大正藏》第 8 冊，頁 218 下。

可知般若波羅蜜在成佛之途的重要性。儘管《摩訶般若波羅蜜經》
的內容豐富，卻由於經文的冗長繁複，使我們要從經文直接釐清
般若波羅蜜與菩薩道次第之間的關係和思想脈絡，不是一件容易
的工作，因此我們在此先以表列呈現《摩訶般若波羅蜜經》的篇
章結構與各品內容的重點（表一），以使各品內容大綱清晰的呈
現。然後，在對《摩訶般若波羅蜜經》的內容有基本且全面性的
瞭解之後，經中重要的思想較易被把握，同時方便我們將之與八
千頌和十萬頌般若類經典、甚或其它般若類經典的內容進行考察
與比較，以瞭解上、中、下品般若經內容的同異處，進而掌握般
若思想的發展軌跡。

表一 《摩訶般若波羅蜜經》的結構與各品的內容重點

卷數	品名	品數	內 容	對談者
1	序品	1	十方法界大眾雲集；習行般若波羅蜜的原因。	佛陀自說
	奉鉢品	2	出家、在家修行皆可得阿耨多羅三藐三菩提，菩薩為眾生故受五欲，但實不染欲；菩薩行般若波羅蜜時，以諸法性空、但有名字，不見一切名字，不見故不著。	舍利弗、佛陀
	習應品	3	一切法皆以名字說；習應般若波羅蜜的方法——「空相應」。	舍利弗、佛陀
2	往生品	4	習應般若波羅蜜者不論往生何處依然能得般若波羅蜜的功德；習應般若波羅蜜相；五眼的意義。	舍利弗、佛陀
	歎度品	5	諸大弟子與諸菩薩稱讚般若波羅蜜並分享對般若波羅蜜內涵瞭解的心得；菩薩為安樂一切眾生出現於世。	舍利弗、佛陀
	舌相品	6	佛出廣長舌相遍覆三千大千世界，東方世界大眾前往供養釋迦佛並欲聽般若波羅蜜，牟尼眾中亦欲得是法且得授記未來世當得作佛。	舍利弗、佛陀
	三假品	7	三假義；菩薩行般若波羅蜜時一切法不分別、不可得，是故不著一切法。	須菩提、佛陀

3	勸學品	8	菩薩欲學一切法當學般若波羅蜜；菩薩墮頂義（不以方便行六波羅蜜，入三三昧）；菩薩行般若波羅蜜相；菩薩心相。	須菩提、佛陀
	集散品	9	諸法因緣和合假名施設，名字無所有；行般若波羅蜜時，一切法中不應住、不可受；一切法無所有、不可得，因此諸法相離相亦離性，如是成就薩婆若。	須菩提、佛陀
	相行品	10	是否著相為有、無方便行般若波羅蜜的區別原則；介紹諸三昧名，入諸三昧不知不念而知般若波羅蜜與三昧不一不異；無明義；學般若波羅蜜不見般若波羅蜜，得薩婆若。	舍利弗、須菩提、佛陀
4	幻學品	11	諸法如幻但有名字自性無所有，有如幻人學般若波羅蜜實無所得；菩薩行般若波羅蜜時應薩婆若心是行般若波羅蜜有方便；六波羅蜜義；菩薩善、惡知識義。	須菩提、佛陀
	句義品	12	「無」是菩薩句義，所謂不合不散、無色、無形、無對，一相所謂無相是菩薩句義；一切法的內容；菩薩義：知一切法不二相，不動故。	須菩提、佛陀
	金剛品	13	菩薩摩訶薩義：大心、大快心、不動心、利益安樂心、欲法喜法樂法心、住諸法性空中行一切法。	須菩提、佛陀
	樂說品	14	菩薩摩訶薩行般若波羅蜜時，以阿耨多羅三藐三菩提心、無等等心不共聲聞、辟支佛心，不念有是心亦不著是心，用一切法無所有故，名摩訶薩。	舍利弗、須菩提
	辯才品	15	菩薩大誓莊嚴義；六波羅蜜的行持法；於一一波羅蜜中修持六波羅蜜；菩薩發趣大乘義。	舍利弗、富樓那
	乘乘品	16	菩薩乘於大乘義：性空無所得；菩提道加行：恭敬、供養、尊重、讚歎諸佛，從佛聽受法教，以方便力成就眾生；菩薩淨佛國土成就變化身。	舍利弗、富樓那
5	莊嚴品	17	菩薩大莊嚴義：菩薩摩訶薩大莊嚴（菩薩深知諸法如幻，如幻中以諸佛法教化眾生令得諸佛法乃至一切種智、莊嚴佛身與佛土）、無大莊嚴（諸法自相空故）、無縛無脫大莊嚴（諸法無所有、離、寂滅、不生故）。	須菩提、佛陀

	問乘品	18	菩薩摩訶衍：以應薩婆若心行六波羅蜜、二十二空義、諸三昧義。	須菩提、佛陀
	廣乘品	19	菩薩摩訶衍：以諸法不可得行四念處觀；三三昧；得四勝諦智以及各種智；三根；有覺有觀、無覺有觀、無覺無觀等三昧；十念；十力；四無所畏；十八不共法；四十二字門。	須菩提、佛陀
6	發趣品	20	菩薩行六波羅蜜時，從一地趣一地，名大乘發趣；菩薩十地的內容。	須菩提、佛陀
	出到品	21	諸法以名字空、性空、相空，故不出三界亦不住薩婆若。	須菩提、佛陀
	勝出品	22	摩訶衍以與虛空等故，勝出一切世間及諸天、人、阿修羅；若摩訶衍實有者，則不能勝出一切世間及諸天、人、阿修羅。	須菩提、佛陀
	等空品	23	摩訶衍與虛空等，以無所有、無來無去、不可得故，如虛空般能受無量眾生，菩薩於是衍中學得一切種智。	須菩提、佛陀
7	會宗品	24	般若波羅蜜與摩訶衍的關係。	富樓那、須菩提、佛陀
	十無品	25	菩薩摩訶薩般若波羅蜜：三際不可得、五蘊無邊、五蘊是菩薩不可得、一切種一切處菩薩不可得、菩薩摩訶薩但有名字、我畢竟不生無自性故、畢竟不生不名爲五蘊、若畢竟不生法，當教般若波羅蜜、離畢竟不生、菩薩聞作是說，心不悔不沒不驚不怖不畏。	舍利弗、須菩提
	無生品	26	菩薩義；一切法相義；般若波羅蜜義；觀義諸法不生、入無二法數；世諦與第一義諦之別；世間、出世間六波羅蜜義；菩提道的內容；波羅蜜義；行菩薩道者的心量。	舍利弗、須菩提
	問住品	27	菩薩應住般若波羅蜜的原因；菩薩摩訶薩般若波羅蜜義；諸法空、無所得故，諸佛法無有住處，菩薩摩訶薩於般若波羅蜜中應如是住。	釋提桓因、諸天子、須菩提
8	幻聽品	28	諸法如幻、夢，幻夢、涅槃不二不別；般若波羅蜜中無法可說，受人亦不可得；諸法空故，是以般若波羅蜜中廣說三乘、護持菩薩得捷疾辯乃至一切世間最上辯而不可得。	諸天子、舍利弗、目揵連、拘絺羅、迦旃延、富樓那、迦葉及無數千菩薩、阿難、須菩提

	散華品	29	不壞假名而說諸法相；諸法但假名；菩薩，因為一切種智不為一切法不生不滅、不受不捨、不垢不淨、不合不散、不增不減故，學般若波羅蜜能到一切種智，無所學、無所到故；一切種智中部應求般若波羅蜜亦不應離一切種智求般若波羅蜜，般若波羅蜜與一切種智皆是「無」相；三乘果皆從般若波羅蜜中學成；眾生本性常清淨。	釋提桓因、諸天人、須菩提、佛陀、舍利弗
	三歎品	30	般若波羅蜜中雖無法可得而有三乘之教；佛陀行無量諸佛法而無所得，獲然燈佛授記，當得作佛；若有人能聽受讀誦般若波羅蜜並為他人說而不離薩婆若心，魔則不能擾；三千世界中欲、色界諸天願守護、恭敬、尊重、讚歎受持般若波羅蜜者，善法出現故。	釋提桓因、諸天王、天人、梵王、梵天、神仙、天女、佛陀
	滅諍品	31	受持親近讀誦為他說正憶念般若波羅蜜得今世功德：總攝諸佛法乃至一切種智、破外道與魔、鬥諍、令生善心、增益功德、斷結使、令離惡法、不行世間六波羅蜜、行出世間六波羅蜜、所得功德迴向阿耨多羅三藐三菩提。	釋提桓因、佛陀
9	大明品	32	聞深般若波羅蜜受持親近讀誦為他說正憶念不離薩婆若心的功德：不為刀劍所傷、重惡不能傷（般若波羅蜜是大明咒故）；供養般若波羅蜜的功德：非人不能得其便；般若波羅蜜是佛身、一切種智所依處，是故供養般若波羅蜜其福多過供養佛舍利，因此於般若波羅蜜應受持親近讀誦為他說正憶念，並書經卷恭敬供養尊重讚歎，若為恭敬供養尊重讚歎般若波羅蜜則為供養三世諸佛；一切善法皆入般若波羅蜜，聲聞、辟支佛、三世諸佛學是法得度彼岸。	釋提桓因、佛陀
	述成品	33	書持、受學親近讀誦正憶念供養般若波羅蜜得無量福德，因為諸佛一切智、一切種智、三乘佛法乃諸佛法皆從般若波羅蜜中生。	釋提桓因、佛陀

	勸持品	34	天人行般若波羅蜜的功德：減損阿修羅力、增益諸天眾、三寶種不斷、諸佛法現前、天子天女五死相現前時，令還生本處、般若波羅蜜諸天子天女兒經耳，即當漸得阿耨多羅三藐三菩提；三世諸佛及十方諸佛弟子皆學般若波羅蜜而得阿耨多羅三藐三菩提；受持親近讀誦為他說正憶念般若波羅蜜得今世功德：不中毒死、兵刃不生、水火不害、四百病不中、除宿命業報、若有官事，至官所無能譴責、與人關係良善；後世功德：不離諸佛法、不墮三惡道、不生貧窮下賤工師除廁人擔死人家、常得三十二相、常得化生、常生淨土不離菩薩神通、隨意而游諸佛國供養諸佛聽諸佛法、成就眾生、淨佛國土、漸得阿耨多羅三藐三菩提。	諸天佛陀自說
	遺異品	35	釋提桓因持般若波羅蜜破諸外道、梵志；閻浮提人受持般若波羅蜜，隨所著時三寶不滅，是處則為照明，已離諸冥；諸天子發願守護受持般若波羅蜜者；般若波羅蜜不異一切智，一切智不異般若波羅蜜，般若波羅蜜與一切智不二不別。	舍利弗、釋提桓因、佛陀
	尊導品	36	般若波羅蜜是五波羅蜜乃至十八不共法的尊導：以迴向薩婆若而行五波羅蜜乃至以不二法迴向薩婆若是名般若波羅蜜、諸佛法依般若波羅蜜得生，是故欲得薩婆若，當從般若波羅蜜中求，欲得般若波羅蜜當從薩婆若中求；受持正憶念乃至供養般若波羅蜜的功德；諸四天王天、供養般若波羅蜜的征相；供養般若波羅蜜的方法。	阿難、釋提桓因、佛陀
10	法稱品	37	供養恭敬尊重讚歎般若波羅蜜的功德：如佛舍利為般若波羅蜜所熏修、不墮惡道、遠離恐怖、生一切佛法；般若波羅蜜無相、不可取、是故不行二法；般若波羅蜜中生諸佛與十二部經，般若波羅蜜與佛無二無別；菩薩行五波羅蜜以般若波羅蜜為前導；般若波羅蜜中廣說三乘義；般若波羅蜜無所有、不可得。	釋提桓因、佛陀

	法施品	38	般若波羅蜜中廣說無漏法；教人書持讀誦說般若波羅蜜得福無能比；般若波羅蜜義；有所得行六波羅蜜義；相似般若波羅蜜義；般若修行法；發菩提心為菩薩道的起點。	釋提桓因、佛陀、須菩提
11	隨喜品	39	迴向義：隨喜心迴向、正迴向、取相與不取相迴向、如何迴向可無雜毒、菩薩最大迴向、最上第一的迴向。	須菩提、欲界各天王、色界天人、彌勒菩薩、佛陀
	照明品	40	般若波羅蜜的性質與功用；供養般若波羅蜜的原因與方法；般若波羅蜜為五度之導；菩薩遠離般若波羅蜜之因；信般若波羅蜜則不信有可得諸法、佛法；般若波羅蜜是摩訶波羅蜜：以不分別、無所得、不生、性空、無所有、不可思議、不滅、不可知、力不成就故。	舍利弗、釋提還因、須菩提、佛陀、舍利弗
	信毀品	41	隨順與棄捨般若波羅蜜的因果；破壞般若波羅蜜的四個因緣；般若波羅蜜難信、難解的原因；般若波羅蜜淨故諸佛法淨，不二不別故。	舍利弗、須菩提、佛陀
12	歎淨品	42	淨甚深、明、不相序、無垢、無得無智、無生、不生三界、無知義，菩薩能如是知則知道種，是名菩薩摩訶薩般若波羅蜜；菩薩道礙相、微細礙相；遠離礙相法：知諸法性空、無起、無作。	舍利弗、須菩提、釋提還因、佛陀
	無作品	43	行般若波羅蜜的方法；學習般若波羅蜜為學習空法；菩薩行般若波羅蜜知諸法如幻；般若波羅蜜清淨義；般若波羅蜜是珍寶波羅蜜，能棄惡道及貧苦人家，與豐盈人生、天道、三乘果乃至阿耨多羅三藐三菩提；菩薩以不知、不分別、不可得、不戲論行般若波羅蜜；般若波羅密不與諸佛法亦不捨諸佛法；諸法相空、自性空、不可轉、不可還、不見、不可得，如是教者是名清淨說。	須菩提、釋提還因、佛陀
	遍歎品	44	般若波羅蜜的內容：無邊、不壞、無彼岸、不可說、無名、不去、無疑、盡、不生、不滅、無作、無知、不到、不失、響、影、焰、幻、不垢、無淨、不汙、不戲論、不念、不動、無染、不起、寂滅、無欲、無瞋、無癡、無煩惱、無眾生、無斷、無二邊、不壞、不取、不分別、無量、虛空、四聖諦、無相、十八空、三十七菩提分、三三昧、背舍、六波羅蜜、十力、四無所畏、無礙智、佛法、如實說、自然、佛。	須菩提

13	聞持品	45	前世信解諸佛、善知識，今世即得聞般若波羅蜜；前世呰毀般若波羅蜜，今世亦然；三智皆自般若波羅蜜中生；習行般若波羅的方法；受持讀誦乃至修行般若波羅蜜能得多種世出世間利益、增益善根。	釋提桓因、舍利弗、須菩提、佛陀
	魔事品	46	菩薩魔事與生起緣由。	須菩提、佛陀
14	兩過品	47	說法者與聽法者兩不和合；受魔的影響不受不持、不正憶念、遠離般若波羅蜜；魔事留難的原因。	須菩提、佛陀
	佛母品	48	般若波羅蜜以能生諸佛法、諸佛而爲諸佛母；佛因般若波羅蜜知眾生一切心想；一切眾生心數出沒屈申等，皆依色受想行識；諸法如相、非不如相、不異相義。	須菩提、佛陀
	問相品	49	深般若波羅蜜相：空、無相、無作、無起、無生、無滅、無垢、無淨、無所有、法無相；般若波羅蜜能生諸佛、示世間相義；般若波羅蜜生起因：爲大事、不可思議事、不可稱事、無量事、無等等事。	須菩提、佛陀
15	成辦品	50	般若波羅蜜不空義：諸佛法均在其中，以不取不著故，行深般若波羅蜜的功德，若不行則不爲般若波羅蜜所護，將墮聲聞、辟支佛地。	須菩提、欲色界諸天子、佛陀
	譬喻品	51	以譬喻說明若不爲般若波羅蜜方便力所守護者，不能入阿耨多羅三藐三菩提，當墮聲聞、辟支佛地。	佛告須菩提
	知識品	52	新學菩薩如何學習般若波羅蜜；行深般若波羅蜜時，莫貪諸法，諸法性空故；菩薩發菩提心的原因；信解深般若波羅蜜的性、相、貌：欲瞋癡斷離。	須菩提、佛陀
	趣智品	53	修般若波羅蜜即是修一切法；菩薩如何行般若波羅蜜：隨順一切種智心，以空、無相、無作、無所有、不生、不滅、不垢、不淨、如夢幻焰響化是名隨順；諸法皆是一如無二無別。	須菩提、佛陀
16	大如品	54	諸法甚深相；菩薩無般若波羅蜜、遠離薩婆若心、無方便力，不入菩薩位，便於實際作證取聲聞、辟支佛乘，若以上皆有則得阿耨多羅三藐三菩提；菩薩易得：無菩提可得，一切法空故；菩薩成就菩提的行法：於一切眾生起慈悲喜捨心、隨喜心。	須菩提、欲、色界諸天、佛陀

	不退品	55	阿惟越致菩薩相貌：觀一切法無行、無類、無相貌、信解行深般若波羅蜜，魔不能得其便。	須菩提、佛陀
	堅固品	56	續說阿惟越致菩薩相貌。	須菩提、佛陀
17	深奧品	57	深奧義：空；般若波羅蜜是菩薩摩訶薩道，乘是道疾得菩提；般若波羅蜜是菩薩母，諸菩薩住其中能具足一切佛法，菩薩不遠離般若波羅蜜則不遠離一切種智，不遠離一切種智則不遠離般若波羅蜜；第一迴向義：般若波羅蜜迴向，若遠離般若波羅蜜迴向，是不名迴向；善知因緣起法從妄想生非實；諸法本不可說，佛以方便力故，分別說；一切法如相：不增不減；菩薩不用初心得菩提，亦不離初心得菩提；三乘共十地的內容；菩薩行般若波羅蜜時在第一義中行故，於諸法不取亦不壞。	須菩提、佛陀
	夢行品	58	佛土的成就因緣：菩薩發願提供眾生清淨莊嚴的國土以遠離諸苦而得諸善。	舍利弗、須菩提、佛陀
18	河天品	59	未來星宿劫的金華佛今世的授記因緣。	恒伽提婆、阿難、佛陀
	不證品	60	菩薩不於空法作證，觀空前須先作願：我今學時，非是證時；菩薩不隨一切諸相亦不證無相三昧；善根未具足時，不於實際作證，善根具足時，則於實際作證；菩薩觀空但不證實際。	須菩提、佛陀
	夢誓品	61	阿惟越致菩薩相：夢中觀諸法如夢幻而不作證、具三十二相、八十種好、於諸惡事不驚不怖、思惟三界虛妄如夢、成佛時國中無三惡道、能滅地獄火城廓火、不爲非人所惱；遠離六波羅蜜及力便力爲魔所擾；菩薩善知識義；般若波羅蜜相；菩薩行般若不離薩婆若念；菩薩與般若波羅蜜等，不增不減故；菩薩行般若波羅蜜時，無諸憶想分別。	須菩提、佛陀
19	魔愁品	62	般若波羅蜜具有勝功德；遠離般若波羅蜜，魔將得其便；菩薩懺悔的方法。	釋提還因、須菩提、無名比丘、佛陀

	品名	序號	內容	人物
	等學品	63	菩薩等法:「空」為內涵;行深般若波羅蜜無有法可得,諸波羅蜜悉入其中;學般若波羅蜜的功德;如何是行般若波羅蜜:無相而行。	須菩提、佛陀、釋提桓因
	淨願品	64	隨喜的福德:不可稱量、常值諸佛得種善根;般若波羅蜜畢竟離乃至一切種智畢竟離故,能得菩提;菩薩所行義甚深:菩薩無所得行菩薩行、菩薩應行無分別波羅蜜;一切法無有分別、不壞相,諸法如、法性、實際故;眾生以顛倒分別故,有六道生死。	釋提桓因、佛陀、須菩提、舍利弗
	度空品	65	菩薩行般若波羅蜜為行無真實法;菩薩為利益無所有眾生而大莊嚴,欲度眾生為度虛空;菩薩成就二法魔不能壞;觀一切法空、不捨一切眾生;菩薩住諸法如中、住薩婆若;須菩提所說但為空事。	舍利弗、須菩提、佛陀
20	累教品	66	菩薩行般若波羅蜜過聲聞、辟支佛地入菩薩位能具足佛法得一切種智;忘失般若,其過甚大;六波羅蜜是菩薩母、是諸佛無盡法藏;般若波羅蜜於諸學中最尊、第一微妙、無上;諸法如幻,菩薩如是行不著諸法;般若波羅蜜是諸佛妙法,持般若波羅蜜陀羅尼故則能持一切諸法。	釋提桓因、佛陀、阿難
	無盡品	67	以虛空不可盡法行般若波羅蜜觀十二因緣,不墮聲聞、辟支佛地,住菩提;菩薩行般若波羅蜜具足六波羅蜜。	須菩提、佛陀
	攝五品	68	菩薩如何於六波羅蜜中各行其它五波羅蜜。	須菩提、佛陀
21	方便品	69	五波羅蜜隨般若波羅蜜入薩婆若而無分別,因般若波羅蜜而得波羅蜜名,若無般若波羅蜜,只為世間善法;菩薩度生乃至菩提皆不離智慧,除智慧外不可已於法度脫眾生;菩薩行般若波羅蜜不應有所著,若取相則是遠離般若波羅蜜;如何是菩薩道;菩薩行般若波羅蜜時,念薩婆若行其它五波羅蜜;菩薩學習六波羅蜜的緣由;菩薩略廣學六波羅蜜,當知諸法略廣相;修般若波羅蜜的功德與利益。	須菩提、佛陀
	三慧品	70	般若波羅蜜的行、生、修的方法;若般若波羅蜜中不說有一切法,當得一切種智;不行般若波羅蜜是名行般若波羅蜜;有所得與無所得平等;菩薩行般若波羅蜜當信諸法如化;不壞假名而說諸法實相;隨世俗法有名相,實無著處;三智義;般若波羅蜜義;菩薩行般若波羅蜜應離義、非義。	須菩提、佛陀

22	道樹品	71	以道樹的葉花果比喻菩薩度生：因菩薩離三惡道是葉益眾生、因菩薩得生人天善處是華益眾生、因菩薩得成各果法是果益眾生；發菩提心的重要性；初發心菩薩當念一切種智；一切種智緣（無法緣）、增上（念）、行（寂滅）、相（無相）之義；諸法性空義：因緣生、無自性；方便力義：學諸法無性亦能淨佛國土成就眾生－行無性波羅蜜；菩薩爲著相眾生故，以世諦示眾生若有若無。	須菩提、佛陀
	道行品	72	菩薩行義：不二法中行，以是善根能增長；佛義；菩提義；菩薩應供養諸佛、種善根、親近善知識。	須菩提、佛陀
	三善品	73	菩薩供養諸佛、種善根、得真知識，不得一切種智，因爲遠離方便力故，何況不如是作者；方便力義：行六波羅蜜應薩婆若念觀諸法自相空、無生、無定相、無所轉，入諸法實相，即能起方便力。	須菩提、佛陀
	遍學品	74	行深般若波羅蜜不受果報，以無所有法不能得有所有法故；世諦皆是戲論，菩薩行般若波羅蜜時不可戲論，法性無故；菩薩遍學諸道得道種智入菩薩位，入菩薩位已，以一切種智斷一切煩惱習而得佛道；道種淨智義；爲不知諸法自相空的眾生顯示助道法令至菩提；修無相是修般若波羅蜜；一切二法均是有法。	須菩提、佛陀
23	三次品	75	無有法者則有順忍乃至斷一切煩惱習；菩薩有法是菩薩道，無法是菩薩果；佛於所修不取不證而作佛；自性無所有故，諸法皆不可得。	須菩提、佛陀
	一念品	76	以諸法無所得，菩薩從一地趣一地；菩薩行無所得般若波羅蜜，魔不能壞，菩薩行五波羅蜜時不離般若波羅蜜爲一念中具足六波羅蜜；將六波羅蜜修至具足的方法。	須菩提、佛陀
	六喻品	77	諸法無自性故，無相是爲一相；無異法中說六波羅蜜的原因：攝受眾生但不於中住；菩薩行般若波羅蜜，不得般若波羅蜜，是時見諸法皆入般若波羅蜜中亦不得是法，諸法入如、法性、實際故，以是住是法中得菩提，以二乘法度脫眾生，亦不著三乘。	須菩提、佛陀

24	四攝品	78	菩薩稀有難及，行般若波羅蜜時，能於畢竟空、無始空中分別諸法，行諸佛法；菩薩以四攝法攝取眾生；世間法施義；三三昧義；佛三十二相的內容；菩薩行般若波羅蜜時，為眾生說諸佛法不失空相。	須菩提、佛陀
	善達品	79	菩薩善達諸法相義：無有是法亦不分別是法；因眾生不知諸法如幻，菩薩為之行菩薩道，於名相虛妄中拔出眾生；名相義；因為名相無所有，菩薩能自利利他；菩薩行般若波羅蜜時知諸法相如水沫、焰、芭蕉葉、幻不實之相；菩薩應學法性：一切法即是法性，皆入無相無為性中故，以是學法性即是學一切法。	須菩提、佛陀
25	實際品	80	菩薩為利益眾生與實際故行般若波羅蜜，實際與眾生際不異菩薩以方便力，行般若波羅蜜時，建立眾生於實際；實際性空法義：性空中無有得法、得者、得處；諸法性空無有二相；法住相：性空無住處，無所從來亦無所去；第一義即是性空；性空波羅蜜不壞諸法相；菩提是不二相、不壞相世諦中有菩提可得，第一義諦中無諸法、無菩提 ；菩提不增、眾生不減。	須菩提、佛陀
	具足品	81	菩薩行般若波羅蜜時以方便力行諸佛法而能具足薩道得菩提；菩薩不學般若波羅蜜不能得菩提，但不取般若波羅蜜乃至諸佛法；菩薩住二諦中為眾生說法；菩薩道義：從菩薩初發意、行六波羅蜜乃至十八不共法成就眾生淨佛國土勿在虛妄無堅實的諸法中而作罪業；菩薩住一一波羅蜜中分別以六波羅蜜攝取眾生。。	須菩提、佛陀菩、舍利弗
26	淨土品	82	一切法是菩薩道，菩薩學之得一切種智；菩薩用方便力以二諦為眾生說法，且己不著；菩薩行菩薩道無所住；菩薩淨佛國土的方法；自除麤業亦淨他人麤業、自行六波羅蜜亦教他行，以此迴向菩提；菩薩莊嚴佛土，令眾生得住淨土，遠離諸惡。	須菩提、佛陀

	畢定品	83	菩薩於佛道中畢定，但初發意、阿惟越至、後身菩薩亦畢定；菩薩白淨無漏法成就，用般若波羅蜜起方便力作種種身示眾生，以是身饒益一切亦不受苦；神通波羅蜜義：菩薩行般若波羅蜜時以方便力起天眼、天耳、如意足、知他心、宿命智、知眾生生死等神通，是菩提利益道，若無神通波羅蜜菩薩不能隨意教化眾生；一切善法是菩提因緣，具足善法當得一切種智。	須菩提、佛陀
	差別品	84	菩薩與佛的差別：菩薩無礙道中行、佛於解脫道中無闇蔽；眾生在諸法自相空中作業因緣故，有三界的分別；無相故，四聖諦平等，菩薩如是觀入菩薩位不從頂墮；諸法實相的觀法；空觀義；自相空故一切法空，無法性可見。	須菩提、佛陀
	七譬品	85	眾生因為業因緣故知諸法相，於六道輪轉，眾生著業處，空無所有但顛倒故，如夢、鏡、響、焰、揵闥婆、幻、化人等但空相，是中無所有。	須菩提、佛陀
	平等品	86	諸法平等相：見實者不垢不淨，見不實者亦不垢不淨，諸法無所有故，所謂「如」，不異不誑法相、法性、法住、法位、實際，法性常住是名淨；諸法皆是憶想思惟作法，用此能住道，但不能得一切種智，諸法無生、無出、無相故，平等相即是第一義，菩薩行般若波羅蜜時，第一義中不動而行菩薩事業饒益眾生；諸佛眾生平等，諸法平等無有分別故；佛有大恩力於諸法等中不動而分別諸法。	須菩提、佛陀
	如化品	87	空及化平等，空故，諸法皆是化；分別諸法有生滅或不生不滅是為新發意菩薩說，涅槃實際亦如化；諸法本有今無，性空故。	須菩提、佛陀
27	常啼品	88	常啼菩薩或名薩陀波崙菩薩至曇無竭菩薩處（眾香城）求學般若波羅蜜的過程。	佛陀、薩陀波崙、曇無竭、釋提還因、長者女及父母

法尚品	89	諸佛如、諸法如，一如無分別，是如常一，無二無三，出諸數法，無所有故；諸佛不可以色聲見，諸佛法身無來無去，諸佛來處去處去處亦如是；諸法實相義：諸法如幻、夢，是中無來無去、無生無滅、無分別；諸佛身從無量功德因緣生，不從一因一緣功德生，亦不無因緣有眾緣和合故有，來無所從、去無所至；般若波羅蜜相：諸法等、離、不動、無念、無畏、一味、無邊、無生、無滅、如虛空大海水無邊、如須彌山莊嚴、如虛空無分別、如金剛、不可得、無所有、無作、不思議。	曇無竭、薩陀波侖、長者女及五百侍女、釋提還因
囑累品	90	佛囑託阿難：佛入滅後，當愛敬、供養、給事般若波羅蜜當如佛，因爲般若波羅蜜在是猶如佛在世說法，能書持、讀誦、正憶念、爲人說、恭敬、尊重、讚歎、供養般若波羅蜜者，是人不離見佛、不離聞法，爲常親近佛。	佛陀、阿難

第三節 《摩訶般若波羅蜜經》
內容的判攝

雖然具有二十七卷九十品內容的《摩訶般若波羅蜜經》是一部篇幅不小的經典，但從上表對各品內容的提要中，我們可以將九十品的內容歸納成以下十項主題：

1. 大乘義與菩薩句義[30]：開展慈悲的心量與開啓了知諸法實際的智慧 —— 六波羅蜜。

---

30 人們經由根、識所得對諸法的概念，即爲諸法成立的最基礎定義，佛教中以「句義」padārtha 名之。

2. 諸法性相的內涵：由空、假、實相表述。

3. 親近般若波羅蜜的方法：信解、尊敬、書持、受學、讀誦、正憶念、供養、隨善知識、迴向。

4. 親近般若波羅蜜的福德與功德[31]。

5. 遠離般若波羅蜜：魔事的生起。

6. 習應般若波羅蜜的方法：三種觀法、三昧、四十二字陀羅尼門。

7. 施行六波羅蜜的結果：方便力的養成。

8. 阿惟越致菩薩相：能觀諸法如幻、行般若波羅蜜不離薩婆若。

9. 修證次第的開展：三乘共十地與菩薩十地。

10. 般若波羅蜜達成的果地目標：三智、佛身、佛土等。

依據這些主題，將九十品的內容依其性質進行分類，所得結果如下表（表二）：

---

31 福德與功德的概念並不相同，福德是指過去世及現在世所有的一切善心與善行在未來所得到的回饋，體現於：一為在自身所植的善種，二為對待別人的善心與善行而得到別人在未來世對己身的回報；至於功德的含意，《大乘義章》卷九的定義為：「言功德，功謂功能，善有資潤福利之功，故名為功；此功是其善行家德，名為功德。」（東晉・慧遠。《大乘義章》。《大正藏》，第44冊，頁649下），而《勝鬘寶窟》卷一則說：「惡盡曰功，善滿稱德。又德者，得也；修功所得，故名功德也」（唐・吉藏。《勝鬘寶窟》。《大正藏》，第37冊，頁11中），綜合二者之意，「功」即惡法盡滅，「德」是善法圓滿，因此「功德」是修功所得，指修行過程中所獲使自己不斷增上的善法，即包含本具的「一切智」（一切智即是安於法位（法住、法位、實際）並了知諸法「空」的性相智慧），與後得的「一切種智」（指在一切智的基礎上修行六波羅蜜而得）。

表二 《摩訶般若波羅蜜經》內容的判攝

編號	主題	《摩訶般若波羅蜜經》九十品內容的判攝（以下以品號呈現）
1	大乘句義與菩薩句義：開展慈悲的心量與開啓諸法實際的智慧──六波羅蜜	1、9、10、12、13、14、15、16、17、18、19、22、23、24、25、26、27、28、29、36、37、38、40、42、44、49、50、57、61、63、64、65、66、67、68、69、72、75、76、77、79、81、84、86
2	諸法性相義：由空、假、實相表述	7、9、11、21、28、29、48、54、57、64、66、67、70、71、75、77、79、80、85、86、87、89
3	親近般若波羅蜜的方法：信解、尊敬、書持、受學、讀誦、正憶念、供養、隨善知識、迴向	32、36、57、61
4	親近般若波羅蜜的福德與功德	4、31、32、33、34、35、36、37、45、62、63
5	遠離般若波羅蜜──魔事的生起	46、47、55、62
6	習應般若波羅蜜的方法：三種觀法、三昧、四十二字陀羅尼門	3、4、19、52、74、78、84
7	施行六波羅蜜的結果：方便力的養成。	3、30、51、53、54、57、63、65、70、71、73、78、79、81、82、83
8	阿惟越致菩薩相：能觀諸法如幻、行般若波羅蜜不離薩婆若	55、56、61
9	修證次第的開展：三乘共十地與菩薩十地	13、20、21、22、57、74、76
10	般若波羅蜜達成的果地目標：三智、佛身、佛土等	58、70、74、82、89

從以上對於《摩訶般若波羅蜜經》內容的解析與判攝可知，佛是爲了以下的目的：闡揚與聲聞乘迥異的般若波羅蜜法門，以指向菩提成就之道；揭示諸法性相的深義、上求佛道的智慧（即般若波羅蜜）和下化眾生的慈悲心量（五波羅蜜）、親近般若波羅蜜的法門、修持般若波羅蜜的福德與功德、遠離般若波羅蜜的後果、大乘修證的次第、以及以般若波羅蜜相應薩婆若方便力具足後可達成的果地境地，即三智等，而向大眾宣說般若波羅蜜法門。

　　總的來說，上述的內容貫通了整個大乘菩提道或菩薩道的修證，實質上即是一個「從有入空」乃至「空有不二」完整的大乘菩提道次第或菩薩道次第。因此《摩訶般若波羅蜜經》的核心思想，毫無疑問地是闡述如何以般若波羅蜜和慈悲心貫串菩薩道的見地、修證與證果。這是因為自凡夫發菩提心為始至佛地為終的菩薩道，是一個轉染成淨或轉識成智的過程。其中將「識」還滅成「智」需要仰賴慈悲心的原因，是為了使由我執所造成的種種惡念，如貪、瞋、癡、慢、疑等，在學習利他的過程中，隨著我執的逐漸消弭而能夠慢慢的被利他的各種善念所取代。需要般若波羅蜜的原因，是為了建立對諸法性相的正確認識。因為若對諸法的性相沒有正確認識的話，即使心中充滿善念，也會由於不知善法的根本性相為「空」，而以善念為實有法，於是在名相的束縛之下，無法使眾生與自己自三界六道的世間出離。所以，必須依據般若波羅蜜建立對諸法性相的正確認知，亦即以「空」融通色心二法的智慧，才能將所有的善法，導引至進入色空不二的勝義之境，而得次第地相應薩婆若（即一切智）、成就一切種智、圓證佛果。由是，在《摩訶般若波羅蜜經》共二十卷九十品二萬二千偈並不算小的篇幅中，經文的演繹很清楚是依著菩薩道次第，按照教、行、果的分科，透過三條主要的脈絡進行：即如何認識、瞭解、開展般若波羅蜜；如何透過諸善法（指六波羅蜜）的習行修習慈悲心；如何將慈悲心與通達諸法性、相皆空的般若波羅蜜結合，以生起方便力，繼而使慈悲的心量與度生的事行可以擴展到如虛空般的無量無邊，乃至可得一切種智、最終證得阿耨多羅三藐三菩提。由此看來，闡揚以般若波羅蜜與慈悲心貫串菩薩道次第的《摩訶般若波羅蜜經》，是福智二邊皆顧及的，因此成為闡釋大乘佛教義理與實踐一部基本且又極為重要的經典。

第二章　《摩訶般若波羅蜜經》的
重要思想內容

　　爲使經中的思想脈絡更爲清晰的呈現、重要思想更爲地突出與精煉，我們由前章對該經基本內容的判攝而得的十項主題中，擷取思想的精髓，依據菩薩道次第的精神，按照教、行、果的分科，將其性質相近者，再次進行歸納而成以下的四項：

1. 般若波羅蜜義。（教）
2. 諸法性相的內涵：由性空、假有、實相表述。（教）
3. 菩薩道正行：下化眾生的心量與方法的增進、上求佛道的觀行。（行）
4. 佛地的境界：佛智、佛身、佛土。（果）

（一）原第一項，大乘義與菩薩句義：開展慈悲的心量與開啓了知諸法實際的智慧 —— 六波羅蜜，分入（1）般若波羅蜜義與（3）菩薩道正行：下化眾生的心量與方法的增進、上求佛道的觀行項卜。

（二）原第二項，諸法性相義，入（2）項下。

（三）原第六項，習應般若波羅蜜的方法：三觀、三昧、四十二字陀羅尼門、與第七項，施行六波羅蜜的結果：方便力的養成，二者因與習行般若波羅蜜的主題相關，所以將之合一，歸納入（3）菩薩道正行：下化眾生的心量與方法的增

進、上求佛道的觀行項下。

（四）原第十項，般若波羅蜜達成的果地目標：三智、佛身、佛
土等，入（4）項下。（參見表三）

（五）原第三、四、五、八、九項主題的演繹，雖然在《摩訶般
若波羅蜜經》中所占篇幅不少，但並未選入作爲本書的研
究對象。這是爲了凸顯該經教、行、果中的精要，即教：
般若波羅蜜義、般若波羅蜜的認識對象 —— 諸法性相；行：
養成般若波羅蜜及慈悲心量與力用的觀行方法；果：般若
波羅蜜達成的目標 —— 佛地，是以其它並未選入。

表三　《摩訶般若波羅蜜經》的思想演繹重點

編號	分科	再次歸納的主題	編號	原歸納主題
1	教	般若波羅蜜義。	1	大乘義與菩薩句義：開展慈悲的心量與開啓了知諸法實際的智慧 —— 六波羅蜜。
2	教	諸法性相的內涵：由性空、假有、實相表述。	2	諸法實相義：空、假相即。
3	行	菩薩道正行：下化眾生的心量與方法的增進、上求佛道的觀行。	1	大乘義與菩薩句義：開展慈悲的心量與開啓了知諸法實際的智慧 —— 六波羅蜜。
			6	智應般若波羅蜜的方法：三種觀法、三昧、四十二字陀羅尼門。
			7	施行六波羅蜜的結果：方便力的養成。
4	果	佛地的境界：佛智、佛身、佛土。	10	般若波羅蜜達成的果地目標：三智、佛身、佛土等。

在上表中，筆者將第三項「下化眾生的心量與方法的增進、上求佛道的觀行」再細分爲「六波羅蜜與方便力」與「入般若羅蜜的觀行」二節，其中「六波羅蜜與方便力」代表下化眾生的心量、智、力的養成與增進，而「入般若波羅蜜的觀行」代表上求佛道的方法。於是本章的內容就成爲：（一）般若波羅蜜釋義；（二）諸法性相的內涵；（三）六波羅蜜與方便力；（四）入般若波羅蜜的觀行；（五）佛地觀：佛智、佛身、佛土等五節。

第一節 「般若波羅蜜」詞義辯析

一、「般若」與「般若波羅蜜」

「般若」與「般若波羅蜜」的語詞是隨著般若類經典的傳譯而進入中國，在中國「般若」與「般若波羅蜜」常常被毫無差別地使用，「般若」常被當作「般若波羅蜜」的簡稱。但事實上「般若」雖然從其廣泛的意義來說，可作爲各種智慧的代稱，其中亦包含著「般若波羅蜜」的含義，但若探其究竟，二者還是存在差別的，並不具有完全相同的語意範疇。般若的梵語是 prajña，是知道、瞭解或辨別事物的能力，亦即具有智慧、知識、判斷的意思。波羅蜜的梵語爲 paramita，是 para＋m＋i＋ta：其中 para 爲中性名詞，意思爲最遠的岸邊、目的地、究竟、極限、境界等。m 是業格字尾，i 爲動詞，意思爲「去」或「到」、達到（狀態），ta 是抽象名詞的陰性字尾，表達狀態或性質的意思，因此 paramita 的字義就成爲成爲到彼岸的狀態、圓滿達成的狀態、究極的狀態。當 prajña 後綴 paramita 時，成爲依主釋複合名詞，這種複合名詞

的後詞修飾或限定前詞，因此 prajñaparamita 漢譯爲般若波羅蜜
或般若波羅蜜多，字義就指到達彼岸的智慧或智慧圓滿成就的究
極狀態。《摩訶般若波羅蜜經》卷二十一「三慧品」第七十中對此
有明確的說明：「佛言：得第一義，度一切法到彼岸，以是義故，
名般若波羅蜜……諸佛、菩薩、辟支佛、阿羅漢用是般若波羅蜜
得度彼岸，以是義故，名般若波羅蜜」[1]。引文中言及的「第一義」，
其梵文爲 paramartha。其中 parama 意爲「第一的」或「最高的」，
artha 意爲真理或意義，paramartha 因此具有表述第一或最高真理
或意義的意涵。換句話說，paramartha 即「第一義諦」，是用以表
述諸法的根本或源頭，作爲諸法成立最基本內涵的代名，以與在
眾生世間，諸法因隨眾生的心想分別，而致隨後產生了各種其它
的意義作區隔。根據《摩訶般若波羅蜜經》，諸法的第一義是「空」
義[2]，對此《摩訶般若波羅蜜經》卷二十五「實際品」第八十中對
此清楚的說道：「第一義相者，無作、無爲、無生、無相、無說，
是名第一義，亦名性空，亦名諸佛道。是中不得眾生乃至不得知
者、見者；不得色受想行識乃至不得八十隨形好」[3]。至此我們可
以得知：「般若波羅蜜」是以通達「空義」的智慧將一切法度到彼
岸。這樣智慧的養成始於對「諸法空義」義理的認識，然後經由
種種的禪觀方法，在「不得眾生乃至不得知者、見者；不得色受
想行識乃至不得八十隨形好」，也就是《金剛經》所說「不住色、

---

1 《摩訶般若波羅蜜經》。《大正藏》第 8 冊，頁 376 上。
2 第一義空的梵文爲 paramartha-wunyata，此爲一複合名詞，由於梵文複合詞的
  解讀方式有多種，在此若依之後的引文所言：「第一義相者……是名第一義，
  亦名性空」來看，應是將此複合詞採用「同位格持業釋」解讀，意即前字的
  意義等於後字的意義，在此情況下，paramartha 即是 wunyata，因此「第一義
  即空」即爲其義。
3 《摩訶般若波羅蜜經》。《大正藏》第 8 冊，頁 403 上。

聲、香、味、觸、法生心，應無所住」[4]之後，悟入第一空義而致
見道[5]，然後在第一義境中習行布施、持戒、忍辱、精進、禪定等
五波羅蜜，直至行者能以相應「第一義」的「薩婆若心」（即本具
的覺性或清淨心，在之後的章節中有詳細的討論），面對和施行所
有在眾生世間的各種事行之後而得成就，因此「般若波羅蜜」的
意義不獨只是相應「第一義」，亦相應一切的善法。《摩訶般若波
羅蜜經》卷九「大明品」第三十二對此有清楚的陳述：

> 世尊！一切善法皆入般若波羅蜜中，所謂十善道、四禪、
> 四無量心、四無色定、三十七品、三解脫門、空、無相、
> 無作、四諦：苦諦、集諦、滅諦、道諦、六神通、八背舍、
> 九次第定、檀那波羅蜜、尸羅波羅蜜、羼提波羅蜜、毘梨
> 耶波羅蜜、禪那波羅蜜、般若波羅蜜、內空乃至無法有法
> 空、諸三昧門、諸陀羅尼門、佛十力、四無所畏、四無礙
> 智、大慈大悲、十八不共法、一切智、道種智、一切種智。
> 世尊！是名一切諸佛法印，是法中一切聲聞及辟支佛、過
> 去未來現在諸佛學是法得度彼岸。[6]

由此可見，「般若波羅蜜」的習行起自世間卻成於出世間，而正由
於「般若波羅蜜」具有這樣超越世間一切法的功用，所以該經曾
說：「菩薩摩訶薩欲度一切（法）彼岸，當習行般若波羅蜜」[7]。

「般若波羅蜜」以觀照諸法「空」義而得以了然諸法性相的
本末究竟，也因此可窮盡世間所有智慧的邊際，同時又以亼具妄
見分別的性質而使諸法能安住在性空無作的「法位」中，得到「度

---

4 《金剛般若波羅蜜經》（後秦・鳩摩羅什譯）。《大正藏》第 8 冊，頁 749 下。
5 在大乘佛教中，「見道」是指遠離煩惱的生起，並得了悟自性涅槃，入諸法空
　義。
6 《摩訶般若波羅蜜經》。《大正藏》第 8 冊，頁 285 下。
7 同上書，卷二「歡度品」第五。《大正藏》第 8 冊，頁 230 上。

彼岸」之名，此即彰顯「般若波羅蜜」具有 「轉依」的功能。
是以「般若波羅蜜」就成為超越世間一切的智慧，是眾生由世間
進入出世間所依的根本智慧，是故「若離般若波羅蜜，不得波羅
蜜名字；不離般若波羅蜜故，得波羅蜜名字」[8]。

從以上對「般若」與「般若波羅蜜」梵語字詞的分析中，我
們得知在印度這兩個詞所涵蓋的語意是有差異的。對此，該經並
未在經文中提到這個部分，但是該經的釋論 ── 《大智度論》
── 對此卻有清晰的說明，可以提供我們在梵語語境中辨認「般
若」與 「般若波羅蜜」二詞語意的參考。

《大智度論》卷四十三「釋集散品」第九之餘中曾說道：「世
間三智慧：一者世俗巧便、博識文藝、仁智禮敬等。二者離生智
慧，所謂離欲界乃至無所有處[9]。三者出世間智慧，所謂離我及我
所，諸漏盡聲聞辟支佛智慧」[10]。根據《大智度論》，前述三智慧
均是世間智慧，因此而與「般若」之義相應。其中世俗巧智只是
對世間各種事物認識與學習的聰慧力，屬世俗之人所有；離生智
慧雖然能引導行者遠離在三界中的出生，已具遠離世間生滅流轉
的思考，但因為「生滅」現象僅是世間有為法的性質，並不是諸
法的真實性相，所以離生智慧還不具備對諸法根本性相瞭解與認
知的能力，因此只為「般若」而非「般若波羅蜜」所攝；令人不
解的是《大智度論》既然稱漏盡聲聞、辟支佛都已證得離我及我
所的出世間智慧，為何還將他們所得的智慧歸在「世間智慧」而
非「般若波羅蜜」之下呢？這應是因為聲聞及辟支佛只從諸法在

8 　《摩訶般若波羅蜜經》，卷二十一「方便品」第六十九。《大正藏》第 8 冊，
　　頁 368 下-369 上。
9 　無所有處為無色界中的第三天。
10 《大智度論》。《大正藏》第 25 冊，頁 370 下。

世間顯現的性質，即苦、空、無常、無我，認知諸法，這樣的認知驅使他們厭離世間的生死流轉，一心尋求個人的解脫，一旦進入「我空」的涅槃之後，即耽於「空」中，無願出世饒益一切有情，也因而不能具足利益眾生的慈悲心。由此看來，聲聞、辟支佛將世間與涅槃當作兩種截然不同的境界：世間是生滅流轉，涅槃是寂靜無染。這樣的認知是肯定世間塵境為實有的存在，卻不知諸法的本源是由「空義」所表詮的，其實體性是「空性」，相是「空相」，世間的諸法不過是在空性住持的空相上，隨眾生的種種心想所緣生的，奠基於空相之上的世間諸法就像夢幻般只是「假有」而已，並不具有真實的性質，因此沒有生死可離，也無生死可厭，生與死的實性與其它諸法一樣俱是「空義」。在這樣的情況之下，世間即是涅槃，追求涅槃並不需要遠離世間。由是可知，聲聞、辟支佛因為缺乏對世間有為諸法的真實瞭解，所以所得觀照第一義的智慧雖與菩薩相仿，但由於不能以第一義融攝眾生界的諸有為法，而將第一義與眾生界截然二分，因此所得的「般若」與菩薩的「般若」是有差異的。

　　菩薩的「般若」亦名「般若波羅蜜」，是以「不著一切法，亦觀一切法」[11]的方式，同時觀照諸法在無為法界的「性空、相空」（不著一切法）與在有為法界的「相的假有不空」（亦觀一切法）。菩薩通過此齊觀諸法在有為法界與無為法界之空、相二面的智慧，才能圓滿菩薩度生的道種智，乃至最後得以成就佛的一切種智，這也是《摩訶般若波羅蜜經》所說「諸菩薩摩訶薩般若波羅蜜中，學得阿耨多羅三藐三菩提」[12]的意思。由是，若僅以得度

11　《摩訶般若波羅蜜經》，卷五「問乘品」第十八。《大正藏》第 8 冊，頁 250 上。
12　同上書，卷十「法稱品」第三十七。《大正藏》第 8 冊，頁 290 下

第一「空」義而言,聲聞、辟支佛與菩薩一樣具有相同的「般若」,但若以同時觀照諸法的「空」與「不空」兩面而言,則菩薩與聲聞、辟支佛的「般若」是不共的。故而聲聞、辟支佛因不知世間諸法相的實際,是「不能具足得般若波羅蜜」,所以所得的「般若」並不完全具備「波羅蜜」之義,以至於不能引領其入於菩薩的道種智以及佛的一切種智,更別說入於阿耨多羅三藐三菩提的現觀。正是在這樣的層面上,《大智度論》才將諸漏盡聲聞、辟支佛的出世間智慧,仍歸屬於三種世間智慧中的一種。至於其它的世間智、離生智當然自是遠遠的不能與菩薩的「般若波羅蜜」相比擬。《大智度論》卷四十三「釋集散品」第九之餘中有一段話可為此作註腳:

> 是誰般若波羅蜜者?……般若波羅蜜屬菩薩,凡夫人法種種過罪不清淨故則不屬凡夫人。般若波羅蜜畢竟清淨,凡夫所不樂,如蠅樂處不淨,不好蓮花。凡夫人雖復離欲,有吾我心著離欲法故,不樂般若波羅蜜。聲聞、辟支佛雖欲樂般若波羅蜜,無深慈悲故,大厭世間一心向涅槃,是故不能具足得般若波羅蜜。是般若波羅蜜,菩薩成佛時,轉名一切種智,以是故般若不屬佛、不屬聲聞辟支佛、不屬凡夫,但屬菩薩。[13]

引文說佛也不具有「般若波羅蜜」的原因,是因為菩薩透過「般若波羅蜜」的修持圓滿,達成修行的目標,恢復一切智,並獲一切種智之後,即證得阿耨多羅三藐三菩提,佛智圓滿,即得轉名為佛,此時般若波羅蜜即已完成其「能動」的作用,承載菩薩登上究竟菩提之位。自此「般若波羅蜜」即轉名為一切智與一切種

---

13 《大智度論》,卷九「述成品」第三十三。《大正藏》第 25 冊頁 370 下-371 上。

智，這樣佛便有一切智與一切種智卻無「般若波羅蜜」，此即《摩訶般若波羅蜜經》稱「諸佛一切智、一切種智皆從般若波羅蜜中生」[14]之意。由此可知「般若波羅蜜」具有將世俗智超拔至佛的一切智與一切種智的力用，但卻不屬佛地所有之智。正因為如此，我們可說「般若波羅蜜」是菩薩所獨具的「不共般若」，也是眾生在因地修行時所仰賴成就菩提的無上、最尊的關鍵智慧。

　　綜上所述，當「般若」與「波羅蜜」連用時，由於表彰了一種可度一切法到「第一義」彼岸的智慧，因此「波羅蜜」的作用猶如英文形容詞最高級的附加字尾，使得後加波羅蜜的「般若」成為「般若」中最尊、最上的一種智慧。但是當「般若」未與「波羅蜜」連用時，則回歸其梵文原有的字義，只是指對事物的理解力、洞察力，於是「般若」成為智慧的泛稱，並不具有指稱某種特定智慧的意涵。因此在印度，「般若」一詞不僅在佛教的文獻中出現，其它哲學系統的文獻也使用「般若」一詞，如《廣林奧義書》（西元前 800 年至西元前 500 年間產生）的 4,3,21；4,3,35；4,5,13 等均提到了「般若」，其中 4,5,13 說道：

　　sa yatha saindhava-ghanah anantaro'bahyah, krtsno raswghana eva, evam va are'yam atma, anantro'bahyah' krtsnah prajñana-ghana eva; etebhyo bhutebhyah samutthaya, tany evanuvunawyati na pretya samjñasti, iti are bravimi, iti hovaca. yajñavalkyah.[15]

　　但在徐梵澄所譯的《五十奧義書》中相對應的章節，卻未見「般若」字詞的出現：

14　《摩訶般若波羅蜜經》，卷九「述成品」第三十三。《大正藏》第 8 冊，頁 286 上

15　S. Radhakrishnan（1992），<u>The Principal Upanisad</u>. New York: Humanity Books, pp. 285.

是如一鹽塊也，無內無外，為味之聚集；誠然，此性靈也，亦復如是，澈內澈外，為智之聚集。（在人）起自諸大，又隨滅入諸大中。人死後則無知覺矣。籲！我說如是。─雅若窟基夜如是言。[16]

他將 prajñana-ghana 譯為「智之聚集」，看來是採意譯，而非音譯。若是沒有對照梵文來看的話，則無法瞭解「般若」一詞，其實並非佛教的專用術語，也曾出現在奧義書中。對於 prajñana-ghana，姚衛群在其所著的《佛教般若思想發展源流》中則是採音譯的作法，將之譯為「般若的團塊」：

如同一塊鹽沒有內，沒有外，完全是一味的團塊一樣，這沒有內，沒有外的『我』（阿特曼）也完全僅是一『「般若」的團塊』（慧的團塊）（特定的意識）。從這些元素（我）中產生後又在它們中消失。[17]

若從探查「般若」一詞在梵語語彙出現的時間來看的話，姚衛群的音譯作法，是比較有幫助的。由以上引文，我們可看出《廣林奧義書》對「般若」的詮釋是築基於梵我一元論上，它認為阿特曼（我）是由「般若」安置在身中的，而「般若」是慧的團塊，屬於一種特定的意識，當「我」為「般若」所擁抱時，他將泯滅對內外事物的分別，在此狀態中獲得了欲望與憂苦的解脫。此時這個沒有內外之別的阿特曼，恰如一塊鹽內外均是一味，如此情況之下，阿特曼才能與具同樣性質的大我（或梵）融合為一。由此可證知，「般若」在奧義書中的意義僅是單純地表述一種對事物的洞察力，沒有代表某種特定智慧的意義。而「般若」的使用，既然可在西元前九世紀至西元前六世紀之間出現的《廣林奧義書》

---

16 徐梵澄（2007）。《五十奧義書》。北京：中國社會科學，頁 439。
17 姚衛群（1996）。《佛教般若思想發展源流》。北京：北京大學，頁 44-45。

中見到，可見「般若」一詞在此時之前即已出現在梵語的詞彙中，所以「般若」一詞不是佛教所專用的語彙，是顯而易見的，這也是爲何龍樹要在《大智度論》中分辨「般若」與「般若波羅蜜」的原因。從上述的討論看來，「般若」的意涵是古印度社會中大家共同沿用作爲「一般」智慧的代名，而「般若波羅蜜」就只出現在佛教的用語中，作爲一種特定智慧的代名，是我們可以定論的。

綜合上述，當「般若」後綴波羅蜜時「般若波羅蜜」成爲「般若」中最高級智慧的代稱，它代表了一種深沈、超越而燭照的智慧。藉由「般若波羅蜜」，行者得以由有爲的世間契入無爲的第一義性空之境，從而由此性空觀照萬法，才得以明瞭諸法的真實性、相。於是「般若」成爲乘載眾生度過生死大海而達不生不滅彼岸的船筏，也因爲這樣而成就了「波羅蜜」的意義。所以「般若波羅蜜」在「般若」的範疇中，爲任何其它的「般若」所不能逮及，而沒有後綴「波羅蜜」的「般若」，從梵語的基本字義來看，本就沒有到彼岸的狀態、圓滿達成的狀態或究極的狀態等意思。由此可見，在印度的語境中，釐清「般若」與 「般若波羅蜜」之間的差異，是一件重要的工作，以免因爲認識不清將二詞混淆，導致無法正確地認知後綴「波羅蜜」的「般若」，在佛教的語境中，特指在眾多的智慧中，唯一可令眾生度脫生滅的此岸而達於不生不滅彼岸的「超越」智慧。但是若僅就中國佛教的語境來看，「般若」與「般若波羅蜜」的語詞是隨著般若類經典的傳譯而進入中國，般若類經典中唯一宣揚可令眾生去顛倒、成正智的智慧，即「般若波羅蜜」而已，也因此般若類經典的漢譯全名大部分保有「 般 若 波 羅 蜜 」 的 漢 譯 ， 因 爲 其 梵 文 經 名 皆 是 含 有 prajñaparamita，而不僅是 prajña 而已，如：

《摩訶般若波羅蜜經》梵文名爲：Maha-prajñaparamita-sutra

一萬八千頌般若的梵文經名爲： Astadaśa-sahasrika prajñaparamita-sutra

二萬五千頌般若的梵文經名爲： Pañcavij śati-sahasrika prajñaparamita-sutra

十萬頌般若的梵文經名爲： Wata-sahasrika prajñaparamita-sutra[18]

然而在中國，《×× 般若波羅蜜（多）[19]經》一般都被簡稱爲《×× 般若經》，由此可見，相對於印度地區而言，在中國地區「般若」常取代「般若波羅蜜」，作爲「般若波羅蜜」的代稱，二者經常沒有差別的使用。

二、「般若波羅蜜」與「薩婆若」

「般若波羅蜜」既是可使眾生由三界六道的世間跨至第一義彼岸的智慧，所以藉由「般若波羅蜜」，眾生得以由有分別、二元對立的世間，進入分別泯滅、性相皆空的第一義世間。在這個「第一義」所行的「出世間」中，安於本際不動，與諸法第一義性相相應的智慧名爲「薩婆若」或 「一切智」。「薩婆若」是梵文 sarvajñana 的音譯，亦有譯成「薩云然」或「薩云若」，意譯即爲「一切智」。sarva 具「一切」之意，jñana 是由 jña（認識、具有對人、事、物的知識）衍生的名詞，二者相合即成對一切人、事、物了知的智慧。在《摩訶般若波羅蜜經》「一切智」被定義爲：「若

---

18 以上梵文經名見 Edward Conze The Prajñaparamita Literature, pp. 31-41，以及蔡耀明：《吉爾吉特（Gilgit）梵文佛典寫本的出土與佛教研究》，頁 61-63。

19 在漢譯的作品中，對於 prajñaparamita，羅什並不譯出 ta 這個字尾，因此羅什稱 prajñaparamita 爲「般若波羅蜜」；但玄奘保留 ta 的音譯，因而在玄奘手上 prajñaparamita 即成「般若波羅蜜多」。

菩薩摩訶薩如是知一切法性自離、一切法性自空，非聲聞、辟支佛作，亦非佛作，諸法相常住、法相、法住、法位、如、實際，是名菩薩行般若波羅蜜不離薩婆若念」[20]。於此，「薩婆若念」表明「一切智」安於實際不來不去的覺知能力。於是綜合梵文字義與《摩訶般若波羅蜜經》對之的闡釋，我們得知，「一切智」即是安於法位（常住、法住、法位、實際）並了知諸法「空」的性相的智慧（如），換句話說，即是人我本際[21]的智慧，即是「空智」。於是「一切智」以「空智」而得以遍知諸法的第一義性相而得「一切智」名。《摩訶般若波羅蜜經》卷三「集散品」第九的一段話可為此作註解：

> 云何是色性？云何是受想行識性？云何乃至實際性？須菩提言：無所有是色性、無所有是受想行識性、乃至無所有是實際性。舍利弗！以是因緣故，當知色離色性、受想行識離識性、乃至實際離實際性。舍利弗！色亦離色相、受想行識亦離識相、乃至實際亦離實際相。相亦離相、性亦離性。舍利弗問須菩提：菩薩摩訶薩若如是學得成就薩婆若耶？須菩提言：如是，如是。舍利弗！若菩薩摩訶薩如是學，得成就薩婆若。何以故？以諸法不生不成就故。舍利弗問須菩提：何因緣故諸法不生不成就？須菩提言：色，色空，是色生成就不可得；受想行識識空，是識生成就不可得；乃至實際實際空，是實際生成就不可得。舍利弗！菩薩摩訶薩如是學漸近薩婆若，漸得身清淨、心清淨、相

---

20 《摩訶般若波羅蜜經》，卷十八「夢誓品」第六十一。《大正藏》第 8 冊，頁 355 上。
21 指諸法的根本，即絕對平等之理體，即「空性」，亦名真際、真如、實際等。

清淨。[22]

也由於「薩婆若」或一切智以作為與諸法「空」的第一義性相相應的智慧，所以又可稱為「總相智」。《大智度論》：「總相是一切智……一切智者，總破一切法中無明闇」[23]。這段話可與《瑜伽師地論》卷三十八中解釋一切智的一段話相應：「於一切界、一切事、一切品、一切時，智無礙轉，名一切智」[24]。以上二論的意思是說，因為了知諸法性相即為「空」，所以可以「總破一切法中無明闇」，而於一切法，智無礙而轉。到此，我們可以這樣理解：「般若波羅蜜」是可消除眾生對諸法性相的錯誤認知，而使與第一「空」義相應「動態」的智慧；「薩婆若」則是在第一義境中安住法位「不動」的智慧，也因此若要與「薩婆若」相應必需仰賴「般若波羅蜜」「能動」的功用。上述的引文：「若菩薩摩訶薩如是知一切法性自離、一切法性自空，非聲聞、辟支佛作，亦非佛作，諸法相常住、法相、法住、法位、如、實際，是名菩薩行般若波羅蜜不離薩婆若念」，即很明白地表示菩薩行般若波羅蜜時，若是可以念念知曉諸法本自性空，不是由任何人造作所成，由性空所住持的法相即是常住的「空」相，即是已以「般若波羅蜜」相應安住法位的「薩婆若」，且能念念不離薩婆若心。這個道理述說了般若波羅蜜實質擔負著「轉依」的意義：「轉捨」對有為諸法識知的所依 ——「虛妄憶想分別」，與「轉得」「薩婆若心」的「能動」的功能。

從上述的討論看來，一切智只行於第一義境中，是果地本具

---

22 《摩訶般若波羅蜜經》。《大正藏》第 8 冊，頁 236 下。
23 《大智度論》，卷二十七「釋初品大慈大悲義」第四十二。《大正藏》第 25 冊，258 下-259 上。
24 《瑜伽師地論》（唐・玄奘譯）。《大正藏》第 30 冊，頁 498 下。

的智慧，不屬眾生位所有。眾生因具無明而與之障隔，需在轉識成智，證入佛果位後，才能全然地恢復。《仁王護國般若波羅蜜多經》卷下「奉持品」第七中有一段經文對一切智屬果地所攝有極為清楚的講述「滿足無漏界，常淨解脫身，寂滅不思議，名為一切智」[25]。眾生能夠通達果地的一切智，是仰賴具有泯滅分別之力的「般若波羅蜜」，這和說一切智是從「般若波羅蜜」中生，具有相同的意義。所以，「般若波羅蜜」與「薩婆若」所攝範疇雖略有不同，即「般若波羅蜜」是轉化對諸法錯誤認知的智慧，具有轉識成智的功能，是由發菩提心開始學習起，至「識」成功的轉成「智」為止，次第養成的，因此只為因地所攝；而「薩婆若」只屬「第一義」中有，是人我本際的智慧，為果地所攝。但是因為「般若波羅蜜」在得到現觀之後即得回歸「薩婆若」的範疇，所以二者的關係在此層面上又不二不別。誠如《摩訶般若波羅蜜經》卷九「遣異品」第三十五中的相關講述：「諸佛一切智即是般若波羅蜜，般若波羅蜜即是一切智……諸佛一切智皆從般若波羅蜜中生，般若波羅蜜不異一切智，一切智不異般若波羅蜜，般若波羅蜜一切智不二不別」[26]。

第二節　諸法性相的內涵

　　如前所述，《摩訶般若波羅蜜經》主要述說的主體是般若波羅蜜，而習行般若波羅蜜的目的是為了通達諸法的性相（或諸法的體性與緣起），因此諸法性相的內容成為《摩訶般若波羅蜜經》中

25 《仁王護國般若波羅蜜多經》（唐‧不空譯）。《大正藏》第 8 冊，頁 843 上。
26 《摩訶般若波羅蜜經》。《大正藏》第 8 冊，頁 288 上。

另一個宣講的主體。由於《摩訶般若波羅蜜經》對於諸法性相的傳揚是依二諦開講其不同深度的意義，以使處在不同階段、不同根機的人都能得到適當的教導，最終都能像萬江匯歸大海一般，實際地趣入諸法的甚深義：第一義諦，因此在本節中，筆者將依據《摩訶般若波羅蜜經》的思路，分由世諦與第一義諦闡述諸法性相不同層次的內涵。

一、世諦層面：三假說 ── 緣起性空、法相假有

諸法的範疇攝世間與出世間，世間法為世諦所攝，出世間法為第一義諦所攝。根據《摩訶般若波羅蜜經》，因為無明所導致對諸法的錯誤取相與著相，之後諸法並被施設假名，造成「以名字因緣和合等，知諸法是色、是聲香味觸法；是內、是外；是有為法、是無為法。以是名字、相、語言知諸法（相），是名知諸法相」[27]，才有世間的成立。因此簡單地說，世間就是一種由妄見分別而取名、取相，名相和合之後的呈現。對此，《摩訶般若波羅蜜經》說的很清楚：「諸法無有實事，但有名相」[28]，此即為世諦所攝的範疇。由此看來，該經對世諦義的解釋，涵蓋的範圍包含一切可用名相描述的諸法。此外，由於諸法在世諦中，是緣起於不實的認知所導致的名相施設，因此世諦所攝皆是「假有」，為假諦所攝[29]。對於這樣的假立，《摩訶般若波羅蜜經》中提出三假 ── 名假、

---

27 《摩訶般若波羅蜜經》，卷七「無生品」第二十六。《大正藏》第 8 冊，頁 270 中。

28 同上書，卷二十四「善達品」第七十九。《大正藏》第 8 冊，頁 398 下。

29 世諦的梵語為 loka-saṃvṛti-satya 其中 loka 為世界之意；saṃvṛti 根據萬金川的分析，為字首 sam（完全之意）與字根 vṛ（遮蔽）所組成的陰性名詞，意義為完全地遮蔽、覆蓋；satya 意為存在。三字和合成為一個複合名詞，意

受假、法假——以闡述之，然而《摩訶般若波羅蜜經》雖然提出三假說，而且多處談及三假，卻沒有直接針對三假做出明確的定義。這個部分在《大智度論》卷四十一「釋三假品」第七中，龍樹以清楚的說明彌補了這個缺遺：

> 五眾等法是名法波羅聶提。五眾因緣和合故名為眾生，諸
> 骨和合故名為頭骨，如根、莖、枝葉和合故名為樹，是名
> 受波羅聶提。用是名字取二法相，說是二種是為名字波羅
> 聶提。復次眾微塵法和合故有麁法生，如微塵和合故有麁
> 色，是名法波羅聶提。從法有法故，是麁法和合有名字生，
> 如能照、能燒，有火名字生。名色有，故為人，名色是法，
> 人是假名，是為受波羅聶提，取色、取名故名為受。[30]

此中，《大智度論》所使用的「波羅聶提」是梵語 prajñapti 的音譯，意譯是假、施設、假施設等。根據《大智度論》所說，世間諸法是五眾（即五蘊）和合而成，和合而成的諸法也因此沒有實在的體性（即自體或自性），是為「法假」。諸法因緣和合後以名取諸法，此名為施設之後而有，因此與法之間沒有內在真實的連結性，是為「名假」。和合相為暫時的假有，其名亦為假立，所以取和合相與其假名連結之後的呈現（取色、取名），也是假立，是為「受假」。三假具體地表明了眾生世間諸法虛妄假有的狀態。根據《摩訶般若波羅蜜經》，它的提出是基於眾生顛倒妄想，執著諸法的名相為實有，不知諸法事實上皆是假立，菩薩為使眾生脫離

為「障蔽真實的存在」或「虛假的存在」，亦即「假有」之意。這是由梵文語源而來的解釋。除了上述之外，萬金川在書中根據月稱在《明句論》對《中論》二十四品第八頌中對 samvrti 的解釋，另有「彼此互相關聯」以及「世間的言語習慣」等之意。上述的三義正好符合《摩訶般若波羅蜜經》對有「假有」的闡釋。（見萬金川（1995）。《龍樹的語言概念》。南投：正觀，頁72-76。）
30　《大智度論》。《大正藏》第25冊，頁358中-下。

名相的束縛而做的一種方便性教導，三假也因此是在世間度生的
菩薩道行者所必應學的項目之一。《摩訶般若波羅蜜經》卷二「三
假品」第七：「菩薩摩訶薩行般若波羅蜜，名假施設、受假施設、
法假施設，如是應當學」[31]。正因為三假這樣的重要性，我們將
三假視為《摩訶般若波羅蜜經》的重要思想之一，雖然該經對之
的講述較為籠統，且分散不集中，但我們將依照《摩訶般若波羅
蜜經》的思路，梳理經中有關三假的說法，歸納整理出三假的機
理，凸顯《摩訶般若波羅蜜經》「三假說」的重要性。

（一）法假的機理

　　眾生世間的森羅萬象既然皆是假立，為何眾生所見，卻是諸
法各具實體、彼此隔歷？這是由於人我的「無明」所導致的。在
原始佛教的十二因緣法中，「無明」被列為眾生生死輪轉的第一
因，因為無明造成的虛妄憶想分別，使眾生著蘊、處、界為實有，
從此而與「空」有障隔，無法契入不生不滅、不垢不淨的自性，
當然也就無法以此清淨自性現觀諸法原有的體性，以致不能達成
對諸法的真實認知。是以根據十二因緣法，無明的存在與否為如
實照見諸法的充要條件。

　　既然宣揚諸法性相是《摩訶般若波羅蜜經》的主要目的之一，
對於障蔽眾生通達諸法實性與實相的關鍵因素－－無明，在經中
自然不能免除地有清楚的表述。《摩訶般若波羅蜜經》在卷三「相
行品」第十中透過佛陀與舍利弗之間的問答，清楚的指出眾生被
無明障覆而致不能如實認識諸法的情形：

> 舍利弗白佛言：世尊！諸法實相云何有？佛言：諸法無所

---

31 《摩訶般若波羅蜜經》。《大正藏》第 8 冊，頁 231 上。

有。如是有，如是無所有，是事不知名為無明。舍利弗白
佛言：世尊！何等無所有，是事不知名為無明？佛告舍利
弗：色受想行識無所有，內空乃至無法有法空故；四念處
乃至十八不共法無所有，內空乃至無法有法空故。是中凡
夫以無明力渴愛故，妄見分別說是無明。是凡夫為二邊所
縛，是人不知不見諸法無所有，而憶想分別著色乃至十八
不共法，是人著故，於無所有法而作識知見，是凡夫不知
不見。[32]

引文清楚地指出，無明既是妄見分別（即妄想之義），即是造成對
諸法不實識知的原因，也因此在無明的影響之下，眾生經由妄見
分別所識知的諸法其實是假立不實，此亦傳達若未經妄見分別，
則可覺知「諸法實相」「無所有」的意涵。如此看來，《摩訶般若
波羅蜜經》在說明無明對眾生認知作用所產生負面影響的同時，
也傳達了眾生本具清淨心的訊息。此清淨心因為被具暗鈍性質的
無明所遮覆，所以才不得顯露，而致造成眾生無法對諸法的實際
有正確的認知。由是，無明僅是眾生界成立的親因（即直接原因），
而不是根本因，被無明所覆的清淨心才是根本因。若無清淨心，
只有「虛妄暗鈍」的無明，眾生界中的種種相是無論如何也無從
現起的。於是我們可以得到這樣的結論：即眾生世間是以清淨心
為因，無明為緣而妄生，因而無明是眾生無法正確認知諸法的重
要關鍵。除了以上的引文之外，《摩訶般若波羅蜜經》也在多處提
及眾生因為「妄見分別」（此在《摩訶般若波羅蜜經》中有時又稱
為「妄想」或「虛妄憶想分別」）所導致對諸法不實認知的概念，
如：

---

32 《摩訶般若波羅蜜經》。《大正藏》第 8 冊，頁 238 中-239 下。

　　　卷七「問住品」第二十七：但諸法諸法共相因緣潤益增長分
　　　　　　　　　　　　　別校計，是中無我、無我所。[33]
　　　卷十七「深奧品」第五十七：因緣起法從妄想生非實。[34]
　　　卷二十四「善達品」第七十九：一切和合法皆是假名，以名
　　　　　　　　　　　　　取諸法。是故為名……諸眾
　　　　　　　　　　　　　生！是名但有空名，虛妄憶
　　　　　　　　　　　　　想分別中生。汝等莫著虛妄
　　　　　　　　　　　　　憶想，此事本末皆無，自性
　　　　　　　　　　　　　空故。[35]
　　　卷二十六「差別品」第八十四：是眾生於無所有法中，顛倒
　　　　　　　　　　　　　妄想分別得法，無眾生有眾
　　　　　　　　　　　　　生相、無色有色相、無受想
　　　　　　　　　　　　　行識有受想行識相。[36]
　　　卷二十六「平等品」第八十六：一切法皆是憶想思惟作法。[37]

　　除了因為無明與妄想所導致眾生於「空法中憶想分別著心取相」而成的錯誤認知之外，《摩訶般若波羅蜜經》也另外指出被著心取相的諸法，經由與假名和合以及各法的互相結合而導致的各式因緣起法。這些因緣生法的「有相」也因為是緣合而有、緣離則滅，所以其中並無定性與定相可言，由此層面來看諸法，和合而成的諸法也是假立。《摩訶般若波羅蜜經》相關的述說有：

---

33 《摩訶般若波羅蜜經》。《大正藏》第 8 冊，頁 273 下。
34 同上書，頁 343 中。
35 同上書，頁 398 中。
36 同上書，頁 411 下。
37 同上書，頁 414 上。

卷三「集散品」第九：諸法因緣和合假名施設。[38]

卷二十二「道樹品」第七十一：諸法和合，因緣生法中無自性。[39]

卷二十六「淨土品」第八十二：一切諸法中定性不可得，但從和合因緣起法，故有名字諸法，我當思惟諸法實性無所著。[40]

卷二十七「法尚品」第八十九：但諸緣合故有，諸緣離故滅。[41]

　　經由上述的討論可知，《摩訶般若波羅蜜經》以諸法是「源自無明妄想」和「因緣和合而成」主觀與客觀的二個面向，闡述了法假的現象。至此，《摩訶般若波羅蜜經》中法假的機理已完整地勾勒出來，即：經由眾生的虛妄憶想分別（或龍樹所稱的五眾等法）導致的諸法緣起，使諸法在世間成立，之後透過妄想與人工等各種因緣的和合，使法數不斷地增加。由此，我們一併瞭解到，因為諸法在世間的成立是起自妄想，沒有自性，所以即是「自性空」，亦可稱為「無自性」，換句話說，即是諸法並沒有真實相應其相的自體。因此，隨著外在的客觀因素或因緣的和合，再成立的諸法，自然也都是體性虛妄，其所顯現不過是宛然若存的相狀而已。由是，緣起性空的諸法可被確認為，以「虛妄假立」的形式在六道世間存有，這就是「法假」完整的意涵。

---

38 《摩訶般若波羅蜜經》。《大正藏》第 8 冊，頁 234 下。
39 同上書，頁 378 上。
40 同上書，頁 407 下。
41 同上書，頁 422 上。

(二)名假與受假

在前述我們提到「名假」是來自對因緣和合而成的諸法假名施設，之後具備假名的諸法即能透過表述的聲音與符號，使人們達成對之的認知。由「假名施設」而導致的「名假」現象，雖然在《雜阿含經》中即已出現：「善解世名字，平等假名說」[42]，但未見進一步的闡釋。到了大乘佛教時期，在西元一世紀出現的下品般若中，儘管也提到「假名施設」的概念，述說地卻相當簡單，直至中品般若時，「假名施設」的相關概念方才發展成較完善的見解：即藉由「名假」表述世間諸法的語言（包含文字符號與表述其的聲音），由於是通過假名施設而成立的，因此是沒有實質性的假法。《摩訶般若波羅蜜經》曾說道：「若人欲使名字假名施設相，但有語言出」[43]。此亦傳達人類施設語言的目的，不過就是藉以表達與說明通過根識所取得對世間各種現象的覺察與識知，以方便之後的記憶與雙向溝通。經由語言，人們可以很容易的從記憶中將其之所聯結的事物或概念抽離出來，以形成對外界塵境認識的一種增益作用[44]，也因此經由語言的詮釋功能即能完成對諸法的認識，達成「世諦」的意義，此即《摩訶般若波羅蜜經》所說：「以名字因緣和合等，知諸法是色、是聲香味觸法；是內、是外；是有爲法、是無爲法。以是名字、相、語言知諸法（相），是名知

42　《雜阿含經》（宋·求那跋陀羅譯），卷二十二第 581 經。《大正藏》第 2 冊，頁 154 下。

43　《摩訶般若波羅蜜經》，卷六「出到品」第二十一，《大正藏》第 8 冊，頁 260 中。

44　拙著。〈論《《金剛經》的三層心──「住相生心」、「不住相生心」、「無所住生心」〉，載《玄奘佛學研究》（5），2006，頁 155。

諸法相」[45]的意思。由此看來，假名本來只是作爲連結諸法的媒介，與諸法沒有內在真實的連結性，是人們長期使用語言的關係，使得表述諸法的假名緊密的與諸法相連，而使相名相應，終而導致了人們依名執義，錯認由假名所得對諸法的概念即是諸法的自相，忘記假名只是認識外界塵境的一種方便施設，名與相均是假立不實。此由人們透過根識的收受而取得對諸法名相的認知，事實上只是一種假立的現象，即爲「受假」的意義。

經由以上的討論，對於「名假」與「受假」，我們獲得這樣的認識：假名爲名字與語言，是眾生想像所生，也是一種因緣生法，本身並無實義，也不等同諸法，不過是由對諸法方便施設之後成立的。由是，假名施設表述「名假」的現象，而對於經由假名連結諸法所得的概念，即名與相相應的和合相，產生執取，使對一切法的認知不出虛妄的名相，則爲「受假」。「名假」與「受假」傳達了眾生虛妄憶想分別取相與假名互相增益與資助的著名、著相現象。

對於在空法中憶想分別著心取相、取名而成立的三假現象，《摩訶般若波羅蜜經》中具有相關的完整說明嗎？經與《大智度論》三假定義相關說明的對照，我們在該經卷二十四「善達品」第七十九中尋到與《大智度論》有關闡述精神相關的描述：

> 須菩提白佛言：世尊！何等是名？何等是相？佛言：此名強作但假施設，所謂此色、此受想行識、此男此女、此大此小、此地獄、此畜生、此餓鬼、此人、此天、此有爲、此無爲、此是須陀洹果斯陀含果阿那含果阿羅漢果辟支佛道、此佛道。須菩提！一切和合法皆是假名，以名取諸法，

---

45 《摩訶般若波羅蜜經》，卷七「無生品」第二十六。《大正藏》第 8 冊，頁 270 中。

是故為名。一切有為法但有名相，凡夫愚人於中生著，菩薩摩訶薩行般若波羅蜜，以方便力故……作是言：諸眾生！是名但有空名，虛妄憶想分別中生。汝等莫著虛妄憶想，此事本末皆無，自性空故，智者所不著。如是，須菩提！菩薩摩訶薩行般若波羅蜜，以方便力故為眾生說法。須菩提！是為名。何等為相？須菩提！有二種相凡夫人所著處。何等為二？一者色相；二者無色相。須菩提！何等名色相？諸所有色若麁、若細、若好、若醜皆是空，是空法中憶想分別著心取相，是名為色相。何等是無色相？諸無色法憶想分別著心取相，故生煩惱，是名無色相。[46]

此中，「是空法中憶想分別著心取相，是名為色相。何等是無色相？諸無色法憶想分別著心取相，故生煩惱，是名無色相」表述諸法自空中經由憶想分別而緣起，並被認知的法相是「法假」；對緣起而有的諸法相，施以名字，此名「但有空名，虛妄憶想分別中生」，即是「名假」；而「一切有為法但有名相，凡夫愚人於中生著」，取名與相的和合，並對其產生味著，忘記名相都是妄想中生，是為「受假」，可見受假緣於「執取」。在羅什的翻譯中「受」的確是通於「取」，例如羅什將舊譯的「五取蘊」改為「五受陰」。「受」是指根塵相對之後對塵相認知的收受，而「取」亦有接受塵相並得到認知的意義，所以「受假」的意義無疑地即通於「取假」。上段蘊含「三假」意涵的經文出現在卷二十四「善達品」第七十九，距離卷二以「三假」為主題的第七「三假品」相當地遙遠，而且其中沒有出現「名假」、「受假」、「法假」等名稱，若不是經由《大智度論》的參照，是很難掌握這段經文中「三假」的意趣。至此，

---

46 《摩訶般若波羅蜜經》。《大正藏》第 8 冊，頁 398 中-下。

透過經、論的對照，《摩訶般若波羅蜜經》中「三假」的機理，即因緣和合（法假）、假名施設（名假）、相名相應（受假），清楚而完整地呈現。

　　從該段經文我們並可看到，「三假」除了傳達世法虛妄不實的訊息之外，同時也表述了世間染法由「虛妄憶想分別」緣起的機理。雖然這部分的內容並不完整，但無論如何，《摩訶般若波羅蜜經》經由「三假說」對染法緣起作出了表態，是不爭的事實。此外，若以唯識的角度來看，《摩訶般若波羅蜜經》以「虛妄憶想分別」表述了心識的功能，揭示了早期的大乘經典已經含有「心識」的觀念在內，只是使用的詮釋語言與唯識思想不同。

二、第一義諦層面

　　第一義諦所指是諸法空義，「空」是佛教中最核心的思想，它表述了諸法原有且最根本的性質。由第一義諦，諸法才能隨緣的在世間緣生緣滅、眾生自虛妄世間的解脫也才成為可能。因此「空」串起了佛教的理論與實踐的體系，大部分的佛教理論是為了合宜的對它表述與詮釋而建立，多數的實踐方法也是為了趣入這根本的體性而施設，這些恰恰即是《摩訶般若波羅蜜經》這部大乘佛教基礎且核心的經典中的思想內核。以下將透過性、相的分述，解析諸法如何在出世間的第　義境中呈現。

（一）法性：「空」而「不空」

　　眾所周知，般若類經典十分強調諸法性空的一面，尤其是第一義諦的「性空義」，它們傳出的主要目的即是為了開顯相關的思想。為了不使聽眾或讀者對「空」落入既定的概念，又同時能夠

充分地表達諸法性空或無自性的內涵，般若類經典無一例外地皆
以遮詮的方法談論諸法體性「空」的內涵，即一般所稱的「性空」。
但此性空並非是表示諸法的法性是「無」、是「沒有」。此「空」
是一種無法用言語形容，一種超越分別、不可以任何邏輯思考而
得的境界，般若類經典常以「不生不滅、不垢不淨、不增不減」
描述。由此可知，般若思想是以「性空」暗示諸法不可思議的存
有。《摩訶般若波羅蜜經》在經中即曾多次地表明瞭這樣的立場，
如《摩訶般若波羅蜜經》卷十二「歎淨品」第四十二說道：「佛言：
一切法一性非二性。須菩提！是一法性是亦無性，是無性即是性，
是性不起不滅。如是，須菩提！菩薩摩訶薩若知諸法一性，所謂
無性，無起、無作，則遠離一切礙相」[47]。在此《摩訶般若波羅
蜜經》清楚地表明法性的內涵是由「不起、不滅、不作」的「無
性」，或「性空」所表述。般若思想雖然以遮詮的方式強調諸法在
第一義諦中不可思、不可議的性空之趣或是「無自性」的思想，
但這卻不是它的終極立場；諸法雖性空，但此性空之性卻是不滅
（即引文所言「無性即是性」之意），才是它們最終的歸趣[48]。也
因此充斥大量否定式語言的《摩訶般若波羅蜜經》，卻也同時含藏
諸法法性不滅的思想。對此，我們經由對《摩訶般若波羅蜜經》
相關思想的探查即可得到進一步的確證。

　　《摩訶般若波羅蜜經》曾對「法性」的內涵作過清楚地描述：
「佛告須菩提：菩薩摩訶薩學法性則學一切法。何以故？一切法
即是法性。須菩提白佛言：世尊！何因緣故一切法即是法性？佛

---

47 《摩訶般若波羅蜜經》。《大正藏》第 8 冊，頁 308 中。
48 因為般若類經典強調緣起諸法和合而假有的「無自性」之理，諸法的無自性
　　思想幾乎成為般若思想的代言者 隱藏在其中諸法性空卻不滅的法性思想因
　　而未被彰顯與正視。

言：一切法皆入無相無為性中，以是因緣故學法性則學一切法」[49]。由引文得知，「法性」的內涵是一切法，而一切法之所以為「法性」的內涵，是因為一切法的體性皆是「無相無為性」，此即前引文所稱的「諸法一性，所謂無性」。該經藉由「無（空）相」表述諸法的「空性」，因為只有「空性」住持的自相才是「無相」；藉由「無為」表示諸法的自性是不具造作的性質，因此法性不是隨眾生虛妄憶想分別的造作而產生。由此緣故，眾生在世間由於虛妄分別而以為諸法各自具有不同的特性，且此特性即為諸法的自相，並不是法爾如此。《摩訶般若波羅蜜經》清楚的說道：

> 世尊！若菩薩摩訶薩行般若波羅蜜時各各分別知諸法，無以色性壞法性乃至一切種智性壞法性耶？佛告須菩提：若法性外更有法者應壞法性，法性外法不可得，是故不壞。何以故？須菩提！佛及佛弟子知法性外法不可得，不可得故不說法性外有法。[50]

由此引文的表述可知，因為法性外法不可得，所以經眾生虛妄分別而認知的諸法，不具備實在的體性。眾生所識知的諸法自性不外就是虛妄憶想分別的產物，是「虛妄有」，其本質是「無」，因此經由妄想分別所成立體性虛妄的諸法，並不能破壞諸法本具「無相無為」的法性。而且，法性既是「無相無為性」也表示法性的內容是「無所有」，此相同表示諸法是以「無所有性」為自性。《摩訶般若波羅蜜經》卷十「法稱品」第三十七即清楚的說道：「諸法無所有性是諸法自性」[51]。而且因為「無所有」的語意相當於「空」，

49　《摩訶般若波羅蜜經》，卷二十四「善達品」第七十九。《大正藏》第 8 冊，頁 399 下。
50　同上書，頁 399 下。
51　同上書，頁 292 中。

所以「無所有性」又即是「空性」，因此諸法的體性是「空」，是以「空」為自性，此為「勝義空」之意。由是看來，法性的內容雖是「無所有」、是「空」、是「無相無為」，但卻非完全沒有，而是以「無所有」、或是「空」為其體性，因此在《摩訶般若波羅蜜經》中，法性是「空」卻不斷滅，可謂「空」而「不空」，此即「勝義有」之意。般若類經典對於「勝義有」沒有例外經常地以「不生不滅」闡述法性法爾如是從未變異的本有性質，以「不垢不淨、不增不減」表述諸法體性「空」而清淨不動的性質，如《摩訶般若波羅蜜經》卷一「習應品」第三即曾說道：「是諸法空相，不生不滅、不垢不淨、不增不減」[52]。

對於法性本淨、本有，亦即不生不滅，空而不空的思想方面，除了上述引用的經文之外，《摩訶般若波羅蜜經》另在多處做過明確的表述：

卷七「十無品」第二十七：

舍利弗！一切法非常非滅。舍利弗言：何等法非常非滅？須菩提言：色非常非滅。何以故？性自爾。受想行識非常非滅。何以故？性自爾。乃至意觸因緣生受非常非滅。何以故？性自爾。[53]

卷二十二「遍學品」第七十四：

須菩提！以一切法實、無相、無色、無形、無礙（無對），一相所謂無相，以是故，須菩提！菩薩摩訶薩不學相、不學無相。何以故？有佛無佛諸法一相，性常住。[54]

---

52 《摩訶般若波羅蜜經》。《大正藏》第 8 冊，頁 223 上。
53 同上書，頁 269 中。
54 同上書，頁 382 下。

卷二十六「平等品」第八十六：

> 佛告須菩提：是諸法平等相我說是淨。須菩提！何等是諸
> 法平等？所謂如，不異不誑法相、法性、法住、法位、實
> 際，有佛無佛法性常住，是名淨。[55]

這些經文以「非常非滅」、「一切法實、無相、無色、無形、
無礙（無對），一相所謂無相」、「諸法平等相我說是淨，所謂如，
不異不誑法相、法性、法住、法位、實際，有佛無佛法性常住，
是名淨」等闡述法性「空」的清淨面；以「非常非滅性自爾」說
明法性從本以來因「空」而非恆常，以及不滅、不動、法爾如是
的本有狀態；以「有佛無佛諸法一相，性常住」、「有佛無佛法性
常住」等，說明法性不滅、不可思議的存有形式；

　法性到了眾生身上即被稱為「心性」，因此心性即是心的法
性。該經以法性通一切法的精神，一併地融通了心性，使法性的
本淨、本有，空而不空與心性連結起來，於是心性也是本有與本
淨，如，《摩訶般若波羅蜜經》卷六「勝出品」第二十二最後的一
段話藉由眾生亦屬諸法之一的眾生法說明眾生自性涅槃且不空的
事實：「須菩提！諸佛為眾生轉法輪，是眾生若實有法，非無法者，
不能令是眾生於無餘涅槃而般涅槃。須菩提！以諸佛為眾生轉法
輪，是眾生無法、非法，以是故，能令眾生於無餘涅槃中，已滅、
今滅、當滅」[56]。《摩訶般若波羅蜜經》在此表明眾生不是實有法，
因為眾生若是實有法，則無法擺脫眾生相而趣入涅槃；以眾生是
無法、非法詮釋眾生的真實是並無眾生相的「性空」、「不滅」[57]，

這正好說明眾生的自性是「空」而「不空」；另外，卷八「散花品」也有對於眾生法的自性清淨且不滅，也有直接的闡述：「頗有眾生法有生有滅不？釋提桓因言：不也。何以故？眾生從本以來常清淨故」[58]。由此可知，由於眾生的本淨，因此眾生實質上是性空，此即表示眾生是自性涅槃，《摩訶般若波羅蜜經》以「已滅」、「今滅」描述這種狀況，而無明捨離後眾生也才因此可以回復本具的清淨自性，並在獲菩薩道中修習所得的一切種智後，現觀阿耨多羅三藐三菩提 —— 當滅。

到此，我們知道《摩訶般若波羅蜜經》以法性「一切法一性非二性……是一法性是亦無性，是無性即是性，是性不起不滅」、「無相無為性」、「無所有性」以及「有佛無佛法性常住」的論述，不只清楚地對法性清淨本有、空而不空的內涵作出了表態，同時也成為大乘佛教心性思想的鋪墊。而且，以客觀及遮詮的方式而非表詮的方式論證，不獨是《摩訶般若波羅蜜經》慣常使用的手法，也是其它般若類經典所共用的手法。

（二）法相：空假相即的諸法實相

第一義境中諸法的法性既然為「空性」，於是由「空性」所住持的諸法相狀即為「空相」，而且法性因為是不生不滅的實性，所以「空相」亦為不生不滅的實相（「實性」、「實相」只是方便用語）。此外，諸法實相既是空相，因此不具定相與實體性，因而可在不同的識能系統隨緣而起呈現各種法相，就像虛空可無礙地容納各種事物，《摩訶般若波羅蜜經》以「觀一切法自相空，無生、無定

生不滅，是「無法」的同義語，例如卷七「十無品」第二十五說：「色不滅相是非色，受想行識不滅相是非識」。（《大正藏》第 8 冊，頁 270 中。）
58 同上書，頁 279 中。

相、無所轉，入諸法實相，所謂一切法無作、無起相」，[59]很清楚
地說明了這個道理。經文表示諸法實相的內涵是自相空、無作、
無定相、無所轉。其中「自相空」說明法性性空之相，「無作」闡
述性空無為，「無定相」表明空相的隨緣顯現，「無所轉」表述諸
法的安住法性。這種由空性所顯，不生不滅、不垢不淨、不增不
減、不可思議的諸法存有形式，在佛界是以「妙有」，或稱勝義有，
彰顯實相不思議的性質；在眾生界則常常以「夢」、「響」、「影」、
「焰」、「幻」來形容，顯示經由眾生虛妄憶想分別成立的有為諸
法之「不實假有」的性質。《摩訶般若波羅蜜經》對之清楚地闡釋：
「何等諸法實相？所謂一切法不垢不淨。何以故？一切法自性
空，無眾生、無人、無我；一切法如幻、如夢、如響、如影、如
焰、如化」[60]。然而，對於眾生界諸法的「幻有」，菩薩必須身處
在空性之中才觀照得到。於此時，諸法性、相皆空，彼此不會互
相障礙，就像虛空不壞虛空。《摩訶般若波羅蜜經》卷二十五「實
際品」第八十有相應的說法：

> 菩薩摩訶薩行性空波羅蜜，不壞色等諸法相若空、若不空。
> 何以故？色性空相不壞色，所謂是色是空、是受想行識，
> 乃至阿耨多羅三藐三菩提亦如是。譬如虛空不壞虛空，內虛
> 空不壞外虛空，外虛空不壞內虛空。如是，須菩提！色不壞
> 色空相，色空相不壞色。何以故？是二法無有性能有所壞，
> 所謂是空、是非空，乃至阿耨多羅三藐三菩提亦如是。[61]

這段經文的意思是說：諸法的體性是空（內虛空），因此不會破壞

59　《摩訶般若波羅蜜經》，卷二十二「三善品」第七十三。《大正藏》第 8 冊，
　　頁 380 上。
60　同上書，卷二十七「常啼品」第八十八。《大正藏》第 8 冊，頁 416 下。
61　同上書，頁 403 中。

隨緣而起的法相；隨緣而起的法相，則因爲是建築在「性空」上，所以本際「空相」（外虛空），以致二者在俱以「空」爲內涵的情況下，彼此之間即形成相即相入的關係，就像虛空與虛空，不會互相抵觸，此即經文中所言「色性空相不壞色」之意。

由是，諸法實相的含意可分爲兩個層面：一是在第一義境中，由第一義空或真如所表詮「妙有」的法相；一是由諸法空義觀照世間諸法，所得「幻有」的法相。前者很容易理解；對於後者卻需進行一些討論與說明。

在眾生界中，眾生在諸法空相的基礎上，依自己心想變現種種的有爲法相。由於眾生的心想是妄見分別，因此原本因妄想而假有的法相，會被眾生執爲實有。但若從諸法實際的角度（即第一義諦）來看，則諸法在眾生界隨各種心想而作的種種示現，在諸法性、相皆空的基礎上，恰恰彰顯了諸法如夢、幻般的「假有」。於是在「色性空相不壞色」的情況下，「諸法如幻」反應了諸法性、相皆空的實際，因此亦是諸法實相的一種表述。此相同表示，諸法實相在「空」的基礎上，「空」、「有」相即不二，即所謂「色不異空，空不異色；色即是空，空即是色」，此時，「空」、「有」同時具足，卻又「空」、「有」皆不偏、不著，使得諸法實相義成爲般若思想的中道義，因而亦可名爲中諦。這個思想後來被龍樹闡發，龍樹透過《中論》中一首膾炙人口的偈語：「眾因緣生法，我說即是無（空），亦爲是假名，亦是中道義」，簡潔、清楚而明確地說明了這個思想深義，此一思惟模式並在之後開啓了中國天台宗「一心三觀」的思想。

這裏有兩點要特別注意的：其一是眾生界被執爲實有的諸法性相，是眾生在諸法以「空」爲性相的基礎上，經由妄見分別所得到的識知結果，只是一種錯誤的認知，若是因而認爲眾生界假

有的諸法，是全然虛妄，連本際性相都沒有，則是「斷滅論者」。其二由「空性」所住持的法相，無論是「空相」還是「幻相」，皆為實相，因此要了知實相法界，主要的是要把握第一義諦中諸法以「無所有」或「空」為性的原則，而不是世諦中被執為實有的諸法「虛妄有」的自性。

綜合上述所有與諸法性相相關的討論，我們得知《摩訶般若波羅蜜經》中諸法的性相是分由世諦與第一義諦的角度來看：在法性方面，世諦中，諸法是經由妄想與外因緣法的緣起而成，眾因緣生法，緣合而有，緣離則滅，其中沒有住持此因緣和合相不變的自性，因此是「緣起性空」，此「空」之義是「沒有」的意思，由此所成之相也因而成為暫時的「假有」，此也為《摩訶般若波羅蜜經》對染法緣起的態度。第一義諦中，緣起的諸法亦是性空，但第一義境中的「性空」之義，是指諸法由第一空義所顯，於此諸法性相的內涵是「無所有」、是「無相無為」。但此「無所有」、「無相無為」不是完全沒有之意，而是由「勝義空」所表詮的「勝義有」，此相當表明諸法是以「無自性」為性，又可稱為「無自性性」，這也即是《摩訶般若波羅蜜經》中對「本體」的立場。於是第一義諦中諸法的「無自性」與世諦中的「無自性」意義不同：世諦中，因緣假合而成的諸法，以其性是虛妄而有，因此沒有自性，即「無自性」之意；第一義諦中的諸法，其「無自性」的內涵則是「勝義空」。

在法相方面，法性既然是空而不空的「空性」，即「勝義有」之意，諸法本際的相狀即是由「空性」所顯發的「空」相，同時也因為是空相，所以不礙由各種心想而影現的各種如夢、響、影、焰、幻般的法相，這同時彰顯了《摩訶般若波羅蜜經》對淨法緣起的看法。此幻有的法相，若從眾生虛妄憶想分別的角度來看（即

世諦），是實有自性相，若從諸佛、菩薩沒有妄見分別的角度看，則能觀見空相上所顯假有不實而幻有影像，此時則不僅是「空相」，即使是緣起如幻的法相也都是「清淨相法」，這便是《摩訶般若波羅蜜經》中「諸法實相」的基本內涵。（參見圖一）

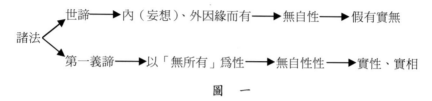

諸法

世諦 ──→ 內（妄想）、外因緣而有 ──→ 無自性 ──→ 假有實無

第一義諦 ──→ 以「無所有」爲性 ──→ 無自性性 ──→ 實性、實相

圖　一

透過上述的討論，我們瞭解到《摩訶般若波羅蜜經》先以「無明」與「三假」諸說建立眾人對諸法性相假有的認識，以使大家可以逐漸地遠離錯誤的執著，接著再示以第一義（即空）爲內涵的諸法性、相（包含空相及幻相），以指引進入諸法本際的道路。該經極有次第地將諸法從世諦到第一義諦諸法性相（或本體與緣起）的內涵，一一介紹清楚。此外，因爲對於法性的探討即是本體論的一種表述，對於法相顯現的討論，無論是妄相還是實相，都屬緣起論的範疇，所以在《摩訶般若波羅蜜經》中，諸法性相的闡釋還蘊含了該經對諸法本體與緣起的主張，並同時代表了般若思想對這兩種概念的立場。

第三節　化度眾生心量、智、力的養成：六波羅蜜與方便力

六波羅蜜是菩薩道正行的內容，「正行」的意思是指專一致

志，一心地從事於某法門修習，是成就某法門的正因。《摩訶般若波羅蜜經》介紹了從初發菩提心到一切種智爲止，整個菩薩道包含義理、修持方法與佛果境界的完整法教。這個系統的法教需透過六波羅蜜的觀行才能圓滿達成。行者藉由布施、持戒、忍辱、精進、禪定五波羅蜜修習利他化眾的慈悲心，再以智慧即般若波羅蜜將度生的事業，行至 「雖度眾生而實無眾生可度」無分別的境界。由智慧與慈悲並用，接著產生度生無障礙的方便力。在方便力的基礎上，行者度生的願、力、慧即能更爲增長乃至如虛空般的無量無邊，而終能荷擔行者直至成就阿耨多羅三藐三菩提。因此六波羅蜜是成就菩薩的基礎，而方便力是菩薩在六波羅蜜成就之後，進一步所開發出來以六波羅蜜爲底蘊的度生智慧與力用，是銜接佛乘不可或缺的重要因素。《摩訶般若波羅蜜經》中對於六波羅蜜與方便力因此有相當篇幅的闡述，是經中重要的思想內容之一，以下筆者將依據《摩訶般若波羅蜜經》的思路，對六波羅蜜與方便力作詳細的解析，同時參酌其它經典相關的論述，說明《摩訶般若波羅蜜經》相關的幽隱之處。

一、六波羅蜜的內涵：世間六波羅蜜與出世間六波羅蜜義

　　梵語 ṣaḍ-pāramitā 音譯爲六波羅蜜多，一般多稱爲六波羅蜜；意譯爲六度、六度無極、六到彼岸。六波羅蜜的內容包含檀那波羅蜜（dāna-pāramitā）、尸羅波羅蜜（śīla-pāramitā）、羼提波羅蜜（kṣānti-pāramitā）、毘梨耶波羅蜜（vīrya-pāramitā）、禪那波羅蜜（dhyāna-pāramitā）、般若波羅蜜（prajñā-pāramitā），以上是依照梵文音譯。若用意譯的名稱，則爲布施波羅蜜、持戒波羅蜜、

忍辱波羅蜜、精進波羅蜜、禪定波羅蜜、智慧波羅蜜。此六者是
行者在菩薩道通往佛道的路途中所必須要學習的科目。

　　為何菩薩在通往佛道的路途中就必須要學習這六個科目呢？
《摩訶般若波羅蜜經》並沒有針對這個部份作出直接的說明，但
在《解深密經》中，透過佛陀與觀自在菩薩之間的問答，對這個
問題有很清楚的闡述。《解深密經》卷四「地波羅蜜品」第七說道：

> 觀自在菩薩復白佛言：世尊！是諸菩薩凡有幾種所應學
> 事？佛告觀自在菩薩曰：善男子！菩薩學事略有六種：所
> 謂布施、持戒、忍辱、精進、靜慮、慧到彼岸……世尊。
> 何因緣故施設如是所應學事但有六數？佛告觀自在菩薩
> 曰：善男子！二因緣故：一者饒益諸有情故；二者對治諸
> 煩惱故。當知前三饒益有情，後三對治一切煩惱。[62]

引文告訴我們，因為布施、持戒、忍辱、精進、禪定、智慧等可
以培養饒益有情與對治煩惱的能力，這些能力正是在菩薩道上的
大乘行者所必要具備的，所以才產生了六波羅蜜的科目。經由這
些科目的習行，行者得以增長利他的慈悲心量、對治一切煩惱的
能力與觀照諸法空義的智慧。修持六波羅蜜為何可以增長利他的
慈悲心量，對治一切煩惱的能力，以及觀照諸法空義的智慧呢？
從以下的各項討論中，這個答案將會漸漸地浮現。

　　六波羅蜜的內容，依《摩訶般若波羅蜜經》可分為世間六波
羅蜜與出世間六波羅蜜等兩種。《摩訶般若波羅蜜經》：「舍利弗問
須菩提：菩薩摩訶薩云何行六波羅蜜時淨菩薩道？須菩提言：有
世間檀那波羅蜜、有出世間檀那波羅蜜。尸羅波羅蜜、羼提波羅
蜜、毘梨耶波羅蜜、禪那波羅蜜、般若波羅蜜，有世間、有出世

---

62 《解深密經》（唐・玄奘譯）。《大正藏》第 16 冊，頁 705 上-中。

間」[63]。爲何六波羅蜜會有世間與出世間的分別？《摩訶般若波羅蜜經》的講法是：

> 菩薩摩訶薩布施時，施與一切眾生，眾生亦不可得，以此布施迴向阿耨多羅三藐三菩提，乃至不見微細法相，舍利弗！是名出世間檀那波羅蜜。何以故名為出世間？於世間中能動、能出，是故名出世間檀那波羅蜜。尸羅波羅蜜有所依是名世間尸羅波羅蜜，無所依是為出世間尸羅波羅蜜，餘如檀那波羅蜜說。羼提波羅蜜、毘梨耶波羅蜜、禪那波羅蜜、般若波羅蜜有所依是名世間，無所依是名出世間，餘亦如檀那波羅蜜中說。[64]

由此段經文可知，世間六波羅蜜與出世間六波羅蜜的分別在於行六波羅時，是「有所依」還是「無所依」。這裏的「所依」，依據《摩訶般若波羅蜜經》的思路，是指是否會依名尋義而著名、著相。會著於六波羅蜜義且依循而做即是世間波羅蜜，因此世間波羅蜜即是依循世諦而行；在三輪體空或三分清淨（即行六波羅蜜時，不見作者、施作對象以及工具與手段）[65]中行六波羅蜜是出世間波羅蜜，因爲無論三輪體空也好、三分清淨也好，俱是表示行者已脫離世諦的束縛而與第一義諦相應。在此第一義「空」境中，由於缺少了虛妄憶想分別的作用，諸法回歸其性相皆空的本際，因此行者施行六波羅蜜時，已不再會囿於六波羅蜜的名相、

---

63 《摩訶般若波羅蜜經》，卷七「無生品」第二十六。《大正藏》第 8 冊，頁 272 上-中。
64 同上書，卷七「無生品」第二十六。《大正藏》第 8 冊，頁 272 中-下。
65 《摩訶般若波羅蜜經》，卷七「無生品」第二十六曾以檀那波羅蜜爲例對三分清淨的意義做了清楚的說明「云何名出世間檀那波羅蜜？所謂三分清淨。何等三？菩薩摩訶薩布施時，我不可得、不見受者、施物不可得亦不望報，是名菩薩摩訶薩三分清淨檀那波羅蜜」。（《大正藏》第 8 冊，頁 272 中。）

概念，（意即不再依名執義，於世間名相「無所依」，因而於世間能動、能出），而是在諸法性空中，於慈悲心的基礎上行使六波羅蜜，由是而獲「出世間六波羅蜜」之名。

（一）世間六波羅蜜

　　若依世諦分別，布施、持戒、忍辱、精進、禪定、智慧等六波羅蜜是開發眾生慈悲心，與空智的六種課程，學習的主題各有不同。透過六波羅蜜，行者得以修學利益眾生的各種善法，並以種種的善法逐漸地取代因煩惱的身、口、意行而積聚的不良心態。能夠達成這樣的學習目標，是因為行者具有意願學習為眾生服務、積極地改善自我的身心狀態、和奉行各種的善法，所以能夠逐漸地改變對世間諸法的知見與思惟。來自以為諸法為實有而產生的各種貪、瞋、癡、慢、疑、惡見等煩惱、煩惱習以及我執、法執因而有了消解的機會。行者隨後也可以在不被煩惱困擾的情況下，以清明的心逐漸的觀照到諸法性空的本質。

　　六波羅蜜的排列次第為何是由布施開始，依序再為持戒、忍辱、精進、禪定、智慧等的原因，《摩訶般若波羅蜜經》中雖未有清楚而直接的論述，但在卷二十一「方便品」第六十九中有一段經文，若仔細的對之品味，可以大略地理會六波羅蜜以布施為首直至智慧的排列思路：

> 須菩提！菩薩摩訶薩行六波羅蜜時作是念：是世間心皆顛
> 倒，我若不行方便力，不能度脫眾生生死，我當為眾生故，
> 行檀那波羅蜜、尸羅波羅蜜、羼提波羅蜜、毘梨耶波羅蜜、
> 禪那波羅蜜、般若波羅蜜。是菩薩為眾生故捨內外物，捨
> 時作是念：我無所捨。何以故？是物必當壞敗，菩薩作如
> 是思惟，能具足檀那波羅蜜。為眾生故，終不破戒，何以

故？菩薩作是念：我為眾生發阿耨多羅三藐三菩提，若殺生是所不應，乃至我為眾生發阿耨多羅三藐三菩提，若作邪見、若貪著聲聞、辟支佛地，是所不應。菩薩摩訶薩如是思惟，能具足尸羅波羅蜜。菩薩為眾生故，不瞋心乃至不生一念。菩薩如是思惟：我應利益眾生，云何而起瞋心？菩薩如是能具足羼提波羅蜜。菩薩為眾生故，乃至阿耨多羅三藐三菩提常不生懈怠心，菩薩如是行能具足毘梨耶波羅蜜。菩薩為眾生故，乃至得阿耨多羅三藐三菩提不生散亂心，菩薩如是行能具足禪那波羅蜜。菩薩為眾生故，乃至阿耨多羅三藐三菩提終不離智慧，何以故？除智慧不可以餘法度脫眾生故，菩薩如是行能具足般若波羅蜜。[66]

　　從上述經文的內容看來，行者學習六波羅蜜完全是為了眾生的緣故，眾生因為顛倒妄想以致在三界六道的世間中生死輪轉不已，行者為了使眾生脫離這種生滅不斷、煩惱充滿的生命形式，而習行六波羅蜜。首先以布施為首，這是因為須先建立願意為眾生付出的心，然後才會有動機主動的學習利他的行為，所以願意為眾生付出的心是建立慈悲心的基石。具備了付出的心，行者接著即會透過實際的布施行為學習對眾生各式的付出，如財施、法施、無畏施等。若不願付出就代表尚有慳貪的問題，行事時仍會以自我利益為中心，此表示行者還需努力地對治慳貪的煩惱與習氣，之後才能成功地建立利他服務的心。此利他服務的心最終將成為成就隨眾生所願悉皆滿足，以使眾生離苦得樂之慈悲心的基礎。隨後，行者在習行布施而致產生與眾生互動的行為中，為了收攝自我不良的身、口、意行，以避免惱亂、逼迫、損害眾生，

---

66 《摩訶般若波羅蜜經》。《大正藏》第 8 冊，頁 369 中。

而學習各種的戒律，這樣一來，也同時對治了自身的各種惡業，這是第二持戒波羅蜜。接下來，行者除了要收攝自己不良的身、口、意行之外，在與眾生的互動中，當面對眾生對自己有不良的身、口、意行時，還要審視自我內心的反應，若因而產生了瞋怒之心，應立即努力的改善並使之安住，不隨瞋心起舞，同時尋求適當且不傷害眾生的應對之道，此即第三忍辱波羅蜜。透過布施、持戒、忍辱等三者的學習，行者已慢慢建立為眾生做各式的付出與改善自身各種身口意行為的意願。行者因為身、口、意行經過長期地為各種戒律[67]熏習的關係，所以在與眾生交流的過程中，不會讓眾生心生惱亂，甚而也不會被眾生所惱亂，行者的善念與度生的方法逐漸得到增進。因此布施、持戒、忍辱，可以幫助達到善心的增長、惡心的減除，最後除了可以達成攝受眾生的目的之外，並有助於減輕自我的煩惱與煩惱習，是在菩薩道中增長慈悲與對治煩惱所必應學習的，布施、持戒、忍辱也因而為福德資糧所攝。在此之後，行者還要時時的增長習行布施、持戒、忍辱的願力，才接著可以產生精進波羅蜜。然後藉由第四精進波羅蜜所教授的不放逸、不懈怠的精神，行者才有可能在各種法門的學習上勇猛前行。然後由精進力的住持布施、持戒、忍辱，行者的心才能漸漸安住、不散亂，因而成功地對治內心因長期攀緣塵境所導致的散亂問題，造成了第五禪定波羅蜜的成就。此外，為了使眾生由世間度脫到出世間，行者開始學習認識諸法性相皆空的第一義諦，從義理開始學起。經由這樣依名尋義的學習所得到的

---

67 戒律有多種，各對治不同的煩惱以改善不良的身、口、意行，從而學習各種正確的身、口、意行，如在八關齋戒中學習過清淨的生活；透過五戒學習不殺、盜、淫、妄、飲酒以改善貪、瞋、癡、放逸等煩惱；經由菩薩戒學習各種不違犯慈悲心與惱害眾生的行為。

智慧，能幫助行者重新建立對世間諸法以及生命的看法，從而有助於改變行者的思考邏輯，進而成為修證空性的基礎。但畢竟由於行者尚未真實的證悟空性，依然處於有我及我所的世間中，因此這樣的智慧只屬世諦層次的世間義般若波羅蜜，還不是真正的智慧波羅蜜，世間義般若波羅蜜的學習將隨著禪定的加深乃至見道為止。對於《摩訶般若波羅蜜經》上述引文所暗示的六波羅蜜的排列思路，《解深密經》透過觀自在菩薩詢問佛陀有關六波羅蜜的排列次第的問題時，給予了清楚的解答，正好可以呼應我們對《摩訶般若波羅蜜經》上段引文的詮釋。《解深密經》卷四「地波羅蜜品」第七：

> 觀自在菩薩復白佛言：世尊！何因緣故宣說六種波羅蜜多如是次第？佛告觀自在菩薩曰：善男子！能為後後引發依故，謂諸菩薩若於身、財無所顧悋便能受持清淨禁戒，為護禁戒便修忍辱，修忍辱已能發精進，發精進已能辦靜慮，具靜慮已便能獲得出世間慧，是故我說波羅蜜多如是次第。[68]

上述的世間六波羅蜜是按照世諦分別，因此各有不同的名相與意義。透過對世間六波羅蜜的學習，行者不但可以奠定慈悲心的基礎、學習無所依空慧的道理與解決煩惱與煩惱習，同時因為學習善法，善念逐漸彙聚的原因，而得到福德與功德，是以依六波羅蜜各自的名相、意義修習，行者即能漸漸去惡增善並增長菩提心。但是也因為長期依名尋義修行的關係，會造成以為真有善法可修、有眾生可度的心理，因此為世諦的名相所囿，於世間不能動、不能出，只能成就六波羅蜜在世諦中的意義，此即世間六

68　《解深密經》。《大正藏》第 16 冊，頁 705 下。

波羅蜜所要闡揚的概念。《摩訶般若波羅蜜經》卷七「無生品」第
二十六中以檀那波羅蜜為例對此做了清楚的說明：

> 舍利弗問須菩提：云何世間檀那波羅蜜？……須菩提言：
> 若菩薩摩訶薩作施主能施沙門、婆羅門、貧窮、乞人，須
> 食與食、須飲與飲、須衣與衣，臥具、床榻、房舍、香華、
> 瓔珞、醫藥，種種所須資生之物，若妻子、國土、頭目、
> 手足、支節等內外之物盡以給施。施時作是念：我與彼取，
> 我不慳貪，我為施主我能捨一切，我隨佛教施，我行檀那
> 波羅蜜。作是施已，用得法與一切眾生共之，迴向阿耨多
> 羅三藐三菩提。念言：是布施因緣，令眾生得今世樂，後
> 當令得入涅槃樂。是人布施有三礙，何等三？我相、他相、
> 施相。著是三相布施，是名世間檀那波羅蜜。何因緣故名
> 世間？於世間中不動不出，是名世間檀那波羅蜜。[69]

於是世間六波羅蜜雖然能助行者成就善法的修習，但卻會使
行者陷於世諦的名相之中，有能、所的分別，而行有所得，使得
布施、持戒、忍辱、精進、禪定、智慧六波羅蜜只成為修習世間
善法的課程，並無法令行者得度彼岸，而完成「波羅蜜」的意義。
《摩訶般若波羅蜜經》卷十「法施品」第三十八有相關的論述：

> 云何名有所得？憍尸迦！若菩薩摩訶薩用有所得故布施，
> 布施時作是念：我與、彼受、所施者物，是名得檀那，不
> 得波羅蜜；我持戒，此是戒，是名得戒，不得波羅蜜；我
> 忍辱，為人忍辱，是名得忍辱，不得波羅蜜；我精進，
> 為是事勤精進，是名得精進，不得波羅蜜；我修禪那，所
> 修是禪那，是名得禪那，不得波羅蜜；我修慧，所修是慧，

---

69 《摩訶般若波羅蜜經》。《大正藏》第 8 冊，頁 272 中。

是名得慧，不得波羅蜜。憍尸迦！是善男子、善女人，如
是行者不得具足檀那波羅蜜、尸羅波羅蜜、羼提波羅蜜、
毘梨耶波羅蜜、禪那波羅蜜、般若波羅蜜。[70]

（二）出世間六波羅蜜

　　行者若要通達出世間六波羅蜜，必須先要依據般若波羅蜜的
義理，透過禪修的方式修持，悟入由「無所有性」所顯的第一「空」
義境中（此即開悟見道），才能初入出世間般若波羅蜜之門。之後
始得開始瞥行出世間的六波羅蜜，學習以出世間般若波羅蜜前導
布施、持戒、忍辱、精進、禪定、智慧等乃至行到三分清靜的境
地，此時因為對諸法認知的所依已轉成真如，所以行者不會繼續
陷溺在名相的概念中。五波羅蜜必須仰賴般若波羅蜜的前導才能
出離世間名相，是因為五波羅蜜不像般若波羅蜜，原本就是開啟
行者正確地觀照諸法根本性相的智慧，五波羅蜜的句義是教導行
者增長善念與對治煩惱，是落在世諦有名相分別的範疇中，所以
若無般若波羅蜜的伴行，行者無法將五波羅蜜行至性空、無所得
的三分清淨中，更別說安住其中而不退墮，而使五波羅蜜完成乃
至具足「波羅蜜」的意義。這也是為何五波羅蜜與般若波羅蜜本
質上同樣是性空，卻仍須般若波羅蜜引導的原因。對此，《摩訶般
若波羅蜜經》卷二十一「方便品」第六十九說道：

　　須菩提白佛言：世尊！若諸波羅蜜無差別相，云何般若波
　　羅蜜於五波羅蜜中第一最上微妙？佛告須菩提：如是！如
　　是！諸波羅蜜雖無差別，若無般若波羅蜜，五波羅蜜不得
　　波羅蜜名字。因般若波羅蜜，五波羅蜜得波羅蜜名字。須

70　《摩訶般若波羅蜜經》。《大正藏》第 8 冊，頁 295 上。

菩提！譬如種種色身，到須彌山王邊皆同一色。五波羅蜜
亦如是，因般若波羅蜜到薩婆若中一種無異，不分別是檀
那波羅蜜、是尸羅波羅蜜、是羼提波羅蜜、是毘梨耶波羅
蜜、是禪那波羅蜜、是般若波羅蜜。何以故？是諸波羅蜜
無自性故，以是因緣故，諸波羅蜜無差別。須菩提白佛言：
世尊！若隨實義無分別，云何般若波羅蜜於五波羅蜜中最
上微妙？佛言：如是！如是！須菩提！雖實義中無有分
別，但以世俗法故，假說檀那波羅蜜、尸羅波羅蜜、羼提
波羅蜜、毘梨耶波羅蜜、禪那波羅蜜、般若波羅蜜，為欲
度眾生生死，是眾生實不生不死、不起不退。須菩提！眾
生無所有故，當知一切法無所有，以是因緣故，般若波羅
蜜於五波羅蜜中最上最妙。[71]

由此緣故，般若波羅蜜是五波羅蜜的眼目、明燈、或尊導，而於
六波羅蜜中最為重要，也最為尊貴，如卷九「尊導品」第三十六
說道：

爾時慧命阿難白佛言：世尊！何以不稱譽檀那波羅蜜、尸
羅波羅蜜、羼提波羅蜜、毘梨耶波羅蜜、禪那波羅蜜乃至
十八不共法，但稱譽般若波羅蜜？佛告阿難：般若波羅蜜
於五波羅蜜乃至十八不共法為尊導。阿難！於汝意云何？
不迴向薩婆若布施，得稱檀那波羅蜜不？不也，世尊。不
迴向薩婆若尸羅、羼提、毘梨耶、禪那、智慧是般若波羅
蜜不？不也，世尊。以是故知，般若波羅蜜於五波羅蜜乃
至十八不共法為尊導，是故稱譽。阿難白佛言：世尊！云
何布施迴向薩婆若作檀那波羅蜜，乃至作般若波羅蜜。佛

---

71 《摩訶般若波羅蜜經》。《大正藏》第 8 冊，頁 369 中-下。

> 告阿難：以無二法布施迴向薩婆若，是名檀那波羅蜜；以
> 不生不可得故，迴向薩婆若布施，是名檀那波羅蜜。乃至
> 以無二法智慧迴向薩婆若，是名般若波羅蜜；以不生不可
> 得故，迴向薩婆若智慧。是名般若波羅蜜。[72]

在此，該經明確地表達，五波羅蜜在般若波羅蜜的伴行之下，可以逐漸地行到三分清淨而相應薩婆若。這就相同是說行者透過出世間五波羅蜜的修持，隨著每一波羅蜜的相應薩婆若，除了能在不同的層面上解決自我內心的各式煩惱之外，也同時能夠在面對世間的各種事行時，均能安住在薩婆若中不動。此時，經由五波羅蜜在不同層面的修持改善了行者的煩惱心，同時也透過不同的事行，開發了行者趣入般若波羅蜜、觀一切法空與相應薩婆若心境的各種途徑，行者接著才能將在世間為了度生所修習的一切善法，俱皆相應無可修亦無眾生可度的「出世般若波羅蜜」義。於是五波羅蜜就像五條洪流，洪流彙聚時足以淹沒一切的事物，五波羅蜜的力量彙聚時，也將足以全面覆蓋行者的內心，使行者在所有的事行上，都能相應薩婆若而圓滿出世間般若波羅蜜的修持。《摩訶般若波羅蜜經》卷十「法稱品」第三十七透過佛陀與釋提桓因的問答有清楚的表述：

> 爾時釋提桓因白佛言：世尊！菩薩摩訶薩但行般若波羅
> 蜜，不行餘波羅蜜耶？佛告釋提桓因言：憍尸迦！菩薩盡
> 行六波羅蜜法以無所得故。行檀那波羅蜜，不得施者、不
> 得受者、不得財物。行尸羅波羅蜜，不得戒、不得持戒人、
> 不得破戒人，乃至行般若波羅蜜，不得智慧、不得智慧人、
> 不得無智慧人。憍尸迦！菩薩摩訶薩行布施時，般若波羅

---

72 《摩訶般若波羅蜜經》。《大正藏》第 8 冊，頁 288 上-中。

　　蜜為作明導，能具足檀那波羅蜜；菩薩摩訶薩行持戒時，
般若波羅蜜為作明導能具足尸羅波羅蜜；菩薩摩訶薩行忍
辱時，般若波羅蜜為作明導，能具足羼提波羅蜜；菩薩摩
訶薩行精進時，般若波羅蜜為作明導，能具足毘梨耶波羅
蜜；菩薩摩訶薩行禪那時，般若波羅蜜為作明導，能具足
禪那波羅蜜；菩薩摩訶薩觀諸法時，般若波羅蜜為作明導，
能具足般若波羅蜜。一切法以無所得故，所謂色乃至一切
種智。憍尸迦！譬如閻浮提諸樹，種種葉、種種華、種種
果、種種色，其蔭無差別，諸波羅蜜入般若波羅蜜中，至
薩婆若無差別亦如是。以無所得故。[73]

　　行者為饒益有情而發阿耨多羅三藐三菩提心，因發菩提心上
求佛道、下化眾生而被稱為菩薩。菩薩為度眾生而願學習一切法，
而且由於要度眾生，因此要學習面對所有與眾生相關的事情，六
波羅蜜就成為提供這樣教學內容的絕佳課程。透過這六種課程的
教育，行者在面對種種度生境界時，不但得以發現各種自我的煩
惱與煩惱習，如慳貪、毀犯、瞋恚、不精進、散亂、愚癡等，並
能因此獲得化去這些煩惱及煩惱習的機會，還能藉由與眾生的互
動中，瞭解並學到各種眾生喜愛，且能於之有益的種種利他方法。
在這樣「已生惡令斷，未生惡令不生；已生善令增長，未生善令
生」的精勤努力之後，行者隨著觀諸法空義的成就而得以見道，
接著即能隨入出世間的般若波羅蜜義。此時五波羅蜜即得以般若
波羅蜜之力，從世間善法的層次上升至無所有的第一義境中，使
所有的善法均是仰賴般若波羅蜜在薩婆若境中施行，行者於此時
即漸漸得於一切界、一切事、一切時智無礙而轉，而致最終趣入

73　《摩訶般若波羅蜜經》。《大正藏》第 8 冊，頁 292 下-293 上。

一切種智的現觀。由是,「一切所有善法、助道法:若聲聞法、若辟支佛法、若菩薩法、若佛法,是一切法皆攝入般若波羅蜜中」[74],是故般若波羅蜜中攝含三乘法,菩薩也因而才能依般若波羅蜜廣說三乘。

　　從此看來,了知諸法性相智慧的般若波羅蜜,與代表一切善法的布施、持戒、忍辱、精進、禪定等五波羅蜜所組成的六波羅蜜,不獨攝盡世間的一切善法,是善法的寶藏,亦是上求佛道證得阿耨多羅三藐三菩提基本而不可或缺的因緣,因此《摩訶般若波羅蜜經》曾說道:「是六波羅蜜中攝一切善法」[75],又說:「一切善法是菩薩阿耨多羅三藐三菩提因緣」[76]。由是,從六波羅蜜中可出生諸菩薩、諸佛,六波羅蜜因而是諸菩薩與諸佛之母。換句話說,即六波羅蜜不只是菩薩的養成教育,也是諸佛的養成教育。因為這樣的原因,在該經中,佛陀再三地囑託阿難要將六波羅蜜傳承下去,莫做最後斷種之人,以使眾生都能因為受持六波羅蜜而完成菩薩道次第的修行,最終得能獲證阿耨多羅三藐三菩提。《摩訶般若波羅蜜經》卷二十「累教品」第六十六說道:

　　　　阿難!諸菩薩摩訶薩欲得阿耨多羅三藐三菩提,應當學六波羅蜜。何以故?阿難!六波羅蜜是菩薩摩訶薩母,生諸菩薩故。阿難!若有菩薩摩訶薩學是六波羅蜜,皆得阿耨多羅三藐三菩提,以是故我以六波羅蜜倍復囑累汝。阿難!是六波羅蜜是諸佛無盡法藏。阿難!十方諸佛現在說法,皆從六波羅蜜法藏中出,過去諸佛亦從六波羅蜜中學得阿耨多羅三藐三菩提,未來諸佛亦從六波羅蜜中學得阿耨多

74　《摩訶般若波羅蜜經》。《大正藏》第 8 冊,頁 266 下。
75　同上書,卷二「往生品」第四。《大正藏》第 8 冊,頁 228 上。
76　同上書,卷二十六「畢定品」第八十三。《大正藏》第 8 冊,頁 411 上。

羅三藐三菩提。[77]

從上述,我們明瞭六波羅蜜的重要性,體現在它是使菩薩道行者完成轉依的方法上。經由世間六波羅蜜的學習,通過見道至出世間六波羅蜜的習行過程,是菩薩道中最為重要的階段。在過程中,行者由依世間心行六波羅蜜轉成依出世間心行六波羅蜜,乃至在之後得以陸續地相應一切智、成就道種智、一切種智,整個的過程即是一個「轉依」的過程。由此看來,「轉依」的名稱雖然首先出現在唯識學中,但其所表述的概念看來是始自般若思想,於是六波羅蜜成為體現大乘佛教精神不可缺少的關鍵因素。

二、方便力

(一) 內涵與重要性

「方便」是由梵語 upāya 意譯而來,音譯作漚波耶,其意是指施設或善巧的安排,因此以各種的施設或善巧安排以誘導眾生入於善法及實際的能力,即被稱為「方便力」。這種能力的養成必須是在六波羅蜜的基礎上,六波羅蜜中,布施、持戒、忍辱、精進、禪定等五波羅蜜,是培養行者於度生中面對眾生各種狀況適當的因應方法,可以養成行者的慈悲心;般若波羅蜜是啟發趣入諸法實相,以及將慈悲心昇華至相應薩婆若的智慧。隨後,行者即能在了知第一義諦諸法性相皆空的情況下,不再被名相所惑,在度生面對各種的事行時,對各種人、事、物的處理與因應也因而擁有更多的可能性和完善的方式,此即「是菩薩摩訶薩方便力,

---

77 《摩訶般若波羅蜜經》。《大正藏》第 8 冊,頁 363 上-中。

皆從般若波羅蜜生」[78]之意。這也是方便力的修習必須奠基於養
成慈悲心的五波羅蜜與養成空慧的般若波羅蜜之上，以及方便波
羅蜜的順序是位於六波羅蜜之後的原因。由是，方便波羅蜜的內
容，即是如何有效地將慈悲心與般若波羅蜜結合和運用，以養成
行者在第一義中施行各種利益眾生方法的能力，即「方便力」。以
此方便波羅蜜，行者才能繼續不斷地增長廣度三界六道各類有情
的大願（願波羅蜜）、力（力波羅蜜）與智（智波羅蜜），乃至證
得阿耨多羅三藐三菩提。故而慈悲心與般若波羅蜜齊用之後所生
的方便力，是菩薩在上求佛道、下化眾生的過程中，由著於世諦
所行度生法的有限量的慈悲心與能力，擴展到安住第一義中不
動，而能以慈、悲、喜、捨四無量心開發並施行無量佛事業的一
個非常重要、必須要具備的關鍵性能力，《摩訶般若波羅蜜經》中
所說的：「菩薩摩訶薩行般若波羅蜜時，第一義中不動，而行菩薩
事饒益眾生」[79]即是此義。

（二）有方便力的教導：依二諦說法

「方便力」既是築基在了知諸法性相的般若波羅蜜與救度眾
生的慈悲心之上，即表示具備此能力的菩薩已具有融通第一義諦
與世諦的能力，並為了眾生也能得到出世諦入第一義諦的方法，
菩薩才依二諦說法：先不壞假名地以世諦說法安住眾生，然後次
第地引導眾生在除滅一切白心的虛妄生滅流注之後，進入諸法白
性空而無性相可得的第一義諦之中。由此看來，以方便力依二諦
說法，是唯一可讓眾生獲得解除虛妄世諦束縛的方法，因此《摩

---

78 《摩訶般若波羅蜜經》，卷九「述成品」第三十三。《大正藏》第 8 冊，頁
  286 下。
79 同上書，卷二十六「平等品」第八十六。《大正藏》第 8 冊，頁 415 中。

訶般若波羅蜜經》極力地強調菩薩應養成方便力以住二諦中為眾
生說法:「菩薩摩訶薩住二諦中為眾生說法,世諦、第一義諦⋯⋯
二諦中眾生雖不可得,菩薩摩訶薩行般若波羅蜜,以方便力故,
為眾生說法」[80]。

1、運用「世諦」教化眾生的方便力

若以字面意義來看世諦,即是世間語言所能述及的道理,因
為眾生依根識所能認知的一切法均不出名相的範圍。這樣以根識
認知的諸法於是被稱做「有為法」,是世諦所涵蓋的範圍,因此世
諦是有相、有分別。由是,世諦中一切法都是假立,此即是《摩
訶般若波羅蜜經》中三假描述的範圍。然而,雖然世諦中諸法均
是假而不實,但是眾生由於無明「但住名相虛妄憶想分別中」[81],
而起五陰、六入、十二界等諸有漏法,並為其所迷惑而以之為實
有,由是「無陰中見有陰,無入見有入,無界見有界」[82],在諸
法空中起顛倒妄想而取相,由此並隨逐諸法、內外貪求。《摩訶般
若波羅蜜經》卷三「相行品」第十有相關的說明:

> 佛告舍利弗:色受想行識無所有,內空乃至無法有法空故;
> 四念處乃至十八不共法無所有,內空乃至無法有法空故。
> 是中凡夫以無明力渴愛故,妄見分別說是無明。是凡夫為
> 二邊所縛,是人不知不見諸法無所有,而憶想分別著色乃
> 至十八不共法,是人著故,於無所有法而作識知見,是凡
> 夫不知不見。[83]

由此緣故,深著諸法的眾生無法立即直接地明瞭闡明諸法性

---

80 《摩訶般若波羅蜜經》,卷二十五「實際品」第八十。《大正藏》第 8 冊,頁
　　405 上。
81 同上書,卷二十四「善達品」第七十九。《大正藏》第 8 冊,頁 398 中。
82 同上書,卷二十四「四攝品」第七十八。《大正藏》第 8 冊,頁 392 下。
83 同上書,頁 238 中-下。

空的第一義諦，菩薩為讓眾生能慢慢的在佛道上一步一步地往前行，於是在教導眾生時，必須先依眾生所著的名相開立種種的法門對機施教，以使眾生能先從名相得到概念，而得在自己目前的狀態中得到適當、可接受的法義，並不一下打破所有名相，使眾生頓失長久所依而茫然無歸。眾生在聽聞說法後，依名相得知其句義（聞所成慧），然後再得依名相的句義起思惟，以逐漸地調整並改變自我對世間諸法的認知（思所成慧），接著再依改變後的思惟於日常生活或禪定中觀照自我的身口意行，直至身口意行完全合於各種法門中的規範（修所成慧）。在此聞所成慧相當於八正道中的正知見；思所成慧相當於八正道中的正思惟；修所成慧則與八正道中正語、正業、正命、正精進、正念、正定等相應。至修所成慧時，眾生在修習的過程中，身心已起巨大的改變，以往不能明瞭甚或會害怕的第一義諦[84]，此時已不再是無法捉摸的法義，菩薩在此時才能示以第一義諦使眾生明白性空之理。這樣一則可以避免尚深深陷溺在世間五欲中的眾生，因為害怕失去目前所有而不願出離的現象發生，二則避免在眾生初發道意時，即因知目的地的過於遙遠與艱難，而產生畏懼退失的心理。這兩種情形都將阻斷他們踏上菩提道的意願或繼續前行的動力，這也是《法華經》中以「三車喻品」和「化城喻品」說明菩薩依方便力因機施教的重要性。《摩訶般若波羅蜜經》中則以不實的幻師用種種法開示種種人為喻，來說明這樣因材施教的情況：

> 如幻師為眾生說法：慳者為說布施法；破戒者為說持戒法；瞋者為說忍辱法；懈怠者為說精進法；亂者為說禪定法；愚癡者為說智慧法，令眾生住布施乃至智慧。然後為說聖

---

84 因為「諸法性空」之理與眾生所認知與經驗的諸法實有互相違背，所以有些眾生會害怕，生命因此變成斷滅或虛無、沒有意義。

> 法能出苦，用是法故得須陀洹果，乃至得阿羅漢果、辟支
> 佛道，乃至阿耨多羅三藐三菩提。[85]

依於上述，菩薩運用方便力依世諦而教的方法只是對機方便
施教，其目的一則是為了奠下眾生學習第一義諦的基礎，再則是
引導他們趣向菩提。然而有些行者卻又著於這些名相的教法，並
以之教導眾生，引領他們有修有證，以為這樣即是教導和施行般
若波羅蜜的方法。不知如此地依世諦名相方便說法令眾生有所領
悟、有所得並有所修，只是「相似般若波羅蜜」。《摩訶般若波羅
蜜經》卷十「法施品」第三十八中對「相似般若波羅蜜」的概念
有詳細的表述：

> 釋提桓因白佛言：世尊！何等是相似般若波羅蜜？佛言：
> 有善男子、善女人說有所得般若波羅蜜，是為相似般若波
> 羅蜜……汝善男子、善女人修行般若波羅蜜，汝修行般若
> 波羅蜜時，當得初地，乃至當得十地。禪那波羅蜜乃至檀
> 那波羅蜜亦如是。行者以相似有所得，以總相修是般若波
> 羅蜜。憍尸迦！是名相似般若波羅蜜。[86]

由此可見，「相似般若波羅蜜」以具有名相的概念而獲「相似」之
名，仍落在世諦範疇中，與能夠現觀第一義的般若波羅蜜分屬不
同的範疇。以「相似般若波羅蜜」的引導雖然可令眾生得到各種
佛法的「入手處」，卻不能令他們出於名相的束縛，以致雖然依法
門修行甚久，亦不能出於世諦。

從上述的討論可知，菩薩是為拔出顛倒妄想的眾生，乃在般
若波羅蜜的基礎之上，以相應於般若波羅蜜「不著、不住法」的

---

85 《摩訶般若波羅蜜經》，卷二十五「具足品」第八十一。《大正藏》第 8 冊，
頁 405 上。
86 同上書，頁 295 中-296 上。

精神，起方便力為眾生說法，先以深著蘊、處、界眾生的意識心
可以明白的內容，也就是以世諦為眾生開示三乘，讓各類眾生得
以依名尋義，尋得與己最適切且最得力的方法，方便出離目前陷
溺最深的情境：如著於世間諸法不能立即覺悟者，教予習行世間
善法，不行不善法，以使不墮入惡道，方便日後佛道的繼續修行；
對於急切想脫離生死輪迴者示以四聖諦、十二因緣法，以令其能
自世間解脫；對於有情於眾生，意欲利益眾生者，導以六波羅蜜。
最後，在各類眾生的執著減輕、煩惱習薄、功德轉增之後，再一
步步地引導其以般若波羅蜜達到現觀第一義諦的境地，所以「是
一切法皆以世諦故說，非第一義」[87]。由此看出，《摩訶般若波羅
蜜經》以般若波羅蜜的教學，引導不同根機的眾生，從種種的方
便法門匯向一佛乘，像《法華經》一樣，有導三乘歸一乘的旨趣。

2、教導眾生悟入「第一義諦」的方便力

世諦的教導以見道入第一義為目標，因此在眾生建立第一義
的知見與思惟且煩惱習薄之後，菩薩即可漸漸導以入第一義的觀
行之法，以真實地引導眾生悟入諸法的第一義。諸法的第一義是
詮釋諸法非有非無的本際。非有，因為性空無相；非無，因為不
是斷滅，而是一種性空的妙有。在這樣的情況之下，諸法的第一
義是無法以固定的名相捕捉其義的。由是，生活在名相、句義中
的眾生，自然不可能很容易地契入諸法的第一義。於是怎樣脫落
名相的纏縛，就成為佛教行者趣入第一義的重要課題。《摩訶般若
波羅蜜經》所提出的方法是觀一切法空的空觀與觀諸法名假、受
假、法假的假觀（空觀與假觀將另有專節介紹，故而在此不多贅
言）。透過空觀與假觀，行者即得擺脫名相而入諸法空義，並在空

---

87 《摩訶般若波羅蜜經》，卷二十五「實際品」第八十。《大正藏》第 8 冊，頁
404 上。

義中觀得諸法的真實性相。但是要注意的是第一義的教導一定要
在「對」的時間，對「對」的人，初學者或根基未熟之人都還不
適合學習第一義，《摩訶般若波羅蜜經》卷十三「聞持品」第四十
五中的一段話可說明這個道理：

> 舍利弗白佛言：世尊！是般若波羅蜜甚深甚深相，難見、
> 難解、不可思量，不應在新發意菩薩前說。何以故？新發
> 意菩薩聞是甚深般若波羅蜜或當驚怖，心生疑悔，不信不
> 行。是甚深般若波羅蜜當在阿惟越致菩薩摩訶薩前說，是
> 菩薩聞是甚深般若波羅蜜不驚不怖，心不疑悔，則能信行。
> 釋提桓因問舍利弗：若在新發意菩薩摩訶薩前說是深般若
> 波羅蜜有何等過？舍利弗報釋提桓因言：憍尸迦！若在新
> 發意菩薩前說是深般若波羅蜜，或當驚怖，呰毀不信，是
> 新發意菩薩或有是處。若新發意菩薩聞是深般若波羅蜜毀
> 呰不信，種三惡道業，是業因緣故，久久難得阿耨多羅三
> 藐三菩提。[88]

這段經文告訴我們新發意菩薩不是深般若波羅蜜的宣說對象，阿
惟越致菩薩才是。這是因為阿惟越致菩薩已於十方佛所植諸善
根，對於諸法自相空的實際已無疑毀之心，且能常於其中常安住
不動，所以阿惟越致菩薩對觀照諸法「無所有」的般若波羅蜜，
以及由般若波羅蜜所生的阿耨多羅三藐三菩提自然是信心充滿，
不會有懷疑毀謗的行為發生。《摩訶般若波羅蜜經》卷十七「堅固
品」第五十六對阿惟越致菩薩這樣的特質有深刻的描述：

> 阿惟越致菩薩摩訶薩亦如是，自住其地心常不動，一切世
> 間天人阿修羅不能動轉。何以故？是菩薩摩訶薩出一切世

間天人阿修羅上，入正法位中，自證地中住；具足諸菩薩
神通，能淨佛國土成就眾生，從一佛國至一佛國，於十方
佛所殖諸善根，親近諮問諸佛。是菩薩如是住，種種魔事
起覺而不隨，以方便力處魔事著實際中。自證地中不疑不
悔，何以故？實際中無疑相故，知是實際非一非二。以是
因緣故，是人乃至轉身終不向聲聞辟支佛地。是菩薩摩訶
薩諸法自相空中，不見法若生、若滅、若垢、若淨。須菩
提！是菩薩摩訶薩乃至轉身亦不疑我當得阿耨多羅三藐三
菩提、若不得。何以故？須菩提！諸法自相空即是阿耨多
羅三藐三菩提。須菩提！是菩薩摩訶薩住自證地中，不隨
他語，無能壞者。何以故？是阿越致菩薩摩訶薩成就不動
智慧故。須菩提！以是行類相貌，當知是名阿惟越致菩薩
摩訶薩。[89]

至於新發意菩薩，因為才剛開始菩薩道的學習，對諸法的本際性
相還未建立正確的認識，所以知見不出三界。三界中的眾生都以
諸法為實有，新發意菩薩以這樣的認知，在聞「無所有」是般若
波羅蜜相時，因此必將產生懷疑不信，甚而導致毀呰的行為，以
致種下惡業基礎，使得菩薩道上障礙叢生，阿耨多羅三藐三菩提
也因而久久難得。

　　菩薩奠基於般若波羅蜜與慈悲心之上的方便力，使菩薩得以
在諸法本際的性空無相之中，自在地對機依二諦教化眾生，使眾
生均能在自己的立足點上提升自身的知見與心量，並在破除對諸
法名相的執著之後，得入第一義諦。接著，乃能依出世間的般若
波羅蜜，在諸法空義中，習行經由六波羅蜜所學得的各種善法直

---

89 《摩訶般若波羅蜜經》。《大正藏》第 8 冊，頁 343 上。

至三分清淨的境界，而終能於第一義中不動，行菩薩事饒益眾生。如此，菩薩不但能成就眾生，並能同時增加自己的善根。「方便力」也因此成為菩薩莊嚴淨土、證得一切種智的重要因緣。《摩訶般若波羅蜜經》在卷二十二「三善品」第七十三中，對方便力在菩薩道中的重要性做了清楚的註解。由於全部相關經文過長，以下只以「檀那波羅蜜」為例，列舉有關經文：

> 世尊！何等是方便力？菩薩摩訶薩行是方便力得一切種智。佛言：菩薩摩訶薩從初發意行檀那波羅蜜應薩婆若念，布施佛、若辟支佛、若聲聞、若人、若非人，是時不生布施想、受者想。何以故？觀一切法自相空、無生、無定相、無所轉，入諸法實相，所謂一切法無作、無起相。菩薩以是方便力故增益善根、淨佛國土、成就眾生，布施不受世間果報，但欲就度一切眾生故，行檀那波羅蜜。[90]

第四節　入般若波羅蜜的觀行：

三種觀法

　　般若波羅蜜既是觀照諸法的實際性相和度一切法到彼岸的智慧，自是可以引導眾生自世間脫離而進入出世間。但要跨越這個世間與出世間的門檻，需要悟入空性的「見道」，見道是養成出世間般若波羅蜜的唯一法門。但要見道不僅需要了知諸法為何性相皆空的道理，尚須透過禪修的方式，轉變對諸法的認知，始能真

---

90 《摩訶般若波羅蜜經》。《大正藏》第 8 冊，頁 380 上。

實地證入諸法空義而得見道，並且在此之後才能現觀出世間般若波羅蜜。自此，出世間般若波羅蜜即成爲將諸佛法駛往第一義與薩婆若相應的前導，行者接著才能在第一義境中習行一切法，養成方便力，終能逐漸地趣入對於諸法行類相貌無不了然的一切種智。《摩訶般若波羅蜜經》既是宣揚般若波羅蜜的經典，自然對於般若波羅蜜的養成以及施行有詳盡的介紹，其中包括義理與實際施行的兩個層面。義理的部分是以空、假、中（或諸法實相）等三諦思想爲主，實際施行的部份則是需在三諦思想的基礎上進行的多種的禪觀方法，如三觀[91]、三三昧、百八三昧、四十二字陀羅尼門等。

　　空、假、中的三諦思想是大乘佛教中的思想精髓，在目前現存最古的大乘經典——般若經中——已見端倪。但是般若經的思想雖有三觀之實，卻無三觀之名，直到龍樹秉承般若經的思想，寫出了《中論》中著名「眾因緣生法，我說即是無（空），亦爲是假名，亦是中道義」的中觀偈，才首次正式而具體地使用空、假、中之名。齊觀諸法性相的「中觀」，在《摩訶般若波羅蜜經》中是

---

91 含攝空、假、中之「三觀」的概念是由北齊慧文自《大智度論》與《中論》相關思想所得到的啓發，然後經由慧思再傳到智顗而得弘揚，成爲天台宗思想的特色之一。但考其意涵，卻非新設的概念。諸法「性空」、「假有」、「中道」的思想早在《摩訶般若波羅蜜經》中已經齊備：「一切法空」的思想是「性空」的思想、「三假」是「假有」的思想、「諸法實相」是「中道」的思想。事實上，大乘佛教所關注的焦點只有一個：即如何正確地認識諸法性相，以趣入實相法界。因此，大乘佛教中的各思想，對於諸法性相的看法，不可能存有根本性的差異。般若思想以「一切法空」、「三假」、「諸法實相」詮釋諸法，經過龍樹乃至天台宗時，轉成以「空」、「假」、「中」的語詞描述。隨著語詞的固定化，相關的思想與概念也因而能夠更爲明確地傳達，但也因此使人以爲這是天台宗所獨具的特色，忽略了引領眾生趣入實相法界的大乘佛教，從始至終就是以宣揚諸法的「空」、「假」、「中」爲職志：世間諸法虛妄假有（假），「空」爲其本際的性相（空），二者若能同時齊觀，世間諸法即因「空」而成幻有（中道）。一切的闡釋都是圍繞「空」、「假」、「中」而展開，只是各有不同的側重與詮釋的用語。

名「諸法實相觀」。至於三三昧、百八三昧、四十二字陀羅尼門等，事實上是實踐空觀的禪修方法。透過這些方法，行者即得漸漸地養成出世間般若波羅蜜，乃至藉之得以度到第一義的彼岸，接著也才有機會在薩婆若的基礎上，完成對諸法實相的學習與瞭解乃至現觀一切種智。由於三觀、三三昧、百八三昧、四十二字陀羅尼門這樣的重要性，因此我們特別突出這些法門，並在此節中對之作深入地探究。

一、空 觀

《摩訶般若波羅蜜經》對空觀的定義是：「何等空觀？佛言：自相空。是菩薩用如是智慧觀一切法空，無法性可見」[92]。由此可見，空觀是要觀一切法性相皆空。《摩訶般若波羅蜜經》並提出「十八空」作爲建立空觀的知見與思惟的方法，諸三昧與四十二字陀羅尼作爲入空的實際操作方法，可見《摩訶般若波羅蜜經》中，「空」的法教是相當完整的。因爲一種觀法的修習必需經過聞道、思惟、修持等步驟，才有可能成就。「聞」、「思」可建立正知見與正思惟，接著除了依正知見，時時地在生活中針對自我的身口意行起思惟修，以使之逐漸地向正知見所指示的方向靠齊之外，還需透過禪定，專心致志地觀照，才算是完整的學習。日常生活中因爲要接物，所以心散而不能專心一致地觀照，因此觀照的深度有限；禪定中，在身定與暫時離塵的狀態中，以「不住色、聲、香、味、觸、法生心」之「離相」的方法，使心不透過「根」取塵相。根、塵之間當缺乏了「心」的「取著」作用，就無法媒

---

92 《摩訶般若波羅蜜經》，卷二十六「差別品」第八十四。《大正藏》第 8 冊，頁 412 中。

合而產生「觸」，當然也就不會有對境產生識知而著相、或心意隨著意根的躁動而致意念紛飛的現象發生。這樣即能暫停虛妄憶想的分別作用，行者隨之可以不再被諸法虛妄的相狀干擾，進而得以專心致志的內觀，並在除去一切心心數法之後，能夠破無明而致見道或開悟，進入無我、我所，清淨無為、無法性可見的性空狀態中而與「空」相應。此時行者在第一義空中，由於沒有根識的分別作用，即能隨後順利地觀得諸法的實際性相。由此看來，空觀以「離相」為入手之處，以觀得諸法「性相皆空」為目標的達成。由於該經對於空觀，從知見與思惟的建立到實際達成空觀的方法，有一個非常完整的呈現，因此我們將由此二方面探究《摩訶般若波羅蜜經》空觀的理論與實踐方法。

（一）空觀知見與思惟的建立：十八空觀

十八空是落實《摩訶般若波羅蜜經》「觀一切法空，無法性可見」的空觀方法。經由十八空的名相、句義，行者可建立對諸本際法性相的知見，然後再隨之調整思惟，以逐漸地與之相應，以排遣一切由世諦所得對諸法的概念，使在一切法俱無所得的情況下，能以「無所得」、「無所有」的觀行逐漸地養成出世間般若波羅蜜，而後終能以般若波羅蜜相應薩婆若，並在薩婆若境中學習：雖度眾生而實無眾生可度、雖修一切法而實無一切法可修，乃至最終可具足一切度生功德法的修持，而圓滿一切種智的現觀。由是，十八空以養成空觀的知見與思惟而成為落實般若波羅蜜的重要觀行方法之一，因而也成為菩薩摩訶薩所要學習的大乘法之一。《摩訶般若波羅蜜經》曾說：「復次，須菩提！菩薩摩訶薩復有摩訶衍：所謂內空、外空、內外空、空空、大空、第一義空、有為空、無為空、畢竟空、無始空、散空、性空、自相空、諸法

空、不可得空、無法空、有法空、無法有法空」[93]。於是，若能清楚而正確地認識十八空義，將有助於掌握諸法法性「無所有」的內涵，進一步地幫助成就諸法實相的現觀。《大智度論》卷三十一「釋初品中十八空義」第四十八對此即說道：「十八空則十八種觀，令諸法空」[94]。以下將《摩訶般若波羅蜜經》中對十八空義的闡釋整理後，以表列的方式呈現，以方便掌握十八空的內涵（參見表四）。

表四　《摩訶般若波羅蜜經》對十八空的釋義

編號	名稱	《摩訶般若波羅蜜經》的釋義
1	內空	眼、耳、鼻、舌、身、意（內六入）空。
2	外空	色、聲、香、味、觸、法（外六入）空。
3	內外空	內、外六入空。
4	空空	一切法空，是空亦空。
5	大空	四維上下空。
6	第一義空	第一義（即涅槃）空。
7	有爲空	有爲法亦名三界，三界空
8	無爲空	無爲法亦名無生相、無住相、無滅相，皆空。
9	畢竟空	諸法畢竟不可得。
10	無始空	法初來處不可得。
11	散空	諸法無滅。
12	性空	一切法性（包含有爲法性以及無爲法性）空。
13	自相空	自相名色壞相、受受相、想取相、行作相、識識相，如是有爲、無爲法各各自相空。
14	諸法空	根、塵、識等十八界空。
15	不可得空	諸法不可得空。
16	無法空	法無空。
17	有法空	諸法和合有自性相空。
18	無法有法空	諸法中無法以及諸法和合而成有自性相空。

　　《摩訶般若波羅蜜經》在說明以上各空之後，又加註「非常

93　《摩訶般若波羅蜜經》，卷五「問乘品」第十八。《大正藏》第 8 冊，頁 250 中。

94　《大智度論》。《大正藏》第 25 冊，頁 285 下。

非滅故，何以故？性自爾」等字，以明「空」是一切法的自性，而且此自性是「非常非滅」。「非常」表示不屬概念性的恆常，而「非滅」則是指諸法的自性是不滅的。由此看來，十八空所指，皆是落在第一義諦的範疇。此外，諸法自性既是不滅，可見諸法自性是法爾如是，因此含藏「本有」的意涵。

十八空所涵蓋諸法的範疇或有重疊，但這麼做的目的是為了要破除一切世諦所及之法而無所遺漏，以防堵任何邪見存在的空間。行者依十八空即能從各種不同的面向觀照諸法空的義理，而得以建立一切法空的知見與思惟（此即聞、思、修中聞與思的階段），繼而得以改變原有對諸法以為實有的認知，並漸漸地形成對世間諸法性相另外的一種認識與思惟。此種的認識與思惟將有效地減少行者對塵相的攀緣與執著心，使在實際修持空觀的禪定中可以較容易地遠離根、塵、識的境界。

（二）空觀的修持方法

經由十八空建立對世間諸法本際的正知見與正思惟之後，必須將空觀落實在禪定之中，才能有機會「觀空」成功，而致見道。若只有經歷「聞」或「聞」、「思」的步驟，但「思」僅只止於日常生活中散心的觀照，就會因為缺少在禪定中專心致志的觀照訓練，不能有效地突破有我、我所的分別，而致在習慣的攀緣與掉舉的狀態中，使心依舊受到根、塵、識的影響而意念紛飛。以此之故，只有聞、思而不修，由於深度有限，是不足以讓著於虛妄憶想分別的自我身心得到巨大的調整的。有鑑於此，《摩訶般若波羅蜜經》於是提出契入諸法空義的修持方法：三昧門與四十二字陀羅尼門，以下分述之。

1、三昧門

三昧的梵語為 samādhi，音譯作三摩地、三摩提、三摩帝；意譯為等持、定、正定、定意、調直定、正心行處等，是指禪定一心不亂的狀態。《大智度論》卷二十八「初品中欲住六神通釋論」第四十三說：「一切禪定亦名定、亦名三昧」[95]。「禪」之意為專注一境正審思慮，「定」之意則為專注一境使心不散亂，因此「禪定」即是透過將心專注於某一外緣，在寂靜中相續思惟，而得身心安住不散亂的定慧均等的狀態。由此看來，「禪定」需通過「止觀」之法才能達成。「止」是梵語 śamatha（音譯即奢摩他）的意譯，「觀」是梵語 vipaśyanā（音譯即毘鉢舍那）的意譯。「奢摩他」是指在禪修中依某法相續作意思惟，直至心能於相續中無一絲散亂，得身心輕安而獲安住的整個過程而言；若於禪修中觀想某法相而獲安住不散亂的過程即名「毘鉢舍那」；若奢摩他與毘鉢舍那和合雙運，即能入於心一境性。這裏所謂的心一境性，即是能觀的心與所觀的境無差別，能觀的心即是所觀的境。行者藉由專心致志的在禪修中依以上三種方式（即奢摩他、毘鉢舍那、止觀雙運）中的任何一種，均能因此而入於不掉舉（浮）、不昏沈（沈）身心平等安詳的三昧狀態，這也是 samādhi 會譯為「等持」[96]的原因。三昧的種類極多，《摩訶般若波羅蜜經》中主要提到的三昧是能引導行者趣入法性的三三昧與百八三昧，三三昧與百八三昧也因為具有導引行者入法性的功能，而可將之歸為由「空」入圓覺（即阿耨多羅三藐三菩提）的方便法。在此小節中，我們將依次對三三昧與百八三昧進行深層的探究。

---

95 《大智度論》。《大正藏》第 25 冊，頁 268 中。
96 「等持」指心不浮（掉舉）、不沈（惛沈），能夠專止於一境，內心狀態安詳平和。

（1）三三昧

　　空、無相、無作（舊曰無願）等三種三昧統稱爲三三昧，若依三三昧的觀行之法修行而證入空、無相、無作即得解脫，此時空、無相、無作即轉名爲三解脫門，由此看來，三三昧爲入空的一種修持法門。三三昧同爲聲聞、辟支乘與大乘所攝，但在意義上是有區隔的。《摩訶般若波羅蜜經》主要談論的是大乘的三三昧，對於聲聞、辟支佛乘的三三昧只是蜻蜓點水般稍稍地做了一點談論。如《摩訶般若波羅蜜經》卷二十四「四攝品」第七十八在對一切出世間法的介紹中，提到聲聞乘所修三三昧的內容：「云何爲三三昧？空三昧門、無相、無作三昧門。云何爲空三昧？以空行、無我行攝心是名空三昧。云何爲無相三昧？以寂滅行、離行攝心是名無相三昧。云何爲無作三昧？無常行、苦行攝心是名無作三昧」[97]。由經文看來，空三昧的內容是空行、無我行；無相三昧的內容是寂滅行、離行；無作三昧的內容是無常行、苦行，這樣的內容是與聲聞乘中的四聖諦法相應。空三昧是與苦諦中的空、無我二種行相相應，行者觀諸法爲因緣生，因而我及我所皆空，如《雜阿含經》第 273 經說：「如是緣眼、色生眼識，三事和合觸，觸俱生受、想、思。此等諸法非我、非常，是無常之我，非恒、非安隱、變易之我」[98]。這段話的意思是說根塵相對之後即有「識」對應而生，即爲「觸」，接著即有受、想、思等種種心所相續而生，造成對「我相」的覺知。這些法因爲是因緣和合而有，所以是無常、無我。由這些無常、無我的法所積聚而成的「我相」，自然也就因爲沒有一個不變的主體，而成爲非恒且不斷變化的現象，這種「我相」也因而即是「空」。也因爲聲聞乘對「我空」

97　《摩訶般若波羅蜜經》。《大正藏》第 8 冊，頁 394 下-395 上。
98　《雜阿含經》。《大正藏》第 2 冊，頁 72 下。

的看法如此，聲聞乘的無相三昧就必須要使根塵不相對，以致必須要遠離色、聲、香、味、觸、男、女等七種相。在遠離這七種相後，即能除去煩惱與繫縛，並因而遠離災禍而達於俗人所不能達到的殊勝境界，所以聲聞乘的無相三昧是相應於滅諦的滅繫縛、靜煩惱、殊妙境、離災禍等四行相，即該經所稱的「寂滅行」、「離行」。至於無作三昧則是相應苦諦的苦、無常二行相；集諦的因、集、生、緣四行相；道諦的道、如、行、出四行相。集諦的四行相說明愛執是苦的原因，可集聚苦而成為苦生起的助緣；道諦的四行相則是表示滅苦的聖道，是行者實踐的正道，合於正理，能令行者超出虛妄的生命形式，趣向解脫的境界。以上的這些行相是在說明，在無常而不斷變異的情況之下，吾人無一倖免地將經歷「生老病死」、「愛別離」、「求不得」、「五陰熾盛」等種種「變化」與「失去」的痛苦（苦、集諦的行相），聲聞眾對世間這種「無常必苦」的現象產生厭倦與逃避的心理，以致厭離世間，追尋「空」與「無我」的境地，斷滅對世間一切的意願而成無願（道諦的行相），因無願所以不作，是故無作三昧又名無願三昧。

聲聞眾基於對諸法「無常而致苦」的體認，使得在證入我空的涅槃之後，即溺於涅槃寂靜的境界之中而「無願」出世。可是這種只觀諸法性質為無常變異，並不是對諸法的正確認識。《摩訶般若波羅蜜經》卷十「法施品」第三十八即曾很清楚的說明：「善男子！汝修行般若波羅蜜，莫觀色無常。何以故？色，色性空。是色性非法、若非法，即名為般若波羅蜜。般若波羅蜜中色非常、非無常。何以故？是中色尚不可得，何況常、無常」[99]。經文清楚的指明：引導得度彼岸的真正智慧（即般若波羅蜜）不是以觀

---

99 《摩訶般若波羅蜜經》。《大正藏》第 8 冊，頁 296 上。

修諸法無常而獲致，而是經由完成對諸法真正性相的認識而獲得。諸法本際的性相皆空，其中諸法尚不可得，何況常或無常。話雖如此，無奈還是有些聲聞眾因為長時的被無常、苦、空、無我的思惟所熏習，以致以為他們在聲聞法中所得的成就即是根本解脫，因此不再追求般若波羅蜜以達阿耨多羅三藐三菩提的極果。《摩訶般若波羅蜜經》透過佛與忉利天天主憍尸迦（即釋提桓因）的對話表明了對聲聞以及辟支佛眾這樣的看法：

> 憍尸迦！是善男子、善女人受持般若波羅蜜乃至正憶念不離薩婆若心，無量戒眾成就、定眾、慧眾、解脫眾、解脫知見眾成就。復次，憍尸迦！是善男子、善女人能受持般若波羅蜜乃至正憶念不離薩婆若心，當知是人為如佛。復次，憍尸迦！一切聲聞、辟支佛所有戒眾、定眾、智眾、解脫眾、解脫知見眾不及是善男子、善女人戒眾乃至解脫知見眾百分、千分、百千萬億分乃至算數譬喻所不能及。何以故？是善男子、善女人於聲聞、辟支佛地中心得解脫，更不求大乘法故。[100]

經由上述的討論，我們得知：由於聲聞眾只認知到世間諸法的緣起與變異，以及其所導致的苦、空、無常、無我的結果，沒有認識到諸法的真實性相。這種對諸法不圓滿的認知導致他們懼怕面對世間的諸法，以免招致生命諸苦，終而導致他們在成就三三昧、入解脫門之後，即安住在空、無相、無作的涅槃境中不動不出而實際作證，除了迴心者（即迴小向大者），餘者均不願再出世間，不再追求大乘法。這些不願出世間的聲聞眾的修行也就停頓於此，最終不能完成阿耨多羅三藐三菩提的修行。

---

100 《摩訶般若波羅蜜經》，卷九「尊導品」第三十六。《大正藏》第 8 冊，頁 288 下。

　　至於大乘三三昧的課程,對於菩薩而言,是相當重要的課程,因為三三昧是養成般若波羅蜜的必要手段,也是學習在第一義中種種利他事業的基礎,所以是菩薩在上求佛道與下化眾生的菩薩道中,必須要學習的課程。是故,大乘的三三昧不論在修行的內容上或是對之的看法上都與聲聞乘不同:首先,在對諸法的認知方面,大乘以為虛妄憶想分別而有的諸法,其之自性相是虛妄有。諸法既為虛妄,將之認知為苦、空、無常、無我,根據大乘佛法,當然即非正確的認知。再來,在境界方面,大乘認為諸法不生不滅的真實自性相,必須在排遣掉虛妄有的自性相之後,才得顯出。大乘的三三昧即是要引導行者進入這樣的境界之中。透過聞、思、修,在對諸法性相的知見與思惟由世諦轉為第一義諦之後,行者通過禪定,除滅一切心心數法,在見道後即得融入沒有能所分別(無作)、不起心行(無願)、且無相的三昧狀態中。行者安住在此境界中即是安住在「諸法空義」中。然而,大乘行者不會安住於諸法空義、或三三昧中不動不出,而實際作證。若如是,大乘行者將墮聲聞、辟支佛地。大乘行者在三三昧境中,由於度生的願力,是雖在「空」中而不住「空」,就像鳥在空中飛翔,不住空亦不從空中墜落。也像空中射箭,若後箭接前箭,箭箭相拄則箭都在空中而不落地,若要前箭落地,停止後箭的發射即可,沒有了後箭的助力,則前箭都將墜落。這就是說行者若取證三三昧,則將於三三昧的空、無相、無作中不動不出,因此將缺乏繼續施行六波羅蜜以及諸餘善法的動力,結果就無法圓滿對阿耨多羅三藐三菩提的追尋。《摩訶般若波羅蜜經》卷十八「河天品」第五十九對這種情況有清楚的描述:

> 爾時菩薩摩訶薩住四無量心,具足六波羅蜜,不取漏盡證,學一切種智,入空、無相、無作解脫門。是時菩薩不隨一

切諸相，亦不證無相三昧。以不證無相三昧故，不墮聲聞、
辟支佛地，須菩提！譬如有翼之鳥飛騰虛空而不墮墜，雖
在空中亦不住空。須菩提！菩薩摩訶薩亦如是學空解脫
門，學無相、無作解脫門亦不作證。以不證故不墮聲聞、
辟支佛地；未具足佛十力、大慈大悲、無量諸佛法、一切
種智，亦不證空、無相、無作解脫門。須菩提！譬如健人
學諸射法善於射術，仰射空中復以後箭射於前箭，箭箭相
拄不令前墮，隨意自在。若欲令墮，便止後箭，爾乃墮地。
須菩提！菩薩摩訶薩亦如是，行般若波羅蜜以方便力故，
為阿耨多羅三藐三菩提，諸善根未具足不於實際作證，若
善根成就是時便於實際作證。[101]

由此看來，大乘行者雖身處三三昧空中，但既不隨逐一切諸相，
也不安住其中不動而實際作證三三昧，才能在第一義中，學習透
過般若波羅蜜起方便力，以度眾生而實無眾生可度的精神，和不
離諸法又不與諸法與俱的方式，施行各種的度生事業，直至圓滿
種種善法、具足善根，乃至現觀阿耨多羅三藐三菩提。於此之後，
行者才會實際作證。是故三三昧對於大乘的行者而言，是非常重
要且為安住於諸法實性中必須要成就的三昧。

（2）百八三昧

《摩訶般若波羅蜜經》另外亦提到一百零八種三昧，這一百
零八種三昧是行者在菩薩道中修習摩訶衍時所要學習的各種三
昧。修習這些三昧的目的是要進入空、無相、無作的三三昧中。
因為入空、無相、無作即是入無所有的空性中，所以百八三昧亦
是由空觀入圓覺的修持方法之一。由於對諸法性相皆空的認識仰

---

101 《摩訶般若波羅蜜經》。《大正藏》第 8 冊，頁 350 中-下。

賴般若波羅蜜，因此要入諸三昧必須先學般若波羅蜜，故而《摩訶般若波羅蜜經》卷三「勸學品」第八說道：「欲得如是等諸三昧門，當學般若波羅蜜」[102]。由此可知，三三昧之空、無相、無作的境界也即是百八三昧所欲達成的目標，於是百八三昧最後都將匯入三三昧中以令行者能於空、無相、無作三門中獲得解脫。由此緣故，《摩訶般若波羅蜜經》卷三「相行品」第十說道：

> 舍利弗！是菩薩摩訶薩行是諸三昧疾得阿耨多羅三藐三菩提，復有無量阿僧祇三昧門、陀羅尼門，菩薩摩訶薩學是三昧門、陀羅尼門疾得阿耨多羅三藐三菩提……是菩薩不見是諸三昧，亦不念是三昧，亦不念我當入是三昧，我今入是三昧，我已入是三昧，是菩薩摩訶薩都無分別念。[103]

這段經文雖然沒有直接說明諸三昧最終都將匯歸空、無相、無作的三三昧中，但卻隱含了這樣的精神。經文說「是菩薩不見是諸三昧」，即表示菩薩已入無分別、由第一義所表彰諸法自性空的「空性」當中，此時，諸法因性空而相空，故而不見，是名空三昧；在此空三昧中，菩薩「不念是三昧」，因為諸法性相皆空，無能憶念，此為無相三昧；在此空、無相三昧中，「菩薩不見是諸三昧，亦不念是三昧，亦不念我當入是三昧，我今入是三昧，我已入是三昧」，即是說菩薩在諸法性空、無所有中，無可造作，此即相應無作三昧的涵義。這樣的意思正好與《摩訶般若波羅蜜經》的另一段直接定義大乘三三昧的經文相合。《摩訶般若波羅蜜經》卷五「廣乘品」第十九：「菩薩摩訶薩摩訶衍，所謂三三昧。何等三？空、無相、無作三昧。空三昧名諸法自相空，是名空解脫門；無相名壞諸法相，不憶不念，是名無相解脫門。無作名諸法中不願

---

102 《摩訶般若波羅蜜經》。《大正藏》第 8 冊，頁 233 上。
103 同上書，頁 238 上-中。

作，是名無作解脫門，是名菩薩摩訶薩摩訶衍」[104]。對於百八三昧與三三昧這樣的關係，《大智度論》中有一個譬喻可以作適切的說明：「問曰：如佛說涅槃一道，所謂空、無相、無作，舍利弗何以更問有餘三昧令菩薩疾得佛不？答曰：未近涅槃時多有餘道，近涅槃時惟有一道：空、無相、無作，諸餘三昧皆入此三解脫門。譬如大城多有諸門皆得入城，又如眾川萬流皆歸於海」[105]。在此，《大智度論》將諸餘三昧比喻為入城的諸門以及入海的萬川，而將三三昧比喻為「城」及「海」。諸人雖經由不同的門入城，所入之城卻是同一；萬川雖不同，入海即為一味的海水，因此三昧雖有多種，卻都是匯入空、無相、無作的三三昧中。

　　三昧的種類極多，據《摩訶般若波羅蜜經》所言，有「無量阿僧祇三昧門」[106]。既然如此，為何只以三三昧與百八三昧為主要的說明對象？這是因為佛陀說法有廣說及略說，廣說是對義理的詳細解釋，略說則是只陳述義理的精要部份。是以，三三昧統攝百八三昧，而百八三昧又為無量三昧精要的略說。《大智度論》卷五「初品中菩薩功德釋論」第十的經文對此有相關的敘述：「復次，般若波羅蜜摩訶衍義品中，略說則有一百八三昧。初名首楞嚴三昧乃至虛空不著不染三昧，廣說則無量三昧」[107]。

2、文字陀羅尼：四十二字門

　　四十二字門的法教是隨著中品般若類經典在中國的傳譯而進入中國，可惜經中除了列出各字與其句義外，對於四十二字的施

104　《摩訶般若波羅蜜經》。《大正藏》第 8 冊，頁 254 下。
105　《大智度論》，卷四十三「釋行相品」第十。《大正藏》第 25 冊，頁 373 下。
106　《摩訶般若波羅蜜經》，卷三「相行品」第十。《大正藏》第 8 冊，頁 238 上。
107　《大智度論》。《大正藏》第 25 冊，頁 97 上。

行方法沒有更清楚的說明。在佛教經典中提到四十二字門的除了中、上品般若類經典之外，還有《華嚴經》、《普曜經》以及《普曜經》的同本異譯：(唐)地婆訶羅所譯的《大方廣大莊嚴經》。《普曜經》中的四十二字與般若經中所提到的四十二字，內容上是完全不同的，但是《華嚴經》中的四十二字，無論是梵字或梵音都與般若經完全相同。四十二字雖以梵字的形式出現，但依其在經典中排列的次序來看，找不出與梵文字母表中的字母有任何的聯繫，因為不但缺乏梵文字母中的一些音與字，還有一些在梵語文獻中從來沒有出現過的音與字[108]。四十二字在佛教中屬於實際操作的層面，所以如果我們忽略四十二字門在實際修習方面的功能，只從現存的文獻資料去探詢四十二字門的內容與意義的話，由於現存的資料實在非常的有限，很難自其中尋到完整且足以明白其義的資料。南北朝時代的僧人南嶽慧思（西元 515-577 年）[109]，曾為之作過《四十二字門義》，可惜此書在唐朝以後就已經失傳，目前除了《大智度論》針對《摩訶般若波羅蜜經》中的四十二字門的法教做了一些說明，提供讀者對四十二字門實際意義的一些瞭解外，唐實叉難陀所譯八十卷《華嚴經》中的入法界品與（唐）不空所譯《大方廣佛華嚴經入法界品四十二字觀門》亦是可參考的文獻。

　　四十二字亦被視為一種陀羅尼（dhāranī[110]），這是因為四十二字各以簡單的音聲或其字形總攝諸法空義，因而得以相應陀羅尼「總持不忘」之義的緣故。實際上，在《放光般若經》卷四的「陀

---

108 王邦維（1999）。《四十二字門考論》，載《中華佛學學報》（12），頁 20。

109 慧思是天台宗智顗的老師，被後世人尊為天台宗的第二祖。

110 dhāranī 由詞根 dhr 演變而來。dhr 原意為「保持」、「留住」、「護持」，轉成 dhāranī 後，衍生為憶持不忘，漢語音譯往往譯做陀羅尼、陀鄰尼；意譯則一般譯為「總持」。

鄰泥品」中即將四十二字門稱做「陀鄰尼目佉」。「陀鄰尼目佉」
是梵語 dhāranīmukha 的音譯，《放光般若經》說道：「須菩提！復
有摩訶衍所謂陀鄰尼目佉是。何等爲陀鄰尼目佉？與字等、與言
等，字所入門。何等爲字門？一者阿阿者……四十二者嗏嗏
者……」[111]。《光讚經》與《放光般若經》相對應的經文卻取
dhāranīmukha 的意譯，稱四十二字門爲「總持門」。《光讚經》卷
七「摩訶般若波羅蜜觀品」第十七說道：

> 復次須菩提！菩薩摩訶薩摩訶衍者謂總持門。彼何謂總持
> 門？諸文字等，所說平等，文字之門文字所入。何謂文字
> 門？文字所入因緣之門……是爲須菩提總持所入因緣文字
> 分別所入。有菩薩摩訶薩知是一切因緣文字方便分別，則
> 不復著音聲言說，則能次第曉了諸法之所歸趣也。[112]

在《大般若經》第二會中，四十二字門則被譯爲「陀羅尼門」，
這是取 dhāranī 的音譯與 mukha（意爲口、面、門）的意譯而成。
《大般若經》第二會卷四百七十「衆德相品」第七十六之三：「來！
善男子！汝應善學引發諸字陀羅尼門」[113]。然而在《摩訶般若波
羅蜜經》相關的經文中卻不見任何有關「陀鄰尼目佉」、「總持門」、
「陀羅尼門」的語詞。但是無論如何，四十二字表詮一種陀羅尼
已是很清楚的事實。龍樹在《大智度論》中也持相同的看法，並
進一步很明確地說明四十二字即爲文字陀羅尼。《大智度論》卷七
十九「囑累品」第六十六即清楚地說道：「因 字即入畢竟空，是

---

111 《放光般若經》（西晉·無羅叉譯），卷四「摩訶般若波羅蜜陀隣尼品」第
　　二十。《大正藏》第 8 冊，頁 26 中-26 下。
112 《光讚經》。《大正藏》第 8 冊，頁 195 下-196 中。
113 《大般若波羅蜜多經 401-600 卷》（唐·玄奘譯）。《大正藏》第 7 冊，頁
　　378 中。

名文字陀羅尼」[114]。四十二字也因爲以簡單的字音與字形導行者入諸法空義的功用,具有如種子般的「因」、「生」與「了」義,在後來的密教中被歸屬爲「種子字」。

四十二字的內容依《摩訶般若波羅蜜經》可分爲字音與字義,以下表列《摩訶般若波羅蜜經》經中所載的字音(漢字音譯)與字義,並附相對應的羅馬字的音譯(表五)[115],以清楚且系統性地呈現四十二字的字音與內容。

表五　四十二字的音與義

編號	漢字音譯	羅馬拼音	內　　　　容
1	阿	a	一切法初不生故
2	羅	ra	一切法離垢故
3	波	pa	一切法第一義故
4	遮	ca	一切法終不可得故
5	那	na	諸法離名,性相不得不失故
6	邏	la	諸法度世間故、亦愛支因緣滅故
7	陀	da	諸法善心生故、亦施相故
8	婆	ba	諸法婆字離故(悟一切法調伏寂靜真如平等無分別故)
9	荼	da	諸法荼字淨故(悟一切法離熱矯穢得清淨故)
10	沙	sa	諸法六自在(至)王性清淨故(悟一切法無罣礙故)
11	和	va	入諸法語言道斷故
12	多	ta	入諸法如相不動故
13	夜	ya	入諸法如實不生故
14	吒（瑟吒）	sta	入諸法折伏不可得故
15	迦	ka	入諸法作者不可得故
16	娑	sa	入諸法時不可得故(悟一切法時平等性不可得故)

114　《大智度論》。《大正藏》第 25 冊,頁 620 中。

115　《摩訶般若波羅蜜經》,卷五「廣乘品」第十九。《大正藏》第 8 冊,頁 256 上-中。

17	磨	ma	入諸法我所不可得故
18	伽	ga	入諸法去者不可得故
19	他	tha	入諸法處不可得故（悟一切法所依處性不可得故）
20	闍	ja	入諸法生不可得故
21	簸（濕縛）	sva（cva）	入諸法簸字不可得故（悟一切法安隱之性不可得故）
22	馱	dha	入諸法性不可得故
23	賒	śa	入諸法定不可得故（悟一切法寂靜性不可得故）
24	呿	kha	入諸法虛空不可得故
25	叉	ksa	入諸法盡不可得故
26	哆	sta	入諸法有不可得故（悟一切法任持處非處令不動轉性不可得故）
27	若	ña	入諸法智不可得故（悟一切法所了知性不可得故）
28	拕（剌他）	rtha（ha,pha,ita）	入諸法拕字不可得故（悟一切法執著義性不可得故）
29	婆	bha	入諸法破壞不可得故
30	車	cha	入諸法欲不可得故
31	摩（颯磨）	sma	入諸法摩字不可得故（悟一切法可憶念性不可得故）
32	火（嗑縛）	hva	入諸法喚不可得故（悟一切法可呼名性不可得故）
33	嗟	tsa（sta）	入諸法嗟字不可得故（悟一切法勇健性不可得故）
34	伽	gha	入諸法厚不可得故（入一切法平等性不可得故）
35	他	tha	入諸法處不可得故（悟一切法積集性不可得故）
36	拏	na	入諸法不來、不去、不立、不坐、不臥故（悟一切法離諸諠諍、無往無來、行住坐臥不可得故）
37	頗	pha	入諸法遍不可得故（悟一切法遍滿果報不可得故）
38	歌（塞迦）	ska	入諸法聚不可得故（悟一切法聚積蘊性不可得故。）

39	醝 （逸娑）	ysa	入諸法醝字不可得故（悟一切法衰老性相不可得故）
40	遮	śca	入諸法行不可得故
41	吒	ṭa	入諸法偪不可得故（悟一切法相驅迫性不可得故）
42	荼	dha （ṣṭa）	入諸法邊竟處故、不終不生

註：「羅馬拼音」的欄目中，括弧內的字是異本或字體上的異讀。「漢字音
　　譯」的欄目中，括弧內的字是《大般若經》第二會的異讀。「內容」
　　的欄目中，若《摩訶般若波羅蜜經》原文較難理解的話，則另以括弧
　　加注《大般若經》第二會的相對應語句，以爲對參。

　　從上表可知，在字音方面，四十二字是由三十一個單音字與
十一個複音字組合而成，初「阿」後「荼」，之間有四十字，共計
四十二字。其中由子音與母音結合而成的複音字爲 sta, sva, ksa,
sta, rtha, sma, hva, tsa, ska, ysa, śca。另外，我們發現「阿」字是四
十二字的基礎，這可分爲兩方面來考察：若由四十二字的羅馬轉
寫字來看的話，四十二字俱是以「阿」字爲基礎，這是因爲「阿」
（a）字是人類發聲的最基礎音，所以貫串全部四十二字，爲四十
二字音聲之母。若從字義的角度觀察的話，由於「阿」字在四十
二字中代表「諸法不生義」，故而四十二字以「阿」義的緣故，盡
皆具有諸法不生義。由此緣故，《大智度論》才說道：「又如阿字
爲定、阿變爲羅、亦變爲波，如是盡入四十二字。四十二字入一
字者，四十二字盡有阿分，阿分還入阿中」[116]。

　　在字義方面，我們從表五得知，四十二字是從不同的面向引
導行者入「不可得」，此即表示四十二字是連結諸法空義的媒介，

---

116 《大智度論》，卷八十九「釋四攝品」第七十八之餘。《大正藏》第 25 冊，
　　頁 686 下。

諸法空義皆可由此四十二字門契入。於是行者藉由觀四十二個梵字的形、音即可使其所表述的境界 —— 空性 —— 成爲現行,而入解脫之門。從此看來,四十二字即是空觀的一種法門,行者可從四十二個不同的範疇相應般若波羅蜜,並且也因此成爲菩薩行者在行般若波羅蜜教化眾生時,所應該要學習的項目之一,菩薩可以之開悟眾生,並使入諸法空義。《摩訶般若波羅蜜經》卷二十四「四攝品」第七十八有相關的說明:

> 復次!須菩提!菩薩摩訶薩行般若波羅蜜時教化眾生,善男子!當善學分別諸字,亦當善知一字乃至四十二字。一切語言皆入初字門,一切語言亦入第二字門,乃至第四十二字門,一切語言皆入其中。一字皆入四十二字,四十二字亦入一字,是眾生應如是善學四十二字,善學四十二字已能善說字法,善說字法已善說無字法。須菩提!如佛善知字法,善知字、無字,爲無字法故說字法。何以故?須菩提!過一切名字法故名爲佛法。[117]

這段經文的意思是說菩薩在教化眾生四十二字時,是需先依世諦說明各字及其所代表的句義,然後行者才能依其所教,在禪定中觀修四十二字中的任一字,若能得力,即能從其句義所指而入「不可得」之境,獲現觀第一義,此即由字門入無字門之意。是以,字門以「字」引領眾生進入「無字」,成爲入「空」門的工具或手段,即引文所說「爲無字法故說字法」的意思。而且也因爲字字均可引領入空門,所以「一字皆入四十二字,四十二字亦入一字」。《大方廣佛華嚴經入法界品四十二字觀門》中有一段與《摩訶般若波羅蜜經》上述引文精神相仿的經文,是爲說明四十

---

117 《摩訶般若波羅蜜經》。《大正藏》第 8 冊,頁 396 中。

二字門爲無字門的另一佐證：

> 善男子！我稱如是入諸解脫根本字時，此四十二般若波羅
> 蜜爲首，入無量無數般若波羅蜜門。又，善男子！如是字
> 門是能悟入法空邊際，除如是字，表諸法空，更不可得。
> 何以故？如是字義不可宣說、不可顯示、不可執取、不可
> 書持、不可觀察、離諸相故。善男子！譬如虛空是一切物
> 所歸趣處，此諸字門亦復如是，諸法空義皆入此門，方得
> 顯了。[118]

此中稱四十二字爲四十二般若波羅蜜，能夠引導悟入「法空
邊際」，所以四十二字是諸解脫根本字，是故諸法空義皆入此門。

此外，若從宗教學的角度來看，根據《摩訶般若波羅蜜經》
序品，佛陀在宣講這個法門時，對象是十方世界三界六道的所有
眾生，所以四十二字門自然不只侷限於人類，還應是屬三界六道
共通的字法。並且四十二字爲菩薩所學習如何使用般若波羅蜜教
化眾生時的必備，就不應是只針對人類有效，應可適用於三界六
道中所有的眾生。因爲依於大乘佛教的精神，菩薩度生的範圍是
涵蓋三界六道中的一切眾生，這樣菩薩才能成就知曉各種道的道
種智，乃至圓滿對眾生一切根性意欲全面了然的佛地的一切種
智。由此緣故，學界一直無法僅從「人類」梵語的現存知識，找
出四十二字的排列邏輯。我們以爲，宗教不是哲學，宗教中義理
的部份雖看似與哲學具有相同的性質，但是宗教的義理是可用於
實踐的，不單純只是一種思惟方式，尤其對於信徒而言，宗教義
理的實踐是其改變生命狀態的唯一方法。換句話說，宗教存在的
目的，即是在於引領信徒藉由宗教實踐實現該種宗教對於生命與

---

118 《大方廣佛華嚴經入法界品四十二字觀門》。《大正藏》第 19 冊，頁 709
上。

世間的看法，因此「實踐」在宗教中是屬核心且基本的元素。由是，在理解宗教範疇的義理時，不僅應以該宗教的理論架構作為思考的依據，尚須將理論在實踐時的情況一併納入考慮，才有可能真實地體會宗教理論的內涵，這點即是宗教與哲學最大的分野。以這樣的想法，我們發現在進行對佛學的探討時，若忽略其內含的宗教實踐層面，僅以人類的梵語知識對四十二字進行考究，研究的範圍會有很大的侷限性，四十二字門的真義難以完全展現。「教觀合一」是解決這個問題的唯一方法，因為唯有如此才能深入佛教思想的精髓，真實地解悟經中所言。

至此，對於四十二字我們可以這麼認識：四十二字是三界六道一切眾生共通的語言，而且由於四十二字各以單字的形式顯示，因此四十二字是陀羅尼最基本的形式。

經由以上的討論可知，十八空、三昧門、四十二字門是《摩訶般若波羅蜜經》提出落實對諸法本際的認識與契入其中的方法（即空觀），可惜的是《摩訶般若波羅蜜經》對於三昧門與四十二字門的闡述皆只停留在理論的層次，欠缺對實際操作方法與過程的具體描述。雖然《摩訶般若波羅蜜經》沒有對三昧門與四十二字門的修持方法做詳盡的介紹，但是它以十八空、三昧門、四十二字門建立了一個實踐空觀的修持體系，使諸法空義從「聞」、「思」、「修」乃至見道的次第完整的呈現。這個次第也即是培養出世間般若波羅蜜的次第：由對諸法空義的「聞」、「思」建立對般若波羅蜜的初步認識，接著透過在禪定中的實際修持而得見道，行者即得從世間成功地跨越至出世間，而致順利地獲得出世間般若波羅蜜。爾後還要在此基礎上繼續學習，以能念念不離薩婆若心施行六波羅蜜，才能長久的保任或安住在「空」境當中，從而圓滿一切種智的修學。由此我們可以知道，佛教的理論可以

經由實際的修持而落實，因此佛教學需要解行相應才能得到對其義理的深層解悟。

二、假　觀

　　根據《摩訶般若波羅蜜經》，「假觀」即是按照「三假說」所做的觀想。三假說是該經為建立假觀的知見與思惟而提出的。由於眾生對緣生諸法的識知，來自其呈現在其眼前的相狀（法假）以及心中對其的概念（名假與受假），此二者組成眾生對諸法的認識。這樣的認識使諸法在眾生心中具有固定的概念，導致諸法在世間具有固定樣貌的「定相」。這樣的定相根據《摩訶般若波羅蜜經》的語言，即是緣自妄見分別之後的著名、著相。所以眾生所認為諸法的定相，其實只是一種「假有」，並非實有，此即《摩訶般若波羅蜜經》所提出三假說的內涵。依之思惟即可建立對有為諸法虛妄存有形式的認識，而得逐漸遠離由名相認知諸法並執以為實的顛倒境界。同樣地，假觀如同空觀，不僅要在日常生活中常常以假諦作為身口意行的基礎，同時並要在禪定中依據假諦相續作意的思惟，才能加強思惟的深度，使假諦成為內在的思考邏輯，如是對於諸法相的認知才會自然的落在假諦的範疇中，接著才能真正地藉由三假，見到諸法名、相、句義皆是虛妄無定相可得的事實。由此緣故，不同空觀是以「離相」為觀法的起點，假觀是從「即相」入手，意即由觀諸法相的「假有」起觀，以「假有」作為「不著」世間相的入手處，之後由此才得漸次趣入空觀，乃至通往第一義境。以是，假觀亦是得入圓覺的方便法門之一。如同空觀一樣，假觀由於具有引導出世間的方便力，也是養成出世間般若波羅蜜的方法之一。

三、諸法實相觀

「諸法實相觀」是對諸法實相所做的觀想。從前述對諸法實相義理的探討，我們得知諸法實相在《摩訶般若波羅蜜經》卷二十五「常啼品」第八十八清楚的被定義爲：「何等諸法實相？所謂一切法不垢不淨。何以故？一切法自性空，無眾生、無人、無我，一切法如幻、如夢、如響、如影、如焰、如化」[119]。由此可知，諸法實相是描述諸法的實際以及由實際所作的顯現。諸法的本際因爲性空（指諸法在第一義中，以「空」或「無所有」所表述的體性，即「空性」，所以其性爲「空」，是爲「性空」）、空相，所以能隨順諸佛的願力或眾生的妄想分別而顯現種種相，此即該經所謂的「色不壞色空相、色空相不壞色」[120]，也因此諸法成爲如幻、如夢、如響、如影、如焰、如化的顯現。諸法實相既是包含性、相二面，因此要趣入諸法實相的觀法，即應同時涵攝性空與假有兩個層次，亦即要齊觀性空與假有。而當同時掌握諸法的性空與假有時，諸法相的呈現即爲「幻有」，這就是所謂的「諸法實相觀」。「諸法實相觀」因爲同時涵攝「性空」與「假有」，所以又可名爲「中觀」。

中觀法門既是對諸法實相的觀照，就不是陷於虛妄不實妄想、深著諸法的眾生可以一蹴可及的，行者要依次第循序漸進才有可能契入。除非是特別的根器，一般來說，行者必須先要對世諦層面的空觀與假觀有相當的基礎後才能修習。空觀是要遠離塵境，回歸自性；而假觀則是從觀塵境的虛妄假有入手。空觀成就

---

119 《摩訶般若波羅蜜經》。《大正藏》第 8 冊，頁 416 下。
120 同上書，頁 403 中。

後，以諸法性空再觀諸法相的假有，才能趣入諸法的幻有；假觀
得力後，從諸法相的虛妄，才易了達虛妄的法相不具體性的事實，
虛妄漸除後，對覺知的法相不再執爲實有，此時若再加上空觀的
基礎，即能從諸法在世間不實的假有趣入由「空」所顯現的幻有，
而入諸法實相。由是可知，在對諸法的本際與世間性相的本質如
實瞭解後，行者才有能力進行諸法性、相的齊觀，亦即性空與假
有同時雙照的「諸法實相觀」或「中」觀，此即是《摩訶般若波
羅蜜經》卷五「問乘品」第十八即所說：「菩薩摩訶薩以應薩婆若
心，不著一切法，亦觀一切法性，以無所得故」[121]的意思。

第五節　佛地觀：佛智、佛身、佛土

雖然原始佛教即已存在對佛智與佛身的探查，但直到大乘佛
教興起後，因爲「人人皆可成佛」的思想造成對佛地的重視，完
整的佛地觀才呈現出來，其內容涵蓋佛智、佛身、佛土。《摩訶般
若波羅蜜經》屬早期的大乘經典，整個菩薩道的義理與修行即是
其全部的內容。經中提到眾生透過菩薩道最終可成就佛的一切種
智，同時並可圓滿佛身與佛土。此由佛智、佛身、佛土三樣的和
合，串連出一個佛與眾生不同的世界，即佛地的境界。

一、三智的內涵

一切智、道種智以及一切種智等三智，是《摩訶般若波羅蜜

---

121 《摩訶般若波羅蜜經》。《大正藏》第 8 冊，頁 250 上。

經》中的重要議題之一，《現觀莊嚴論》將之列為八種現觀的首要三個，可見其重要性。三智是不同果位的聖者所證，依據《摩訶般若波羅蜜經》，分別為：一切智是聲聞、辟支佛所證；道種智是菩薩所證；一切種智是佛所證。《摩訶般若波羅蜜經》卷二十一「三慧品」第七十說道：「須菩提言：佛說一切智、說道種智、說一切種智，是三智有何差別？佛告須菩提：薩婆若是一切聲聞、辟支佛智；道種智是菩薩摩訶薩智；一切種智是諸佛智」[122]。三智既然是不同果位所證，若依世諦分別，則其內容當有不同。

（一）通達法性的一切智

梵語 sarvajñana 音譯為薩婆若、薩雲若、薩云然等，意譯為一切智。對一切智，我們在本章第一節「般若波羅蜜的詞義辯析」中已略做過討論，此處將在前面討論結果的基礎上做進一步的探究。前面我們所得到的結論是：一切智是人我本際的覺性，行者在依般若波羅蜜之力而與此智相應後，即隨入不可思議的空性所顯的第一義境中，自有漏界解脫，並於一切法無所障礙。一切智既然是安於法位的智慧（法住、法位），所以是空智，是掌握諸法本際性相的關鍵（法性、法相），因此一切智即為「根本智」。由此可知，眾生本際一方面是體性為「空」（本寂）；一方面又具一切智（本覺），所以是「本寂」與「本覺」兼具。對此，《摩訶般若波羅蜜經》卷十「法稱品」第三十七的一段話：「一切智，法相、法住、法位、法性、實際、不可思議性」[123]，可用作「本寂」的註腳；卷十八「夢誓品」第六十一的經句：「若菩薩摩訶薩如是知一切法性自離、一切法性自空，非聲聞、辟支佛作，亦非佛作，

---

122 《摩訶般若波羅蜜經》。《大正藏》第 8 冊，頁 375 中。
123 同上書，頁 292 上。

諸法相常住、法相、法住、法位、如、實際，是名菩薩行般若波
羅蜜不離薩婆若念」[124]，於此，該經指出，若菩薩知曉諸法常住、
性空，即爲「行般若波羅蜜不離薩婆若念」，清楚地傳達了一切智
擁有本具的覺知能力，於是此段經文可視爲該經對一切智（即「本
覺」）立場的表達。

　　一切智既然是本寂，即是安於法位不動，於第一義中是不來
不去，因而具備覺知諸法在第一義中「空」的性相的智力，卻不
具備覺知緣生於虛妄憶想分別的各式有爲諸法的智力。能夠在三
界六道世間與諸佛刹土，了知由種種不同心想所緣生諸法的各式
行類、相貌是一切種智的範疇。因爲這樣的原因，龍樹曾在《大
智度論》中說一切智是「總相」，而道種智、一切種智是「別相」。
《大智度論》卷二十七「釋初品大慈大悲義」第四十二說：

　　問曰：一切智、一切種智有何差別？答曰：有人言無差別，
　　或時言一切智、或時言一切種智；有人言總相是一切智、
　　別相是一切種智……一切智者，總破一切法中無明闇、一
　　切種智者，觀種種法門破諸無明；一切智譬如說四諦、一
　　切種智譬如說四諦義；一切智者，如說苦諦、一切種智者，
　　如說八苦相；一切智者，如說生苦、一切種智者，如說種
　　種眾生處處受生。復次，一切法名眼色乃至意法，是諸阿
　　羅漢、辟支佛亦能總相知無常、苦、空、無我等。知是十
　　二入故，名爲一切智。聲聞、辟支佛尚不能盡別相知一眾
　　生生處好、醜、事業多少，未來、現在世亦如是。何況一
　　切眾生如一閻浮提中金名字，尚不能知。何況三千大千世
　　界於一物中，種種名字，若天語、若龍語，如是等種種語

---

124 《摩訶般若波羅蜜經》。《大正藏》第 8 冊，頁 355 上。

言名金尚不能知，何況能知金因緣生處、好惡、貴賤；因
而得福、因而得罪、因而得道，如是現事尚不能知，何況
心心數法，所謂禪定、智慧等諸法。佛盡知諸法總相、別
相故，名為一切種智。[125]

　　總相是指由共通的性相所呈現出的整體樣貌；別相是組成全
體的一一法，各法有其不同的相貌與狀態。例如「金獅子」，其外
貌所呈現的「金色的獅子相」是總相，金色及其身體各部是別相。
故而能夠掌握諸法性空的共通原則，認知諸法空相的一切智，即
為總相。但既是總相，即是表述某一法的全體或原則，而不是表
述組成該法個別元素的特質與細節，所以總相不具備描述各個構
成元素細節的功能。這也就是說一切智雖能了知諸法的根本空
相，卻不具備通達各法在各個世間的行類相貌的能力。以這樣的
道理，《大智度論》說「一切智譬如畫燈，但有燈名無有燈用」[126]。
這也是為何《摩訶般若波羅蜜經》中說聲聞辟支佛雖證得一切智，
卻不能用一切道，成就一切種智的原因：「須菩提白佛言：世尊！
何因緣故？薩婆若是聲聞、辟支佛智。佛告須菩提：一切名所謂
內外法，是聲聞、辟支佛能知，不能用一切道、一切種智」[127]。
佛陀諸大弟子中，號稱智慧第一的聲聞弟子舍利弗，曾經說過他
能知「佛總相法」，但不能知諸佛心中所念，因為諸佛心中所念無
他，盡為利益眾生的方便智慧與慈悲喜捨四無量心，這些為成就
一切種智的必要條件。舍利弗雖證漏盡得阿羅漢，但因為缺乏饒
益有情的大心和願行，所以僅能通曉諸法在第一義中的性相，卻

125 《大智度論》。《大正藏》第 25 冊，5 頁 258 下-259 上。
126 同上書，卷二十七「釋初品大慈大悲義」第四十二，頁 259 上。
127 《摩訶般若波羅蜜經》，卷二十一「三慧品」第七十。《大正藏》第 8 冊，
　　頁 375 中-下。

不能通達諸佛心繫眾生，依於一切種智而行的種種功用事。《長阿含經》卷十二：「舍利弗白佛言：我於過去、未來、現在諸佛心中所念，我不能知，佛總相法我則能知」[128]。

雖說一切智是聲聞、辟支佛的智慧，但並不表示諸佛、菩薩沒有此智，只是諸佛、菩薩為了利益眾生的緣故，不安住此智而不動不出，因此才產生菩薩與佛為了饒益有情而成就的道種智與一切種智。《現觀莊嚴論》在對諸佛、菩薩一切智相的描述中，對此有非常明白的闡述：「智不住諸有，悲不住涅槃」[129]，一切智是相應性空的覺性，所以是「不住諸有」；諸佛菩薩雖有能力入涅槃，但是由於對於眾生的悲憫，卻是能入而不住，反而積極地入各種世間度生，因此是「悲不住涅槃」。正是在一切智覺知第一空義的基礎上，菩薩才能在第一義中學習各道眾生的狀況以通達道種智，乃至最後得以成就對一切法的本末無不了然的一切種智。

（二）度生後得的道種智與一切種智

一切種智與道種智是行者發大悲心為利益一切眾生行菩薩道，在通過長遠時間修習菩薩道的過程中，於了知諸法性相皆空之後，在一切智的基礎上學習一切度生法後所成就。菩薩從實際面對眾生的種種事行中，由逐漸地了知各道眾生的基本特質到對各道中種種現象與各種生命形式一切根性意欲的了然，乃至最終具備對一切法性、相細部的瞭解，即是道種智與一切種智的修證結果。因此相對於通達諸法實際性、相的一切智來說，立於一切智的基礎之上，因長時度生而逐漸圓滿具足的道種智與一切種

---

128 《長阿含經》（後秦・佛陀耶舍共竺佛念譯），卷十二「佛說長阿含第二分自歡喜經」第十四。《大正藏》第 1 冊，頁 76 下。

129 李利安主編。《彌勒五論》，頁 7-8。

智,是菩薩在三界六道度生後所增加的能力,不是本自具足,所以被稱爲「後得智」,即「始覺」之義。以下將針對這二種智慧進行詳細的探究。

1、菩薩的道種智

道種智是菩薩的智慧,根據《摩訶般若波羅蜜經》所載,是指了知各道狀態的智慧:「須菩提言:世尊!何因緣故道種智是諸菩薩摩訶薩智?佛告須菩提:一切道菩薩摩訶薩應知,若聲聞道、辟支佛道、菩薩道應具足知」[130]。一切道除了出世間的聲聞道、辟支佛道、菩薩道之外,還包含世間的三界六道。各道是由某種共通的心想特質彙聚而成,這種特質呈現出該道眾生的特色。菩薩了知各道的特質,才能隨該道眾生所願,給予所需,利益他們。例如具有以世間爲苦、空、無常、無我而厭離世間這種心理的人,彙聚一起即成聲聞道(其它各道的成立均類此例),菩薩要能善知具有這種心理的人們內心的思惟邏輯,才能隨順他們的思考,給予他們可以接受的的教導,苦、集、滅、道的聲聞道法教就是緣生於這種因緣。《摩訶般若波羅蜜經》卷二十二「遍學品」第七十四對此有詳細的說明:

> 所謂地獄眾生,地獄道、地獄因、地獄果,應知應障。畜生餓鬼道、畜生餓鬼因、畜生餓鬼果,應知應障。諸龍、鬼神、揵(幹)闥婆、緊陀(那)羅、摩睺羅伽、阿修羅道因果,應知應障。人道因果應知。諸天道因果應知,四天王天、三十三天、夜摩天、兜率陀天、化樂天、他化自在天、梵天、光音天、遍淨天、廣果天、無想天、阿婆羅呵天、無熱天、易見天、憙見天、阿迦尼吒天道因果應知。

---

130 《摩訶般若波羅蜜經》,卷二十一「三慧品」。《大正藏》第 8 冊,頁 375 下。

無邊虛空處、無邊識處、無所有處、非有想非無想處道因
果應知。四念處、四正勤、四如意足、五根、五力、七覺
分、八聖道分因果應知。空解脫門、無相解脫門、無作解
脫門、佛十力、四無所畏、四無礙智、十八不共法、大慈
大悲因果應知。菩薩以是道令眾生入須陀洹道，乃至阿羅
漢、辟支佛道，乃至阿耨多羅三藐三菩提道……是名菩薩
摩訶薩淨道種智。菩薩學是道種智已，入眾生深心相。入
已，隨眾生心，如應說法，所言不虛。何以故？是菩薩摩
訶薩善知眾生根相，知一切眾生心心數法生死所趣。[131]

此段引文清楚地指出，道種智是由了知各道眾生的因（即某類眾
生共通的心想特質）果（某類眾生共通的心想特質彙聚而成的正
報與依報世間），而獲得利益他們方法的智慧。菩薩從一道開始學
習，由了知該道眾生共通的心想特質，到對該道眾生身心世界與
需求的完整了然，乃至逐漸具足對各道眾生的身心世界與需求的
瞭解，直至達到對一切眾生的身心世界全面而立體地認識，成就
一切種智，完成菩薩道的學習，契入佛果。由是，道種智是菩薩
在取向至一切種智途中行菩薩道所必要修習以及成就的，是成就
佛位之一切種智的基礎，《摩訶般若波羅蜜經》所說「菩薩摩訶薩
應先具足學一切道，道智具足已，應分別知眾生深心」[132]，就是
這個意思。故而，菩薩道只是作為通往佛道的路途，此時一切度
生善法仍在學習當中，尚未成就，菩薩道仍未圓滿，因此不能於
菩薩道取證，否則將中途而廢，而不得契入佛果、證得一切種智、
成就一切善法。《摩訶般若波羅蜜經》卷二十一「三慧品」說：

　　須菩提言：世尊！何因緣故道種智是諸菩薩摩訶薩智？佛

131 《摩訶般若波羅蜜經》。《大正藏》第 8 冊，頁 381 下-382 上。
132 同上書，卷二十二「遍學品」第七十四。《大正藏》第 8 冊，頁 381 下。

> 告須菩提：一切道菩薩摩訶薩應知，若聲聞道、辟支佛道、
> 菩薩道應具足知，亦應用是道度眾生，亦不作實際證。須
> 菩提白佛言：世尊！如佛說菩薩摩訶薩應具足佛道，不應
> 以是道實際作證耶？佛告須菩提：是菩薩未淨佛土、未成
> 就眾生，是時不應實際作證。[133]

　　學習各道利生的道種智，是從初地開始至十地為止，菩薩於
其間漸漸地透過六波羅蜜在世間的實際施行，逐漸地相應以般若
波羅蜜為尊導、念念不離薩婆若心的方式，施行各種的度生方法，
以期能漸漸地掌握在第一義中度生而不為世法所縛的要領。《摩訶
般若波羅蜜經》卷十「法稱品」第三十七中對於般若波羅蜜「知
一切眾生心，又能不著一切法」空有相即的智用有清楚的描述：

> 菩薩摩訶薩行般若波羅蜜，知一切眾生心，亦不得眾生乃
> 至知者、見者，亦不得是菩薩、不得色、不得受想行識、
> 不得眼乃至意、不得色乃至法、不得眼觸因緣生受乃至意
> 觸因緣生受、不得四念處乃至十八不共法、不得阿耨多羅
> 三藐三菩提、不得諸佛法、不得佛。何以故？般若波羅蜜
> 不為得法故出。何以故？般若波羅蜜性無所有、不可得，
> 所用法不可得、處亦不可得。[134]

　　至此我們知道，在菩薩發菩提心而開始學習上求佛道、下化
眾生的道路中，因為菩薩要實際地在眾生世間中學習各種的度生
方法，所以必須首先要依般若波羅蜜建立對各種眾生世界中諸法
性相的正確認識。這也就是說，一則要了知眾生界的諸法是虛妄
憶想的產物，是由於著名、著相的緣故才以假為真，虛妄憶想所
生而被執以為實的諸法，因此只是虛妄的假有；二則要了知諸法

---

133 《摩訶般若波羅蜜經》。《大正藏》第 8 冊，頁 375 中-下。
134 同上書，頁 292 下。

的體姓是空性。菩薩達成這樣的認知之後,才能在面對各種惡境界時而不懼、各種善境界時而不著,因而能夠順利地在菩薩道上精進前行而不退。除了以世間諸法爲「性空」、「假有」的角度去認識諸法之外,菩薩同時還要在「性空」、「假有」的前提上,修習「實相觀」,或名「中觀」,以使世間「諸法如幻」逐漸成爲現行。「實相觀」的訓練而可使菩薩在面對度生的各種景況時,能夠一方面觀見諸法在不同世間隨眾生心想所顯的各種相狀,一方面又如實了知諸法的根本空相,終而能在性相無礙的情況下,以慈悲心與空智貫徹一切度生善法的學習。這種觀法以觀世諦中的「假有」的假觀或觀諸法的「無所有性」的空觀爲初觀,當「假有」不再被執以爲實之後,加上空觀的基礎,或是在掌握諸法性空之後,由空境觀照諸法,皆能引導行者觀得諸法如幻的呈現,而成正觀。由此可見,「空觀」、「假觀」、「實相觀」是養成道種智的基礎觀行之法。

2、佛的一切種智

「一切種智」的梵語爲 sarvathā-jñāna,本義爲對世間諸法的各種行類皆了然的智慧。其中 sarvathā 意即一切種、諸相、諸相本、各方面;jñāna 是指知識或是智慧,尤指對宗教或哲學層面之真理了然的智慧。連結 sarvathā 與 jñāna 即得「一切種智」或「一切相智」之義。一切種智是佛在一切智與道種智的基礎上所證的智慧,所以同時具足了對諸法本際性相皆「空」,又不斷滅而「不空」的二個層面的了達。《摩訶般若波羅蜜經》卷二十一「三慧品」第七十很清楚的說道:「須菩提言:世尊!云何爲一切種智相?佛言:一相故名一切種智,所謂一切法寂滅相。復次!諸法行類、相貌、名字、顯示、說,佛如實知,以是故名一切種智」[135]。引

---

135 《摩訶般若波羅蜜經》。《大正藏》第 8 冊,頁 375 下。

文中所說的一切法寂滅相即是諸法「自性涅槃」的體性所呈現的「空相」，是諸法普具的「空」面；諸法的行類、相貌、名字、顯示、說，是諸法空相隨各種眾生心想所做的種種呈現，此爲諸法所以「不空」的一個層面。另一個層面則是，諸法雖是眾生由虛妄分別所現，但以法性常住不滅而言，諸法本際的性相並非是「無」，因此而成「不空」。此外，由於每一種法相的呈現均是表述某一種根識的境界，因此森羅萬象各自有別而成爲「別相」。於是「佛盡知諸法總相、別相故，名爲一切種智」[136]。由此看來，一切種智是盡知一切法相的智慧（「一切種智」是羅什的譯語，玄奘在《大般若經》第二會中則將之譯爲「一切相智」），比只粗略瞭解各道正報與依報世間基本性質的道種智更爲地細膩與深邃。《摩訶般若波羅蜜經》卷二十二「遍學品」第七十四曾說道：「菩薩學是道種智已，入眾生深心相，入已，隨眾生心，如應說法，所言不虛。何以故？是菩薩摩訶薩善知眾生根相，知一切眾生心心數法生死所趣」[137]，該經在此表示，菩薩完成道種智的修習之後，即能善入眾生的各種心相，了知一切眾生的心心數法及生死所趣，而且因爲各種世間是透過一切眾生的心心數法而成立，所以「知一切眾生的心心數法生死所趣」，即顯示對眾生世間諸法的行類、相貌、名字、顯示、說，皆能完全地了然，因而能夠「隨眾生心如應說法，所言不虛」，完成位於道種智之後的一切種智的修習。

一切種智除了能知諸法「空」與「不空」種種法相的呈現之外，也攝有斷盡一切煩惱與煩惱習的智力與功能。《摩訶般若波羅蜜經》卷二十一「三慧品」第七十有相關的陳述：

---

136 《大智度論》，卷二十七「釋初品大慈大悲義」第四十二。《大正藏》第 25 冊，頁 259 上。

137 《摩訶般若波羅蜜經》。《大正藏》第 8 冊，頁 382 上。

> 須菩提白佛言：世尊！一切智、道種智、一切種智，是三
> 智結斷有差別、有盡、有餘不？佛言：煩惱斷無差別，諸
> 佛煩惱習一切悉斷。聲聞、辟支佛煩惱習不悉斷……佛告
> 須菩提：習非煩惱，是聲聞、辟支佛身口有似淫欲、瞋恚、
> 愚癡相，凡夫愚人為之得罪，是三毒習諸佛無有[138]，

在此，《摩訶般若波羅蜜經》清楚地指出一切智、道種智、一切種
智皆能斷煩惱，但只有一切種智可斷煩惱習。煩惱是指眾生因為
虛妄憶想分別，產生對塵境的錯誤認知，由此招致苦、樂等受，
而使精神發生貪、瞋、癡、慢、疑等之惱、亂、煩、惑、汙的覺
受狀態。煩惱習又稱餘習、習氣、殘氣等，是由數數現起的煩惱
所熏成的餘習。由於經過長時熏習，因此即使煩惱盡滅，其所餘
的氣分、習慣或習性依然會殘存在我們的身、口、意行為中，於
是外在就顯現類似的煩惱相，但因為精神並沒有惱、亂、煩、惑、
汙等覺受，所以不是煩惱，而是一種慣性的作用，這種狀況就像
紫砂茶壺經過長期的泡茶之後，茶香已滲進紫沙之內，因此即使
不泡茶時，近聞茶壺，亦可聞到茶香的情況一樣。《大智度論》卷
二十七「釋初品大慈大悲義」第四十二中對煩惱與煩惱習也有清
楚的闡釋：「煩惱名略說則三毒，廣說則三界九十八使是名煩惱。
煩惱習名煩惱殘氣，若身業、口業不隨智慧，似從煩惱起」[139]。

　　既然一切智、道種智、一切種智三者都為空性所顯的無為法
界所攝，屬空智，為何僅有一切種智可斷煩惱習？這是因為識的
還滅與智的獲得乃至成佛需經長遠劫的修習，在漫漫的路程中，
行者經由十波羅蜜戒一切惡法、修一切善法，使惡念不復留存，
同時並經由善法的熏習，使煩惱習的氣分盡皆消散，取而代之的

---

138 《摩訶般若波羅蜜經》。《大正藏》第 8 冊，頁 376 上。

139 《大智度論》。《大正藏》第 25 冊，頁 260 下。

則是由善法熏習而成清淨而莊嚴的身、口、意行,《大智度論》卷八十四「釋三慧品」七十之餘對此曾舉了幾個例子說明:

> 一婆羅門惡口,一時以五百事罵佛,佛無慍色,婆羅門心乃歡喜。即復一時以五百善事讚歎於佛,佛亦無喜色,當知佛煩惱習氣盡故,好、惡無異。又復佛初得道,實功德中出好名聲充滿十方,唯佛自知。而孫陀梨梵志女殺身謗佛,惡名流布,佛於此二事心無有異,亦不憂喜。又入婆羅門聚落中空鉢而出,天人種種供養。又復三月食馬麥,釋提桓因恭敬以天食供養。阿羅婆伽林中棘刺寒風,佛在中宿。又於歡喜園中在天白寶石上柔濡滑澤,又敷天臥具,於此好惡事中心無憂喜。又提婆達瞋心以石堆佛,羅睺羅敬心合手禮佛,於此二人,其心平等如愛兩眼。如是等種種幹亂無有異想,譬如真金燒磨鍛截其色不變,佛經此眾事心無增減,是故可知諸佛愛、恚等諸煩惱習氣都盡。[140]

由此可知,佛心如虛空,沒有絲毫貪、瞋、癡、慢、疑等煩惱習的留存,所以面對一般人所謂的善、惡境界均可不動,才能平等視眾生。然而像聲聞乘,一方面經由須陀洹修成阿羅漢最多只需七世,善法熏習的時間不夠,再一方面聲聞乘因為懼怕生死的流轉,所以以斷滅對世間的意願、進入涅槃為修行的目的,不行六波羅蜜,也因此於一切善法不能成就,所以煩惱習無法盡斷。《大智度論》對此的說明是:

> 聲聞、辟支佛集諸功德智能不久,或一世、二世、三世。佛智慧功德,於無量阿僧祇劫,廣修、廣習善法久熏故,於煩惱習無復餘氣。復次!佛於一切諸功德,皆已攝盡故,乃

> 至諸煩惱習氣永盡無餘。何以故？諸善法功德消諸煩惱故，
>
> 諸阿羅漢於此功德不盡得故，但斷世間愛，直入涅槃。[141]。

至於菩薩因為尚在上求佛道、下化眾生修一切善法的路程中，十波羅蜜沒有圓滿，因此依然有煩惱習的留存，還不能盡皆轉換為清淨莊嚴的諸佛福智大行。

從以上的討論可知，一切智的性質是本寂與本覺兼具，而道種智、一切種智則是在薩婆若心的基礎上習應一切善法（或六波羅蜜）而成就，所以是始覺，其底蘊即為一切智。可見本寂、本覺、始覺關係緊密，三者和合說明了佛「一切智智」的性質。此外，一切智因是人我本際不動不出性空的智慧，可由空觀趣入；道種智與一切種智是度生後所增得的智力，建立在對諸法性相正確認識的基礎上，除了空觀，尚須輔以「即相」的智慧，即假觀和諸法實相觀或中觀，才得成就。三種觀法俱是依據三諦的知見而得建立，這種經由諸法性相正確的見解與觀行的方法所養成的智慧即是般若波羅蜜。由此看來，通達諸法性相的實際與如幻顯現的般若波羅蜜是養成三智的必要智慧，因此由般若波羅蜜所體現的三諦與三觀是《摩訶般若波羅蜜經》的基礎核心思想。三諦與依因三諦而有的三觀，以及經由三觀所得的三智，串起了整部《摩訶般若波羅蜜經》的思想脈絡，循此脈絡，再探廣袤無垠的般若經海，就不致淹沒在其冗長繁複的文句之中，而得以飽嚐般若波羅蜜的法味。

二、佛　身

對佛身問題的探討，起自佛滅後，至部派佛教時代討論的更

---

141 《大智度論》，卷二十七「釋初品大慈大悲義」第四十二。《大正藏》第 25 冊，頁 261 上-中。

爲廣泛，及至大乘佛教興起，成佛成爲大乘修行者的終極目標，對佛地相關思想的探討更爲地積極。作爲代表早期大乘思想，且又積極宣揚菩薩道相關思想的《摩訶般若波羅蜜經》，自然對於組成佛地觀因素之一的佛身思想，也不可避免地會作出說明。

　　原始佛教與部派佛教都是贊成由生身、法身所組成的佛身觀。到了大乘佛教時期，初期所出的般若思想中，佛身觀的內容，則主要指由法身、報身、化身所成的三身觀，而否定將血肉生身亦視爲佛身的一種。如《摩訶般若波羅蜜經》即曾說道：「善男子！若有人分別諸佛有來有去，當知是人皆是愚夫……諸佛不可以色身見」[142]。於此，該經對於將具有三十二相八十種好有來有去、有生有滅的色身，視爲佛身，是持否定的態度，而且直指具有這樣認知的人是愚夫。由此可見，該經並不贊成將父母生身納入佛身的概念中。該經所認爲的佛的真身主要是指「法身」，經中對法身描述直接相關的經句不多，而且主要集中在卷二十七的「法尚品」。「法尚品」是第八十九品，是經中正文要結束的最後一品，最後一品第九十品是囑累品，是佛陀囑託弟子阿難要將般若波羅蜜續傳下去，不要成爲般若波羅蜜斷種之人，已非經文的正分。所以在正分的最後一品「法尚品」中交代佛身的意義作爲正文結束的最後法教，也是相當的適當與合理。「法尚品」中與佛身相關的經句有：「善男子！諸佛不可以色身見，諸佛法身無來無去，諸佛來處去處亦如是」[143]。於此，該經以爲佛的物質色身不是佛的真身，佛的真身是法身。法身不是從虛妄憶想分別的識知而來，而是佛在菩薩位時，依於般若波羅蜜之力，破除了虛妄憶想分別

142　《摩訶般若波羅蜜經》，卷二十七「法尚品」第八十九。《大正藏》第 8 冊，頁 421 下。
143　同上書，頁 421 下。

而深了諸法的無自性性,現觀空性,相應根本的一切智,與修得一切種智之後而得。所以佛的法身是以「空性」爲內涵,或說佛身的體性是「空性」,在此層面上,佛法身即名爲自性身、法性身。這樣看來,以空性爲內容的佛法身,由於「空性」是諸佛與眾生平等共有,又爲本具之理,因此亦可名爲「理身」。佛身既以「空」爲內涵,也因此諸佛的法身與諸佛的來處、去處即是具有法住、法位、無來無去的特質。

「法尙品」另有一段話與佛身相關:

> 善男子!諸佛身亦如是,從無量功德因緣生,不從一因一緣一功德生,亦不無因緣有,眾緣和合故有,諸佛身不獨從一事成。來無所從、去無所至。善男子!應當如是知諸佛來相、去相。善男子!亦當知一切法無來去相。汝若知諸佛及諸法無來無去、無生無滅相,必得阿耨多羅三藐三菩提,亦能行般若波羅蜜及方便力。[144]

這段話說明佛法身不僅是具有「來無所從、去無所至」性空的自性身,而且還是從無量的功德中所生。這裏所謂的「功德」,是指佛在行菩薩道的過程中,長時間地爲利益眾生,所修得的一切世間與出世間的善法所累積的善行修功。此「功德」蘊含了菩薩廣大的慈悲心願與度生的智慧,因而內聚廣大的勢能,即「功德力」。因爲功德力的內容是慈悲心與度生的智慧,所以緣起於一切種智,《摩訶般若波羅蜜經》卷十「法稱品」第三十七即曾清楚的說道:「一切種智是諸功德力」[145]。從此可知,佛的法身不獨具有自性身的成分,亦具有了知諸法的行類、相貌、名字、顯示、說等由一切種智的功德力所成的功德身。功德身因爲緣起於一切種

---

144 《摩訶般若波羅蜜經》。《大正藏》第 8 冊,頁 422 上。
145 同上書,頁 292 上。

智，內含「智」的成分，所以又可稱之爲「智身」。

　　功德身既是由佛行菩薩道時長久累積的無量福慧資糧所成，因此成佛後，此功德身即有廣大的功德力可以形成三十二相八十種好的自、他受用圓滿色身（即報身），並可隨順眾生需要隨意變現化身，因此功德身即含有報身與化身的概念在內。由功德力所顯現的報身概念，《摩訶般若波羅蜜經》是這樣描述的：

> 是三十二相佛身成就，光明遍照三千大千國土，若欲廣照，則遍滿十方無量阿僧祇國土，為眾生故受丈光。若放無量光明，則無日月時節歲數。佛音聲遍滿三千大千國土，若欲大聲，則遍滿十方無量阿僧祇國土，隨眾生多少，音聲遍至。[146]

這裏所說的三十二相並非具備在佛的父母生身上，而是成於佛在因位無量願行所得的報果身上。因爲所願及所行皆是善法，所以佛所感得的報身就爲具有三十二相八十種好且沒有任何缺憾的圓滿身形。另外，報身由於是透過度生願行積聚而成的功德力所成，因此佛的報身即具有隨眾生需求而變現神通的能力，如將光明與音聲遍一切處，以使眾生皆能自其獲得利益而離苦得樂。除此之外，功德力也另具變現化身的能力，《摩訶般若波羅蜜經》在卷一「序品」第一曾經描述過佛化身的出現：

> 爾時世尊出廣長舌相，遍覆三千大千國土熙怡微笑，從其舌根放無量千萬億光，是一一光化成千葉金色寶花，是諸花上皆有化佛，結跏趺坐說六波羅蜜，眾生聞者必得阿耨多羅三藐三菩提，復至十方如恒河沙等諸佛國土皆亦如

---

146 《摩訶般若波羅蜜經》，卷二十四「四攝品」第七十八。《大正藏》第 8 冊，頁 395 下。

是。[147]

此中所言「是一一光化成千葉金色寶花，是諸花上皆有化佛」中的「化佛」即是由佛變化所成的化身，源出於度化眾生的因緣，無因無緣則此化身不會出現，《摩訶般若波羅蜜經》卷二十七「法尚品」有相關的說明：

> 諸佛身亦如是，從本業因緣果報生。生時不從十方來，滅時亦不去至十方，但諸緣合故有，諸緣離故滅。善男子！譬如箜篌聲，出時無來處，滅時無去處，眾緣和合故生。有槽、有頸、有皮、有弦、有柱、有棍，有人以手鼓之，眾緣和合而有是聲。是聲亦不從槽出、不從頸出、不從皮出、不從弦出、不從棍出、亦不從人手出，眾緣和合。爾乃有聲。是因緣離時亦無去處。善男子！諸佛身亦如是。[148]

該經在此除了表明佛身的本體是「生時不從十方來，滅時亦不去至十方」的空性身之外，另外還清楚地表示佛身會隨因緣的聚合與散滅，而顯現與消失。這種佛身明顯地是指「化身」，因為三身之中只有化身會隨因緣的轉變而生滅，該經在此並以箜篌聲為例，說明佛化身隨緣出現的性質。

至此，《摩訶般若波羅蜜經》中佛身的概念已經清楚的勾勒出來了，即佛身的實際是以法身名之，法身完整的內容包含空性與功德，表述空性的是自性身、法性身、或理身；詮釋功德的是智身或功德身。自性身由一切智所成，而智身由一切種智所成。由一切種智所成的智身或功德身，並能使佛得圓滿且具備隨意顯現神通和變現化身能力的酬報之身。於是《摩訶般若波羅蜜經》的佛身觀是由理、智二分、或寂滅力（由空性而來）與功德力所組

---

147 《摩訶般若波羅蜜經》。《大正藏》第 8 冊，頁 218 中。
148 同上書，8 頁 422 上。

成的。其中，理身含藏了法性身的概念，而智身蘊含了報身與化身的概念。這樣的佛身觀逐漸地演繹，其後的大乘佛教對佛身的詮釋雖出現多種，但其內涵基本上都不脫由摩訶般若所揭櫫的基本概念。

三、佛　土

佛土是佛為眾生提供一個清淨莊嚴、充滿善法、遠離惡法的生存與居住環境，所發願建造的理想世界，這樣的環境與因為邪見、煩惱、分別等惡法充滿的五濁惡世[149]不同，所以被稱為「淨土」。在大乘的佛教經典中或多或少的都有談到這樣的國土，其中最有名、流傳最廣的當屬阿彌陀佛發願建成的極樂世界。後來因為中國淨土宗的廣傳，阿彌陀佛攝受眾生，往生極樂世界的廣大悲願被極度的宣揚，結果雖然造成淨土思想的廣傳，但卻反而因為太強調佛救拔力量的部分，忽略了對修行者自身亦可透過菩薩道的修行，在福智具足之後達成淨土的建構，這一部份法教的闡揚，經典中的淨土思想因而並沒有全面地被展現出來。以「往生淨土」而言，這只是諸佛、菩薩提供往生者一個沒有煩惱與生死流轉的地方，使他們能在一個清淨的國土，不受干擾地繼續學習佛教的各種法教乃至嚴淨佛土、成就佛果。「往生淨土」並不是究竟的成就，只具有方便性的意義，並不是大乘佛教行者所要追尋的終極目標。

《摩訶般若波羅蜜經》這部重要的般若經典，主要內容是闡

---

149 五濁惡世系指劫濁、見濁、煩惱濁、眾生濁、命濁等五濁充斥的濁惡之世。此時眾生垢重、煩惱與邪見熾盛，成就諸不善根，因此人壽短促，苦多而樂少。

揚菩薩如何以般若波羅蜜完成菩薩道的修行過程，菩薩道起自發
菩提心，至完成佛的一切種智的修習爲止，因此不可免除地必須
談到菩薩道修習的最後階段：嚴淨佛土及其相關思想。經中提到
的淨土思想，主要是菩薩爲了救拔一切眾生出離生死苦惱的緣
故，而發願建立淨土的因緣與原則。關於建立淨土的普遍性原則，
這個部份出現在《摩訶般若波羅蜜經》的卷十七第五十八的「夢
行品」以及卷二十六第八十二的「淨土品」。從這二品的內容來看，
《摩訶般若波羅蜜經》將菩薩建立佛土的過程分爲二個階段實
施：前行階段與正行階段。

第一個階段爲前行階段。菩薩成就淨佛國土的因緣，主要是：
清淨的身口意業、慈悲心、發願。菩薩透過清淨自身的身口意業
清淨自己的身心狀態，然後習行六波羅蜜，在度生的種種狀況中
淬煉並增長自己的慈悲心。於是，菩薩得以於眾生所處的種種惡
境界中，生起欲令眾生遠離惡法、增長善法，全然離苦得樂的慈
悲喜捨四無量心。於此同時，菩薩除了教授他人清淨自身身心狀
態的各種方法，以及增益善法的六波羅蜜法之外，還開始醞釀爲
眾生提供一個純然善法的居住世界。在這個世界中，不只環境美
好，眾生的色身亦是遠離諸苦，眾生因而得以在身心無諸苦惱的
狀態中，毫無干擾地修持各種的佛法，乃至成就阿耨多羅三藐三
菩提。對於菩薩見眾生苦事所生起的「拔苦予樂」的心念，經過
醞釀、增長，終至成爲成就將來淨佛國土的因緣，對此，《摩訶般
若波羅蜜經》卷十七的「夢行品」有很深刻的描述。由於這個部
份在夢行品中所占篇幅頗多，我們將其相關部份摘出[150]，並以表
列呈現（表六），以方便理解。

---

150 《摩訶般若波羅蜜經》。《大正藏》第 8 冊，頁 347 中-349 中。

表六　淨佛國土的心願

編號	發心的時間	所見惡事	因應的心願
1	行布施波羅蜜時	見眾生饑寒凍餓、衣服弊壞。	誓願將來成佛時，國土中眾生的衣服、飲食資生之具如欲界各天。
2	行持戒波羅蜜時	見眾生殺生乃至邪見、短命、多病、顏色不好、無有威德、貧乏財物、生下賤家、形殘醜陋。	誓願將來成佛時，國土中無如是事。
3	行忍辱波羅蜜時	見諸眾生互相瞋恚、罵詈、刀杖、瓦石共相殘害奪命。	誓願將來成佛時，國土中無如是事，眾生相視如父如母、如兄、如弟、如姊妹、如善知識，皆行慈悲。
4	行精進波羅蜜時	見眾生懈怠不勤精進，棄捨三乘：聲聞、辟支佛、佛乘。	誓願將來成佛時，國土中無如是事，一切眾生勤修精進，於三乘道各得度脫。
5	行禪定波羅蜜時	見眾生為五蓋所覆：淫欲、瞋恚、睡眠、調悔、疑。失於初禪乃至第四禪；失慈悲喜捨、虛空處、識處、無所有處、非有想非無想處。	誓願將來成佛時，國土中無如是事。
6	行智慧波羅蜜時	見眾生愚癡失世間、出世間正見。或說無業無業因緣、或說神常、或說斷滅、或說無所有。	誓願將來成佛時，國土中無如是事。
7	行六波羅蜜時	見眾生住於三聚：一者必正聚、二者必邪聚、三者不定聚。	誓願將來成佛時，國土中無邪聚乃至無其名。
8	行六波羅蜜時	見地獄中眾生、畜生餓鬼中眾生。	誓願將來成佛時，國土中無三惡道名。
9	行六波羅蜜時	見大地株杌、荊棘、山陵、溝坑穢惡之處。	誓願將來成佛時，國土中無如是惡，地平如掌。
10	行六波羅蜜時	見大地純土，無有金銀珍寶。	誓願將來成佛時，國土中以黃金沙布地。

11	行六波羅蜜時	見眾生有所戀著。	誓願將來成佛時，國土中眾生無所戀著。
12	行六波羅蜜時	見四姓眾生剎帝利、婆羅門、毘舍、首陀羅。	誓願將來成佛時，國土中眾生無四姓之名。
13	行六波羅蜜時	見眾生有下中上、下中上家。	誓願將來成佛時，國土中眾生無如是優劣。
14	行六波羅蜜時	見眾生種種別異色。	誓願將來成佛時，國土中眾生無種種別異色，一切眾生皆端正淨潔，妙色成就。
15	行六波羅蜜時	見眾生有主。	誓願將來成佛時，國土中眾生無有主名乃至無其形像，除佛法王。
16	行六波羅蜜時	見眾生有六道別異。	誓願將來成佛時，國土中眾生無六道之名，是地獄、是畜生、是餓鬼、是神、是天、是人，一切眾生皆同一業，修四念處乃至八聖道分。
17	行六波羅蜜時	見眾生有四生：卵生、胎生、濕生、化生。	誓願將來成佛時，國土中眾生無三種生等一化生。
18	行六波羅蜜時	見眾生無五神通。	誓願將來成佛時，國土中眾生一切皆得五通乃至疾近一切種智。
19	行六波羅蜜時	見眾生有大小便患。	誓願將來成佛時，國土中眾生皆以歡喜為食，無有便利之患。
20	行六波羅蜜時	見眾生無有光明。	誓願將來成佛時，國土中眾生皆有光明。
21	行六波羅蜜時	見有日月、時節、歲數。	誓願將來成佛時，國土中無有日月、時節、歲數之名。
22	行六波羅蜜時	見眾生短命。	誓願將來成佛時，國土中眾生壽命無量劫。
23	行六波羅蜜時	見眾生無有相好。	誓願將來成佛時，國土中眾生皆有三十二相成就。
24	行六波羅蜜時	見眾生離諸善根。	誓願將來成佛時，國土中眾生諸善根成就，以是善根故，能供養諸佛。
25	行六波羅蜜時	見眾生有三毒四病。	誓願將來成佛時，國土中眾生無四種病、冷熱風病、三種雜病及三毒病。

26	行六波羅蜜時	見眾生有三乘。	誓願將來成佛時，國土中眾生無二乘之名純一大乘。
27	行六波羅蜜時	見眾生有增上慢。	誓願將來成佛時，國土中眾生無增上慢之名。
28	行六波羅蜜時	見己身光明壽命有量、僧數有限。	誓願將來成佛時，令我光明壽命無量、僧數無限。
29	行六波羅蜜時	見己身國土有量	誓願將來成佛時，令我一國土如恒河沙等諸佛國土。

　　以上二十九項均是菩薩因為見到眾生的種種苦難，所發願欲在將來成佛時必要成就的「拔苦予樂」的心願。第二十八、九兩項，雖然乍看起來好像與「拔苦予樂」沒有關係，但若根據大乘精神仔細地推敲，則可知菩薩希望將來成佛時，光明壽命無量、僧數無限，是欲服務眾生的時間可以到無限；希望自身的國土如恒河沙等諸佛國土，是欲自己可以有無限量的清淨國土，以提供無量有緣的眾生美好的生活與修行的環境。由此看來，第二十八、九兩項的心願，亦是菩薩在「拔苦予樂」的基礎上，基於大慈悲心所衍生出來的兩項誓願，通過此二項誓願，菩薩慈悲喜捨無邊的心量也獲得完滿的體現。

　　菩薩若欲成就以上的心願，則須將所行的福德與功德迴向一切的眾生與淨佛國土，因為迴向不僅具有轉相、布施的含意，也蘊含憶念與持續發願的意思。由是菩薩透過不斷地將度生的福德迴向給眾生，然後再將施行的功德迴向淨佛國土的行為，使心念得以不斷地加強，乃至終而匯聚成為一股龐大的心力，使在福智功德圓滿之際，即得以依之成就清淨而莊嚴的佛土，提供有緣眾生的安住。這就像一個人有心為家人建造一處理想的家園一樣，於是開始存錢，並做種種的準備。在此過程中，這個人天天想的都是如何把理想的家園完成，所做的一切是都是為了建造家園以妥善安置家人的目的，當有一天因緣具足之後，理想家園就可以

馬上依照計畫建造起來。《摩訶般若波羅蜜經》中有相關的說明：

> 須菩提白佛言：世尊！云何菩薩摩訶薩淨佛國土？佛言：
> 有菩薩從初發意以來自除身麁業、除口麁業、除意麁業，
> 亦淨他人身口意麁業。世尊！何等是菩薩摩訶薩身麁業、
> 口麁業、意麁業。佛告須菩提：不善業若殺生乃至邪見是
> 名菩薩摩訶薩身口意麁業。復次，須菩提！慳貪心、破戒
> 心、瞋心、懈怠心、亂心、愚癡心是名菩薩意麁業。復次，
> 戒不淨是名菩薩身口麁業。復次，須菩提！若菩薩遠離四
> 念處行是名菩薩麁業；遠離四正勤、四如意足、五根、五
> 力、七覺分、八聖道分、空三昧、無相、無作三昧亦名菩
> 薩麁業。復次，須菩提！菩薩摩訶薩貪須陀洹果證，乃至
> 貪阿羅漢果、證辟支佛道是名菩薩摩訶薩麁業。復次，須
> 菩提！菩薩取色相、受想行識相、眼耳鼻舌身意相、色聲
> 香味觸法相、男相、女相、欲界相、色界相、無色界相、
> 善法相、不善法相、有為法相、無為法相是名菩薩麁業，
> 菩薩摩訶薩皆遠離如是麁業相。自布施亦教他人布施，須
> 食與食、須衣與衣乃至種種資生所須盡給與之，亦教他人
> 種種布施，持是福德與一切眾生共之，迴向淨佛國土故，
> 持戒、忍辱、精進、禪定、智慧亦如是。[151]

　　從上述的討論看來，於此階段中，在行者自身的身口意行為
漸漸清淨、慈悲心與度生的願力不斷增長的情況下，即使行者雖
然還不能像佛一樣具有建構一個法界淨土的能力，可是卻由於行
者利益眾生、服務社會的精勤努力，其周遭世界（包含有情世間
及器世間，亦即生命體與物質世界）的污染狀況得以改善，社會

---

151 《摩訶般若波羅蜜經》。《大正藏》第 8 冊，頁 408 中-下。

整體狀況也因此得以不斷地提昇。行者對於現世所處世界這樣積極的作為，造成其嚴淨佛土的願力與念力不斷的加強與堅固，於是這個階段的學習，也因而成為其在未來闢建法界佛土的堅實基礎。另外，這個階段的施行內容，因為與現世息息相關，是所有人，無論是否信仰佛教，都可見證到的一個物質與精神層面的昇華，因而容易為大多數的人所認同，可以改善一些人以為佛教只是消極遁世的負面想法，此也即是目前佛教大力推動人間化，以及創建「人間淨土」的背景因素之一。

　　第二個階段是正行階段，菩薩在前行階段所醞釀的一些心願，經過長時不斷的加強，以及不斷地將從度生中累積的各種福德迴向淨佛國土，菩薩即能漸漸地在己身善根、善法具足時，依之前的心願正式地構築佛土，就像極樂世界是阿彌陀佛用四十八個大願建構完成一樣。菩薩用種種的善法莊嚴佛土，以使將來成就的佛土，均能提供眾生良好的依報與正報的環境，使佛土中無有毫釐惡法，眾生於其中才能不生雜穢心，乃至國土中不但無三惡道亦無種種邪見，甚而還可助眾生成就一切善法，圓滿福德智慧因緣，直至取證阿耨多羅三藐三菩提。《摩訶般若波羅蜜經》「淨土品」中對於這個部份，有相當清楚的描述：

> 是菩薩摩訶薩或以三千大千國土滿中珍寶施與三尊，作是願言：我以善根因緣故令我國土皆以七寶成。復次，須菩提！菩薩摩訶薩以天妓樂、樂佛及塔，作是願言：以是善根因緣令我國土中常聞天樂。復次，須菩提！菩薩摩訶薩以三千大千國土滿中天香供養諸佛及諸佛塔，作是願言：以是善根因緣令我國土中常有天香。復次，須菩提！菩薩摩訶薩以百味食施佛及僧，作是願言：以是善根因緣故令我國土中眾生皆得百味食。復次，須菩提！菩薩摩訶薩以

天香細滑施佛及僧，作是願言：以是善根因緣故令我國土中一切眾生受天香細滑。復次，須菩提！菩薩摩訶薩以隨意五欲施佛及僧並一切眾生，作是願言：以是善根因緣故，令我國土中弟子及一切眾生皆得隨意五欲。是菩薩以隨意五欲共一切眾生迴向淨佛國土，作是願言：我得佛時是國土中如天五欲應心而至。復次，須菩提！菩薩摩訶薩行般若波羅蜜時，作是願言：我當自入初禪，亦教一切眾生入初禪、第二、第三、第四禪慈悲喜捨心，乃至三十七助道法亦如是。我得阿耨多羅三藐三菩提時，令一切眾生不遠離四禪，乃至不遠離三十七助道法。如是，須菩提！菩薩摩訶薩能淨佛國土。是菩薩隨爾所時，行菩薩道滿足諸願；是菩薩自成就一切善法，亦成就一切眾生善法；是菩薩受身端正，所化眾生亦得端正。所以者何？福德因緣厚故。須菩提！菩薩摩訶薩應如是淨佛國土，是國土中乃至無三惡道之名，亦無邪見三毒、二乘聲聞辟支佛之名；耳不聞有無常、苦、空之聲，亦無我所有，乃至無諸結使煩惱之名；亦無分別諸果之名。風吹七寶之樹隨所應度而出音聲，所謂空、無相、無作，如諸法實相之音。有佛、無佛，一切法相一切法相空，空中無有相，無相中則無可作，出如是法音，若晝、若夜、若坐、若臥、若立、若行常聞此法。是菩薩得阿耨多羅三藐三菩提時，十方國土中諸佛讚歎眾生聞是佛名必至阿耨多羅三藐三菩提。是佛得阿耨多羅三藐三菩提時，說法，眾生聞者無有不信而生疑言：是法、是非法。何以故？諸法實相中皆是法，無有非法。諸有薄福之人於諸佛及弟子中不種善根、不隨善知識，沒在我見中乃至沒在一切種種見中，墮在邊見若斷若常，如是人以

邪見故，非佛言佛、佛言非佛；如是人非法言法、法言非
法；如是人破法故，身壞命終墮惡道地獄中。諸佛得阿耨
多羅三藐三菩提時，見此眾生往來五道，令離邪聚，立正
定聚中更不墮惡道。如是，須菩提！菩薩摩訶薩淨佛國土
中眾生無雜穢心，若世間法若出世間法、若有漏若無漏、
若有為若無為，乃至是國土中眾生必至阿耨多羅三藐三菩
提。須菩提！是為菩薩摩訶薩淨佛國土。[152]

這段經文是佛陀對須菩提 「菩薩如何淨佛國土」的答覆，因為
不是特別闡揚某位佛或菩薩淨佛國土的大願，因而可視為建構佛
土的普遍性的內容。從上述經文的內容來看，佛土所呈現出的景
象是：

1. 以七寶成。
2. 常聞天樂。
3. 常有天香。
4. 其中眾生皆得百味食。
5. 其中眾生皆受天香細滑。
6. 天五欲隨心而致。
7. 成就眾生一切善法。
8. 受身端正。
9. 無三惡道亦無貪、瞋、癡、邪見，令眾生離邪聚、立正
   定聚中，不墮惡道。
10. 無聲聞、辟支佛。
11. 不聞無常、苦、空之聲，只聞諸法實相之音。
12. 其中眾生必至阿耨多羅三藐三菩提。

---

152 《摩訶般若波羅蜜經》，《大正藏》，卷 8 頁 408 下-409 中。

　　若將這十二項與第一階段的二十九項相對照則可發現，除了第二十八與二十九項菩薩自己對佛身與佛土的願望外，二者基本相同，請參照下列對照表（表七）。

表七 「夢行品」與「淨土品」在淨佛國土相關描述的對照

編號（12）	佛土的景象	編號（29）	所見惡事	因應的心願
1	以七寶成	10	見大地純土，無有金銀珍寶。	誓願將來成佛時，國土中以黃金沙布地。
2	常聞天樂。	1	見眾生饑寒凍餓、衣服弊壞。	誓願將來成佛時，國土中眾生的衣服、飲食資生之具如欲界各天。
3	常有天香。			
4	眾生皆得百味食。			
5	眾生皆受天香細滑。			
6	天五欲隨心而致。			
7	成就眾生一切善法。	2	見眾生殺生乃至邪見、短命、多病、顏色不好、無有威德、貧乏財物、生下賤家、形殘醜陋。	誓願將來成佛時，國土中無如是事。
		3	見諸眾生互相瞋恚、罵詈、刀杖、瓦石共相殘害奪命。	誓願將來成佛時，國土中無如是事，眾生相視如父如母、如兄、如弟、如姊妹、如善知識，皆行慈悲。
		4	見眾生懈怠不勤精進，棄捨三乘：聲聞、辟支佛、佛乘。	誓願將來成佛時，國土中無如是事，一切眾生勤修精進，於三乘道各得度脫。
		5	見眾生為五蓋所覆：淫欲、瞋恚、睡眠、調悔、疑。失於初禪乃至第四禪；失慈悲喜捨、虛空處、識處、無所有處、非有想非無想處。	誓願將來成佛時，國土中無如是事。

		9	見大地株杌、荊棘、山陵、溝坑穢惡之處。	誓願將來成佛時,國土中無如是惡,地平如掌。
		11	見眾生有所戀著。	誓願將來成佛時,國土中眾生無所戀著。
		12	見四姓眾生剎帝利、婆羅門、毘舍、首陀羅。	誓願將來成佛時,國土中眾生無四姓之名。
		13	見眾生有下上中、下中上家。	誓願將來成佛時,國土中眾生無如是優劣。
		17	見眾生有四生:卵生、胎生、濕生、化生。	誓願將來成佛時,國土中眾生無三種生等一化生。
		18	見眾生無五神通。	誓願將來成佛時,國土中眾生一切皆得五通乃至疾近一切種智。
		19	見眾生有大小便患。	誓願將來成佛時,國土中眾生皆以歡喜為食,無有便利之患。
		20	見眾生無有光明。	誓願將來成佛時,國土中眾生皆有光明。
		21	見有日月、時節、歲數。	誓願將來成佛時,國土中無有日月、時節、歲數之名。
		22	見眾生短命。	誓願將來成佛時,國土中眾生壽命無量劫。
		24	見眾生離諸善根。	誓願將來成佛時,國土中眾生諸善根成就,以是善根故,能供養諸佛。
		25	見眾生有三毒四病。	誓願將來成佛時,國土中眾生無四種病、冷熱風病、三種雜病及三毒病。
		27	見眾生有增上慢。	誓願將來成佛時,國土中眾生無增上慢之名。
8	受身端正	14	見眾生種種別異色。	誓願將來成佛時,國土中眾生無種種別異色,一切眾生皆端正淨潔,妙色成就。

		23	見眾生無有相好。	誓願將來成佛時，國土中眾生皆有三十二相成就。
9	無三惡道亦無貪、瞋、癡、邪見，令眾生離邪聚、立正定聚中，不墮惡道。	6	見眾生愚癡失世間、出世間正見。或說無業無業因緣、或說神常、或說斷滅、或說無所有。	誓願將來成佛時，國土中無如是事。
		7	見眾生住於三聚：一者必正聚、二者必邪聚、三者不定聚。	誓願將來成佛時，國土中無邪聚乃至無其名。
		8	見地獄中眾生、畜生餓鬼中眾生。	誓願將來成佛時，國土中無三惡道名。
		15	見眾生有主。	誓願將來成佛時，國土中眾生無有主名乃至無其形像，除佛法王。
		16	見眾生有六道別異。	誓願將來成佛時，國土中眾生無六道之名，是地獄、是畜生、是餓鬼、是神、是天、是人，一切眾生皆同一業，修四念處乃至八聖道分。
10	無聲聞、辟支佛。	26	見眾生有三乘。	誓願將來成佛時，國土中眾生無二乘之名純一大乘。
11	不聞無常、苦、空之聲，只聞諸法實相之音。			
12	其中眾生必至阿耨多羅三藐三菩提。			
*	*	28	見己身光明壽命有量、僧數有限。	誓願將來成佛時，令我光明壽命無量、僧數無限。
*	*	29	見己身國土有量	誓願將來成佛時，令我一國土如恒河沙等諸佛國土。

　　由上面的對照可知，十二項的內容可視為一個以純粹善法成就的佛土或淨土基本要呈現的景象，可視為一種通相。由此看來，

涵蓋優良的正報（即眾生的五蘊生身）與依報（即眾生居住的環境和使用的器物）即是佛土的基本內容。眾生在佛土中獲得優良的正報與依報，才能全然地不受惡法的擾亂，只要其中之一不能美善，眾生的心念都將受到影響以致不能全心地安於佛法的修學中。這也是為何大乘佛教中淨土宗會興盛的原因之一，因為大多的人都欣於淨土的所提供的環境，而且即使個人的身心狀態不佳，亦可依靠佛的願力攝受到淨土，所以相較於佛教的其它法門，這是一個較容易學習的法門。

　　從上述對《摩訶般若波羅蜜經》思想的探查看來，該經思想呈現的是一個以般若波羅蜜及慈悲心為中心而闡述的菩薩道次第。菩薩道始自發菩提心，其後通過世諦學習世間及出世間諸法性相的知識，而得世間般若波羅蜜，在此同時並在生活中學習利他的事行與精神；接著，經由習應般若波羅蜜的觀行方法（從發菩提心之後至此為累積菩薩道資糧的加行）而見道；之後以出世間般若波羅蜜相應薩婆若；然後再學習以薩婆若心施行六波羅蜜；最後乃能在慈悲與般若波羅蜜雙運而方便力具足的基礎上（見道之後至此為修道），現觀一切種智，完成轉依，而登上佛身、佛土俱皆圓滿的佛之一切智智果位。本章雖然沒有將該經所述的菩薩道的內容完整的呈現，但擇其重要思想並依教、行、果的科目，分而敘述，綱目的順序與內容的鋪陳還是按照菩薩道的次第安排的（請見表八）。

表八 《摩訶般若波羅蜜經》中菩薩道次第
重要階段的內容在本章的呈現

階段	各次第的重要階段	在本章內容的呈現
加行	1、發菩提心。	＊
	2、由世諦學習世間及出世間諸法性相的知識→得世間般若波羅蜜。	第一節 般若波羅蜜的詞義辯析 第二節 諸法性相的內涵
	3、學習世諦層次之利生的精神與事行。	第三節 化度眾生心量、智、力的養成：六波羅蜜與方便力
見道	4、習應般若波羅蜜的觀行方法。	第四節 入般若波羅蜜的觀行：三種觀法
	5、相應薩婆若→得出世間般若波羅蜜。	
修道	6、學習以薩婆若心施行六波羅蜜。	第三節 化度眾生心量、智、力的養成：六波羅蜜與方便力
	7、生方便力→得方便波羅蜜。	
	8、以方便力圓滿道種智乃至一切種智的修習。	第五節 佛地觀：佛智、佛身、佛土
	9、淨佛國土。	
證果	10、圓滿阿耨多羅三藐菩提，入一切智智位。	

　　另外，我們在本章的探究中，於《摩訶般若波羅蜜經》的思想之內，找尋到後來大乘思想所關注的焦點，如識、轉依、自性清淨藏或自性清淨心、染淨法緣起的所依等的概念初型（將於第五章詳述），從而揭示了般若思想在大乘思想中的根本性意義。

第三章 《摩訶般若波羅蜜經》與其它般若類經典的思想關聯與異同

上（十萬頌本）、中（與二萬五千頌相當的文本）、下（八千頌本）三品般若類經典是從同一的般若經原型（即《道行般若經》的道行品）漸次發展而成，代表早期的大乘思想，同時又因為內容涵蓋般若思想最為完整，所以一向被視為宣揚般若思想的主流類經典。《摩訶般若波羅蜜經》在上、中、下品般若類經典中是屬二萬五千頌範疇的中品般若，由八千頌的下品般若增廣而成，之後，二萬五千頌繼續增廣為十萬頌的上品般若。在這種情況下，本章對於一脈相承的上、中、下品般若內容的考察，主要是集中在增廣的部份，以審視般若思想在歷史演進中發展的軌跡。除了針對上、中、下品般若次第增廣的發展軌跡進行探查之外，本章還對摩訶般若與金剛般若做了一番對比，儘管二者內容量相差甚大，也不是從同一原型發展而來，然而從對比中發見二者在傳揚般若思想的特點，意義仍然是非常重大的。因為，一方面摩訶般若以其傳出的時機和闡述般若思想的完整性，成為般若類經典中為最具代表性的一部經典；另一方面，金剛般若則以篇幅短小但內容豐富的特點，使其成為般若類經典中除了《般若心經》之外流傳最廣的一部經典。

第一節　與下品般若類經典
內容的對照與比較

　　由於上、中、下品的般若類經典內容的相似性，自古即有對
三者成立時間先後及彼此關係的探討。主要的討論集中在下品與
中品身上，二者誰先誰先成立，已爭議一千多年，其間出現兩種
說法：（一）下品般若陸續增廣爲中品，中品再增廣爲上品；（二）
中品般若先出，下品則是由中品抄出。這兩種說法互相抗衡，直
到十九世紀後，因爲文獻考證的研究方法逐漸爲人所重視，對於
上、中、下品般若類經典出現的順序才形成較爲一致的看法，即
般若經是從下品逐漸增廣，所以下品般若是先驅，而中、上品般
若是它的發展[1]。

　　根據印順的說法，《摩訶般若波羅蜜經》可分爲前分、中分、
後分等三個部份。「序品」第一至「歎度品」第五是前分，「舌相
品」第六至「累教品」第六十六是中分，「無盡品」第六十七至「囑
累品」第九十是後分。若將《摩訶般若波羅蜜經》與八千頌的下
品般若經[2]的內容互相對照的話，下品般若沒有前分的內容，與後
分的內容亦只有小部份相當。至於中分的內容則與下品的內容基
本相當，主要是闡述般若波羅蜜的內涵、親近般若波羅蜜的方法

1　三枝充悳。〈《般若經》的成立史〉。載《般若思想》，頁 110-113。
2　本章所依據的下品般若爲鳩摩羅什所譯的《小品般若波羅蜜經》。在下品般若
　　中，我們選取羅什的譯本作爲摩訶般若的參照對象的原因，一是由於該經的
　　譯文通暢；再是因爲摩訶般若亦爲羅什所譯，二經譯者相同，譯語相近，較
　　易進行比較。

與功德、菩薩義、大乘義、諸法性相義、遠離般若波羅蜜造成的過失、阿惟越致菩薩相等內容，但相形之下，小品的闡述簡略的多。

印順認為前分的六品中，「序品」第一至「歎度品」第五可細分為序起、正說、結讚等三部份。序起只含「序品」一品，正說攝「奉鉢品」、「習應品」、「往生品」等二、三、四品，結讚則以第五「歎度品」做結。「序品」的內容照例是佛陀在說法前顯示各種瑞相，十方大眾見到之後，前來供養，並雲集在佛陀身旁，等待佛陀的說法。接著的「奉鉢品」、「習應品」、「往生品」等內容，主要是述說菩薩要習行般若波羅蜜的原因、方法與功德。然後才有「歎度品」中佛陀的諸大弟子與諸菩薩摩訶薩對般若波羅蜜的稱讚，以及對佛述說自身對般若波羅蜜內涵瞭解的心得，前分的內容至此全部結束。

中分是從「舌相品」第六開始至「累教品」第六十六為止。「舌相品」描述佛陀在說法前，出廣長舌相，十方大眾前往供養並欲聽佛講說般若波羅蜜，其中佛陀的牟尼眾中有十萬億人得蒙佛陀授記，於未來世當得做佛，佛號皆為「覺花」，劫名「花積」。既然「序品」第一已經描述佛在說法前出種種不思議的瑞相，接著十方大眾雲集供養，然後佛陀為之講述般若波羅蜜。至「舌相品」佛陀又一次地在說法前顯現瑞相，之後佛陀諭命須菩提教諸菩薩摩訶薩「般若波羅蜜」，於是須菩提秉承佛力與佛陀展開問答，藉問答明示聽眾般若波羅蜜義，同時須菩提還與眾人藉著問答的方式，探究般若波羅蜜的內容。佛陀二現瑞相，再啟話題，一是自說、一是令弟子說，可視為經文的二個段落，即前分與中分。以排列的邏輯來看，至「歎度品」為止，前分的內容完全結束。從「舌相品」第六以降，開始中分的各項內容，「三假品」第七即進

入中分的「正說」部分，至「累教品」第六十六佛陀囑託阿難於四眾中廣演、開示、分別般若波羅蜜為止，中分的內容至此結束。這個部分的內容除了與《小品般若波羅蜜經》「初品」第一至「囑累」品第二十四的全部內容相當之外，小品的「見阿閦佛品」第二十五的小部分內容也含括在內，如見阿閦佛的有關的內容、學般若波羅蜜、讚歎般若波羅蜜、般若波羅蜜的無量義等：

見阿閦佛（見於《摩訶般若波羅蜜經》「累教品」，以下簡稱「累教品」）

> 佛說般若波羅蜜是時會中，四眾比丘、比丘尼、優婆塞、優婆夷，天、龍、夜叉、乾闥婆、阿修羅、迦樓羅、緊那羅、摩睺羅伽、人非人等，佛神力故，見阿閦佛在大會中，恭敬圍繞，而為說法。如大海水，不可移動。時諸比丘，皆阿羅漢，諸漏已盡，無復煩惱，心得自在，及諸菩薩摩訶薩，其數無量。佛攝神力，大會四眾等，皆不復見阿閦如來，及聲聞菩薩，國界嚴飾。[3]

學般若波羅蜜（「累教品」）

> 佛告阿難：一切法亦如是，不與眼作對。如今阿閦佛，及阿羅漢、諸菩薩眾，皆不復現。何以故？法不見法，法不知法。阿難！一切法，非知者，非見者，無作者，無貪著，不分別故。阿難！一切法不可思議，猶如幻人；一切法無受者，不堅牢故。菩薩如是行者，名為行般若波羅蜜，於法亦無所著。菩薩如是學者，名為學般若波羅蜜。[4]

讚歎般若波羅蜜（「累教品」）

> 阿難！若菩薩欲到一切法彼岸，當學般若波羅蜜。何以故？

---

3 《小品般若波羅蜜經》。《大正藏》第 8 冊，頁 578 中。
4 同上書，頁 578 中。

阿難！學般若波羅蜜，於諸學中，最為第一，安樂利益諸
世間故。阿難！如是學者，無依止者，為作依止。如是學
者，諸佛所許，諸佛所讚。諸佛如是學已，能以足指震動
三千大千世界。阿難！諸佛學是般若波羅蜜，於過去、未
來、現在一切法中，得無礙知見。阿難！是故般若波羅蜜，
最上最妙。[5]

般若波羅蜜無量義（「累教品」）

阿難！若欲稱量般若波羅蜜，即是稱量虛空。何以故？是
般若波羅蜜無量故。阿難！我不說有般若波羅蜜有限有
量。阿難！名字章句語言有量，般若波羅蜜無量。「世尊！
何因緣故，般若波羅蜜無量？阿難！般若波羅蜜，無盡故
無量；般若波羅蜜，離故無量。阿難！過去諸佛皆從般若
波羅蜜出，而般若波羅蜜不盡；未來諸佛皆從般若波羅蜜
出，而般若波羅蜜不盡；現在無量世界諸佛皆從般若波羅
蜜出，而般若波羅蜜不盡。是故，般若波羅蜜已不盡，今
不盡，當不盡。阿難！若人欲盡般若波羅蜜，為欲盡虛空。
[6]

後分的內容從「無盡品」第六十七開始至「囑累品」第九十
為止，共計二十四品，是以述說「方便力」為主，《大智度論》稱
這部份為「方便道」。在此部份，《摩訶般若波羅蜜經》多處述說
菩薩行般若波羅蜜時，以方便力度脫眾生，而能不著的意旨。後
分中的「無盡品」第六十七、「攝五品」第六十八、「方便品」第
六十九、「三慧品」第七十等四品的小部份內容：如般若波羅蜜的
無盡義、般若波羅蜜攝五波羅蜜、方便力、般若波羅蜜的「行」、

---

5 《小品般若波羅蜜經》。《大正藏》第 8 冊，頁 578 中-下。
6 同上書，頁 578 下。

「生」、「修」等皆攝在《小品般若波羅蜜經》「見阿閦佛品」第二十五之中：

般若波羅蜜無盡義（見《摩訶般若波羅蜜經》「無盡品」，以下只列舉品名）

> 須菩提！般若波羅蜜無盡。虛空無盡故，般若波羅蜜無盡。[7]

般若波羅蜜攝五波羅蜜與方便力（攝五品、方便品）

> 菩薩如是行般若波羅蜜時，則具足檀波羅蜜、尸羅波羅蜜、羼提波羅蜜、毘梨耶波羅蜜、禪波羅蜜。菩薩行般若波羅蜜時，則具足諸波羅蜜，亦能具足方便力。是菩薩行般若波羅蜜，諸有所作，生便能知。是故，須菩提！菩薩欲得方便力者，當學般若波羅蜜，當修般若波羅蜜。[8]

菩薩行般若波羅蜜的福德（方便品）

> 菩薩如是念時，應如是思惟：如十方諸佛所得諸法相，我亦當得。須菩提！菩薩行般若波羅蜜，應生如是念。須菩提！若菩薩能生如是念，乃至彈指頃，勝於如恒河沙劫布施福德，何況一日半日。當知是菩薩，必至阿毘跋致。當知是菩薩，為諸佛所念。須菩提！菩薩為諸佛所念者，不生餘處，必當立於阿耨多羅三藐三菩提。是菩薩終不墮三惡道，常生好處，不離諸佛。[9]

般若波羅蜜的行、生、修（三慧品）

> 阿難！一切法，非知者，非見者，無作者，無貪著，不分別故。阿難！一切法不可思議，猶如幻人；一切法無受者，

---

7 《小品般若波羅蜜經》。《大正藏》第 8 冊，頁 578 下-579 上。
8 同上書，頁 579 上。
9 同上書，頁 579 上-中。

> 不堅牢故。菩薩如是行者，名為行般若波羅蜜，於法亦無
> 所著。菩薩如是學者，名為學般若波羅蜜。[10]
> 須菩提！菩薩欲得方便力者，當學般若波羅蜜，當修般若
> 波羅蜜。須菩提！若菩薩行般若波羅蜜，生般若波羅蜜時，
> 應念現在無量無邊世界諸佛，諸佛薩婆若智，皆從般若波
> 羅蜜生[11]

　　上述的話題在《小品般若波羅蜜經》「見阿閦佛品」中依序地出現，該經對上述話題的敘述基本如上，非常簡略，沒有更多詳盡地說明。但相同的話題在《摩訶般若波羅蜜經》的「無盡品」、「攝五品」、「方便品」、「三慧品」中，均擁有細緻的鋪陳與闡述，該經同時還增廣對「方便力」的演繹，在整個後分中進行了詳細的描述。

　　通過上面的討論，我們發現作為《摩訶般若波羅蜜經》中分內容結束的「累教品」，內容含括《小品般若波羅蜜經》全部的「囑累品」及「見阿閦佛品」的部分內容。此外，《摩訶般若波羅蜜經》後分前四品的部分內容亦出現在《小品般若波羅蜜經》的「見阿閦佛品」中，這即表示《小品般若波羅蜜經》的「見阿閦佛品」，內容橫跨中品的中分與後分，是中品般若中、後分的分水嶺。

　　《小品般若波羅蜜經》的主要內容在「見阿閦佛品」末尾的「說是法時，諸比丘眾，一切大會天、人、阿修羅，皆大歡喜」[12]中結束。在作結之後，又出現四品：「隨知品」第二十六、「薩陀波崙品」第二十七、「曇無竭品」第二十八、「囑累品」第二十九。其中後三品與《摩訶般若波羅蜜經》的「常啼品」、「法尚品」、「囑

10　《小品般若波羅蜜經》。《大正藏》第 8 冊，頁 578 中。
11　同上書，頁 579 上。
12　同上書，頁 578 中-下。

累品」等最終三品相較，除了行文稍稍有些不同之外，二者的實
際內容幾乎完全一樣。以下對於二者行文不同的部分僅以《摩訶
般若波羅蜜經》的「常啼品」第八十八開始的一段經文與《小品
般若波羅蜜經》「薩陀波崙品」第二十七相對應的經文稍作說明：

《摩訶般若波羅蜜經》卷二十七「常啼品」第八十八：

> 佛告須菩提：菩薩摩訶薩求般若波羅蜜，應如薩陀波崙菩
> 薩摩訶薩，是菩薩今在大雷音佛所行菩薩道。須菩提白佛
> 言：世尊！薩陀波崙菩薩摩訶薩云何求般若波羅蜜？佛
> 言：薩陀波崙菩薩摩訶薩，本求般若波羅蜜時，不惜身命、
> 不求名利，於空閑林中聞空中聲言：汝善男子！從是東行
> 莫念疲極、莫念睡眠、莫念飲食、莫念晝夜、莫念寒熱、
> 莫念內、莫念外。善男子！行時莫觀左右。汝行時莫壞身
> 相、莫壞色相、莫壞受想行識相。何以故？若壞是諸相，
> 於佛法中則為有礙。若於佛法中有礙，便往來五道生死
> 中，亦不能得般若波羅蜜。爾時薩陀波崙菩薩報空中言：
> 我當從教。何以故？我欲為一切眾生作大明、欲集一切諸
> 佛法、欲得阿耨多羅三藐三菩提故。[13]

《小品般若波羅蜜經》卷十「薩陀波崙品」第二十七：

> 佛告須菩提：若菩薩欲求般若波羅蜜，當如薩陀波崙菩薩，
> 今在雷音威王佛所，行菩薩道。須菩提白佛言：世尊！薩
> 陀波崙菩薩云何求般若波羅蜜？佛告須菩提：薩陀波崙菩
> 薩，本求般若波羅蜜時，不依世事，不惜身命，不貪利養，
> 於空林中，聞空中聲言：善男子！汝從是東行，當得聞般
> 若波羅蜜。行時莫念疲倦、莫念睡眠、莫念飲食、莫念晝

13　《摩訶般若波羅蜜經》。《大正藏》第 8 冊，頁 416 上-中。

夜、莫念寒熱，如是諸事莫念莫觀，亦莫思惟。離諂曲心，
莫自高身，卑下他人。當離一切眾生之相，當離一切利養
名譽，當離五蓋，當離慳嫉，亦莫分別內法外法。行時，
莫得左右顧視、莫念前、莫念後、莫念上、莫念下、莫念
四維、莫動色受想行識。何以故？若動色受想行識，則不
行佛法，行於生死。如是之人，不能得般若波羅蜜。薩陀
波崙報空中聲言：當如教行。何以故？我為一切眾生，作
光明故，集諸佛法。[14]

　　在此二段中，對於相同的事件，《小品般若波羅蜜經》的描述
反而比《摩訶般若波羅蜜經》還詳細一些，明顯地與其前二十五
品在行文風格上有些不同，由此看來，這三品和前面的諸品應該
不是同時製作的，除此之外，二經在這三品的內容幾乎完全一樣。

　　中品般若雖然比下品般若的份量增多了三倍，新加了前分與
後分的部份內容，但實際的增廣不只來自新加的內容，尚新增了
法數與對般若波羅蜜義闡述的加深以及增廣，使得般若波羅蜜的
法教貫穿義理、實踐與果地目標等三個面向，般若思想因而得以
完整地呈現在讀者眼前。中品新增的法數包含三乘[15]：

屬大乘的法數有：六波羅蜜、十八空、百八三昧

三乘共用的法數：四念處、四正勤、四如意分、五根、五力、
　　　　　　　　七覺分、八聖道分、三三昧、十一智[16]、三
　　　　　　　　無漏根[17]、（有覺有觀、無覺有觀、無覺無
　　　　　　　　觀）三昧、十念、四禪、四無量心、四無

---

14 《小品般若波羅蜜經》。《大正藏》第 8 冊，頁 580 上-中。
15 印順。《初期大乘佛教之起源與開展》，頁 682-683。
16 十一智的內容是法智、比智、他心智、世智、苦智、集智、滅智、道智、盡
　智、無生智、如實智。前十智屬聲聞法，如實智為佛智的總名。
17 為二十二根中的最後三根：未知當知根、已知根、具知根。

色定、八背捨、九次第定

佛的功德：十力、四無所畏、四無閡智、十八不共法

陀羅尼法：四十二字陀羅尼門

從上述法數的內容來看，「般若波羅蜜」的思想發展至中品般若時，已成為貫穿三乘的智慧寶劍，從共三乘的四禪八定、三十七菩提分、至菩薩乘唯有的六波羅蜜、十八空、三三昧、百八三昧、四十二字陀羅尼門、乃至佛的十力、四無所畏、四無閡智、十八不共法為止，三乘行者皆可從自己的立足點，經由般若波羅蜜的引導相應薩婆若心，而得契入諸法的第一空義之中。例如《摩訶般若波羅蜜經》卷二十「無盡品」第六十七就以緣覺乘所修的「十二因緣法」為例，揭示以般若波羅蜜為眼目觀「十二因緣法」，而得契入諸法空義的觀行之法。這樣地直觀「十二因緣法」的根本性相，使得「十二因緣法」不再停留在緣覺乘的層次，而成為菩薩乘的觀法：

> 須菩提！若有菩薩摩訶薩以虛空不可盡法行般若波羅蜜觀十二因緣，不墮聲聞、辟支佛地，住阿耨多羅三藐三菩提……應以虛空不可盡法觀十二因緣……須菩提！菩薩摩訶薩應以虛空不可盡法觀般若波羅蜜、應以虛空不可盡法生般若波羅蜜。如是，須菩提！菩薩摩訶薩觀十二因緣時不見法無因緣生、不見法常不滅、不見法有我人壽者命者眾生乃至知者見者、不見法無常、不見法苦、不見法無我、不見法寂滅非寂滅。如是，須菩提！菩薩摩訶薩行般若波羅蜜應如是觀十二因緣[18]。

以下為了易於掌握二經的差異，我們綜合本節所述，將二經

---

18 《摩訶般若波羅蜜經》。《大正藏》第 8 冊，頁 364 中-下。

的對照結果以表列呈現（表九）：

表九　《摩訶般若波羅蜜經》與《小品般若波羅蜜經》的對照

主題		《摩訶般若波羅蜜經》	《小品般若波羅蜜經》
內容量		22,000 頌	8,000 頌
內容 差異	前分： 1 至 5 品	計有序品、奉鉢品、習應品、往生品、歎度品等五品。分為序起、正說、結贊等三部分。序起只含「序品」一品，正說含「奉鉢品」、「習應品」、「往生品」等二、三、四品，結贊則為第五「歎度品」。	無相當內容。
	中分： 6 至 66 品	1、內容包括：般若波羅蜜的內涵、親近般若波羅蜜的方法與功德、菩薩義、大乘義、諸法性相義、遠離般若波羅蜜造成的過失、佛土的成就因緣、阿惟越致菩薩相等內容。	1、基本相當，但敘述較為簡略。
		2、「累教品」第六十六的內容以「見阿閦佛」為界線，其前的內容約與《小品般若波羅蜜經》的「囑累品」第二十四相當，其後則進入「見阿閦佛品」第二十五的範圍。	2、「見阿閦佛品」的內容跨越《摩訶般若波羅蜜經》的中分與後分，是中品般若前、後分的界線。
	後分： 67 至 90 品	1、此部分以述說「方便力」為主。其中「無盡品」第六十七、「攝五品」第六十八、「方便品」第六十九、「三慧品」第七十的部分內容包含在《小品訶般若波羅蜜經》的「見阿閦佛品」之中。	1、「見阿閦佛品」的大部分內容與《摩訶般若波羅蜜經》「無盡品」第六十七、「攝五品」第六十八、「方便品」第六十九、「三慧品」第七十等五品的部份內容相當。
		2、末後三品為「常啼品」、「法尚品」、「囑累品」。	2、「薩陀波侖品」第二十七、「曇無竭品」第二十八、「囑累品」第二十九，與《摩訶般若波羅蜜經》「常啼品」、「法尚品」「囑累品」相比，除了行文稍有不同外，內容幾乎一樣。

法數	新增的法數計有： 大乘：六波羅蜜、十八空、百八三昧。 三乘共用的法數：四念處、四正勤、四如意分、五根、五力、七覺分、八聖道分、三三昧、十一智、三無漏根、（有覺有觀、無覺有觀、無覺無觀）三昧、十念、四禪、四無量心、四無色定、八背捨、九次第定。 佛的功德：十力、四無所畏、四無閡智、十八不共法。 陀羅尼法：四十二字陀羅尼門。	無。

第二節　與中品般若類經典
內容的對照與比較

一、與《放光般若經》的比對

　　中品般若類經典的漢譯文本很多，除了《摩訶般若波羅蜜經》以外，還有《放光般若經》、《大般若經》第二會等。據筆者的考察比較，《放光般若經》與《摩訶般若波羅蜜經》是同本異譯（在二經沒有梵本留存的情況下[19]，筆者是依據漢譯本作考察），依據的理由有二：

　　（1）二經內容完全相當。在筆者對二經內容的考察比較中發現，《摩訶般若波羅蜜經》二十七卷九十品的結構與品目與《放光

---

19 日本佛教學者山田龍城，在《梵語佛典導論》中曾談到《大般若經》第二會各種現存的梵本，但是並未提到任何與放光般若和摩訶般若現存梵本相關的訊息，山田氏應是沒有發現任何與放光般若和摩訶般若梵本相關的資訊，不然在該書中，或多或少也會有一些相關的討論。

般若經》二十卷九十品的結構與品目基本相當（參見表十）。

表十 《摩訶般若波羅蜜經》與《放光般若經》品目對照表

《摩訶般若波羅蜜經》			《放光般若經》		
卷數	品名	品數	卷數	品名	品數
1	序品	1	1	摩訶般若波羅蜜放光品	1
	奉鉢品	2		摩訶般若波羅蜜無見品	2
	習應品	3		摩訶般若波羅蜜假號品	3
2	往生品	4	2	摩訶般若波羅蜜五眼品	4
	歎度品	5		摩訶般若波羅蜜神通品	5
	舌相品	6		摩訶般若波羅蜜授決品	6
	三假品	7		摩訶般若波羅蜜妙度品	7
3	勸學品	8		摩訶般若波羅蜜舌相光品	8
	集散品	9		摩訶般若波羅蜜行品	9
	相行品	10		摩訶般若波羅蜜學品	10
4	幻學品	11		摩訶般若波羅蜜本無品	11
	句義品	12	3	摩訶般若波羅蜜空行品	12
	金剛品	13		摩訶般若波羅蜜問幻品	13
	樂說品	14		摩訶般若波羅蜜了本品	14
	辯才品	15		摩訶般若波羅蜜摩訶薩品	15
	乘乘品	16		摩訶般若波羅蜜問僧那品	16
5	莊嚴品	17		摩訶般若波羅蜜摩訶衍品	17
	問乘品	18		摩訶般若波羅蜜僧那僧涅品	18
	廣乘品	19		摩訶般若波羅蜜問摩訶衍品	19
6	發趣品	20	4	摩訶般若波羅蜜陀鄰尼品	20
	出到品	21		摩訶般若波羅蜜治地品	21
	勝出品	22		摩訶般若波羅蜜問出衍品	22
	等空品	23		摩訶般若波羅蜜歎衍品	23
7	會宗品	24	5	摩訶般若波羅蜜衍與空等品	24
	十無品	25		摩訶般若波羅蜜合聚品	25
	無生品	26		摩訶般若波羅蜜不可得三際品	26
	問住品	27		摩訶般若波羅蜜問觀品	27
8	幻聽品	28	6	摩訶般若波羅蜜無住品	28
	散華品	29		摩訶般若波羅蜜如幻品	29
	三歎品	30		摩訶般若波羅蜜雨法雨品	30
	滅靜品	31		摩訶般若波羅蜜歎品	31

9	大明品	32		摩訶般若波羅蜜降眾生品	32
	述成品	33		摩訶般若波羅蜜守行品	33
	勸持品	34		摩訶般若波羅蜜供養品	34
	遺異品	35	7	摩訶般若波羅蜜持品	35
	尊導品	36		摩訶般若波羅蜜遣異道士品	36
10	法稱品	37		摩訶般若波羅蜜無二品	37
	法施品	38		摩訶般若波羅蜜舍利品	38
11	隨喜品	39	8	摩訶般若波羅蜜功德品	39
	照明品	40		摩訶般若波羅蜜勸助品	40
	信毀品	41		摩訶般若波羅蜜照明品	41
12	歎淨品	42	9	摩訶般若波羅蜜泥犁品	42
	無作品	43		摩訶般若波羅蜜明淨品	43
	遍歎品	44		摩訶般若波羅蜜無作品	44
13	聞持品	45		摩訶般若波羅蜜等品	45
	魔事品	46	10	摩訶般若波羅蜜真知識品	46
14	兩過品	47		摩訶般若波羅蜜覺魔品	47
	佛母品	48		摩訶般若波羅蜜不和合品	48
	問相品	49		摩訶般若波羅蜜大明品	49
15	成辦品	50	11	摩訶般若波羅蜜問相品	50
	譬喻品	51		摩訶般若波羅蜜大事興品	51
	知識品	52		摩訶般若波羅蜜譬喻品	52
16	趣智品	53		摩訶般若波羅蜜隨真知識品	53
	大如品	54	12	摩訶般若波羅蜜解深品	54
	不退品	55		摩訶般若波羅蜜探深品	55
17	堅固品	56		摩訶般若波羅蜜阿惟越致品	56
	深奧品	57		摩訶般若波羅蜜堅固品	57
	夢行品	58	13	摩訶般若波羅蜜甚深品	58
18	河天品	59		摩訶般若波羅蜜夢中行品	59
	不證品	60		摩訶般若波羅蜜恒加調品	60
	夢誓品	61		摩訶般若波羅蜜問相行願品	61
19	魔愁品	62	14	摩訶般若波羅蜜阿惟越致相品	62
	等學品	63		摩訶般若波羅蜜釋提桓因品	63
	淨願品	64		摩訶般若波羅蜜問等學品	64
	度空品	65	15	摩訶般若波羅蜜親近品	65
20	累教品	66		摩訶般若波羅蜜牢固品	66
	無盡品	67		摩訶般若波羅蜜囑累品	67
	攝五品	68		摩訶般若波羅蜜無盡品	68

21	方便品	69		摩訶般若波羅蜜六度相攝品	69
	三慧品	70		摩訶般若波羅蜜漚惒品	70
22	道樹品	71	16	摩訶般若波羅蜜種樹品	71
	道行品	72		摩訶般若波羅蜜菩薩行品	72
	三善品	73		摩訶般若波羅蜜當得真知識品	73
23	遍學品	74	17	摩訶般若波羅蜜教化眾生品	74
	三次品	75		摩訶般若波羅蜜無堅要品	75
	一念品	76		摩訶般若波羅蜜無倚相品	76
	六喻品	77		摩訶般若波羅蜜無有相品	77
24	四攝品	78	18	摩訶般若波羅蜜住二空品	78
	善達品	79		摩訶般若波羅蜜超越法相品	79
25	實際品	80		摩訶般若波羅蜜信本際品	80
	具足品	81		摩訶般若波羅蜜無形品	81
26	淨土品	82	19	摩訶般若波羅蜜建立品	82
	畢定品	83		摩訶般若波羅蜜畢竟品	83
	差別品	84		摩訶般若波羅蜜分別品	84
	七譬品	85		摩訶般若波羅蜜有無品	85
	平等品	86		摩訶般若波羅蜜諸法等品	86
	如化品	87		摩訶般若波羅蜜諸法妙化品	87
27	常啼品	88	20	摩訶般若波羅蜜薩陀波倫品	88
	法尚品	89		摩訶般若波羅蜜法上品	89
	囑累品	90		摩訶般若波羅蜜囑累品	90

　　雖然從上表看來二經在第八十六品之前，分目有些落差，但這種情況只是分段不同而不是內容不同所造成。以下以《摩訶般若波羅蜜經》卷二「三假品」第七中一段闡述三假的經文，與《放光般若經》卷二「摩訶般若波羅蜜行品」第九相對應的經文為例說明。

　　《摩訶般若波羅蜜經》卷二「三假品」第七：

　　　　須菩提！譬如夢、響、影、幻、焰，佛所化，皆是和合故
　　　　有，但以名字說。是法及名字不生不滅，非內、非外、非
　　　　中間住，般若波羅蜜、菩薩、菩薩字亦如是。如是，須菩
　　　　提。菩薩摩訶薩行般若波羅蜜，名假施設、受假施設、法

假施設，如是應當學。[20]

《放光般若經》卷二「摩訶般若波羅蜜行品」第九：

須菩提！譬如夢、響、幻、熱時之炎、如如來所化，皆著
字數法。所謂般若波羅蜜、所謂菩薩及字，亦不生、亦不
滅、亦不內、亦不外、亦不兩中間止。佛告須菩提：菩薩
摩訶薩行般若波羅蜜，當學字法、合法及權法數。[21]

由此二段經文來看，《摩訶般若波羅蜜經》中「皆是和合故有，但
以名字說。是法及名字」等語，在《放光般若經》中僅以「皆著
字數法」寥寥五字表達；「名假施設、受假施設、法假施設」在《放
光般若經》是譯成「字法、合法及權法數」；《摩訶般若波羅蜜經》
的「般若波羅蜜、菩薩、菩薩字亦如是」是排在「不生不滅，非
內、非外、非中間住」之後，而《放光般若經》則是「所謂般
若波羅蜜、所謂菩薩及字」排在「亦不生、亦不滅、亦不內、亦
不外、亦不兩中間止」之前，除了這幾個因為譯師翻譯的風格所
造成的用語及句子排列結構的差異，所以《放光般若經》的行文
比《摩訶般若波羅蜜經》要來的簡略一些之外，看不出二經有任
何根本性的不同，其所依之梵本應就是同一本。

　　（2）二經的梵文經名同為《摩訶般若波羅蜜經》。鳩摩羅什
忠實地按照梵文音譯經名，但羅什之前的竺叔蘭與無羅叉則是以
初品的品名：「放光品」為經名，此也即是《放光般若經》經名的
由來[22]。可是二經若是同本異譯，為何在《大智度論》中：「般若
波羅蜜部黨經卷，有多、有少，有上、中、下，光讚、放光、道

20　《摩訶般若波羅蜜經》。《大正藏》第 8 冊，頁 231 上。
21　《放光般若經》。《大正藏》第 8 冊，頁 11 下。
22　三枝充惪。〈《般若經》的成立〉。載《般若思想》，頁 120-121。

行」[23]，羅什不直接將「放光」翻成「摩訶」，而要翻成「放光」呢？我們認為，這應是光讚、放光、道行在中國地區分別代表上、中、下品般若的經名，且至羅什翻譯《摩訶般若波羅蜜經》時，這些經名在中國地區已沿用超過百年，而以《摩訶般若波羅蜜經》為經名的般若經還正在翻譯當中，即使出世，亦不能立即普傳，使之像已流傳百年之久的「放光」那樣，令佛教界中人人皆知，是故還是使用「放光」作為中品般若的代表，使人知其所指，較為妥當。因為時代距今已逾千年，所留史料不足以作詳實的考據，我們只能在此作簡單的推論，留待未來有更多的資料出現時再作進一步的探究。《放光般若經》與《摩訶般若波羅蜜經》所依梵本雖然相同，但由於《放光般若經》（西元 291 年譯出）的翻譯年代較《摩訶般若波羅蜜經》（西元 403 年譯出）早出約一百一十二年，屬於早期翻譯的佛典，當時梵漢轉譯的工夫還不十分完善，詞句不能完滿的表達文意，因此《放光般若經》的譯語沒有《摩訶般若波羅蜜經》的流暢與優美且能文盡其意。此外，在《出三藏記集》的集錄中，道安在其所著的〈合放光光讚略解序〉中曾指出，放光的譯者將原文刪減太多，以致放光的內容與原本比較起來，有些缺漏。〈合放光光讚略解序〉說：「放光於闐沙門無叉羅執胡（梵），竺叔蘭為譯，言少事約，刪削復重，事事顯炳，煥然易觀也。而從約必有所遺，於天竺辭及騰每大簡焉」[24]。若我們將放光與摩訶的內容量以《大正藏》集錄的版本相較的話，的確發現在《大正藏》第八冊中，放光的經文始自第 1 頁，終於第 146 頁，

23　《大智度論》，卷六十七「釋歎信行品」第四十五之餘，《大正藏》第 25 冊，頁 529 中。

24　晉・道安。〈合放光光讚略解序〉。載（梁）僧佑。《出三藏記集》，卷七。《大正藏》卷 55 頁 48 上。

共計 146 頁的篇幅；而摩訶是從第 217 頁始，424 頁終，共計 207 頁的篇幅。《放光般若經》足足比《摩訶般若波羅蜜經》的內容少了 61 頁。由此可見，放光的內容量的確是刪削太多。也因為如此，《摩訶般若波羅蜜經》出世後，《放光般若經》隨即失去了眾人關注的目光。

二、與《大般若經》第二會的比對

雖然一般以為《摩訶般若波羅蜜經》與《大般若經》第二會以俱屬中品般若的原因，應即是同本異譯，但我們對此持保留的態度，原因如下：

（1）內容量的不同。《放光般若經》與《摩訶般若波羅蜜經》屬中般若具二萬二千頌的內容量，一方面是龍樹藉由《大智度論》告訴我們當時他所見的：「此中般若波羅蜜品有二萬二千偈，大般若品有十萬偈」[25]。然而依據《法苑珠林》卷一百「般若部」第四所說：「大般若經梵本二十萬頌，翻成六百卷……第二會在王舍城鷲峯山，說梵本二萬五千頌，右翻成七十八卷八十五品（重譯）」[26]，《大般若經》第二會所依梵本是具有二萬五千頌內容量的文本，藏譯本的大品般若經也是依此文本譯成；再方面，《大般若經》第二會的經文從《大正藏》第七冊第一頁起至四二六頁止，共計四二六頁的篇幅，足足比《摩訶般若波羅蜜經》多了二百一十九頁，增加的部分主要為法數，實質的內容未見增加（事實是反而缺少了《摩訶般若波羅蜜經》第八十八至九十等三品的內容）。由此二方面，可推知《大般若經》第二會與《摩訶般若波羅蜜經》

---

25 《大智度論》，卷一百「釋囑累品」第九十。《大正藏》第 25 冊，頁 756 上。
26 唐·道世。《法苑珠林》。《大正藏》第 53 冊，頁 1024 中。

所依的原本不會是同一本。雖然有人根據目前掌握的一些現存的原典資料，發現鳩摩羅什的譯本與原典出入較多，因此認為是鳩摩羅什翻譯佛經時，因為採取意譯法的緣故，所以他所譯出的版本刪削很多。但是我們若依據 1930 年代在巴基斯坦的吉爾吉特出土的梵文佛典來考察，則發現在出土的佛典中，《金剛經》中有許多的文句跟羅什的譯本幾乎是一模一樣，但是若將之與保存在加德滿都博物館的公認寫本以及日本法隆寺所藏的文本加以比對的話，則羅什的譯本並不完全地與之符合。由此可見，歷史上曾出現多種《金剛經》的文本，而羅什的翻譯也並不如大家所曾經認為的是刪減太多。吉爾吉特的寫本提供了明確的證據，證明了羅什的翻譯是忠於原著的[27]。由上述《金剛經》存有多種內容不完全一致的文本的情況看來，《摩訶般若波羅蜜經》與《大般若經》第二會也極有可能就是分由兩種不同的梵文原典所翻譯而成。

（2）內容與行文有異。雖然《摩訶般若波羅蜜經》與《大般若經》第二會內容所涵蓋的範圍基本相當，二者都是順著同樣話題的順序開展經文，但是根據 Conze 的考察，在行文的風格與用語方面，《大般若經》第二會比《摩訶般若波羅蜜經》更貼近十萬頌，羅什的《摩訶般若波羅蜜經》則與十萬頌有較大的差異[28]，以下以三經對「三假」的闡釋為例說明：

《大般若波羅蜜多經 001-200 卷》卷十一「教誡教授品」第七之一：

> 復次，善現！譬如幻事、夢境、響、像、陽焰、光影，若尋香城變化事等，但是假名。如是名假不生不滅，唯有想

---

27 蔡耀明（2000）。《吉爾吉特（Gilgit）梵文佛典寫本的出土與佛教研究》。載《正觀雜誌》（13），頁 33-34。

28 Edward Conze, The Prajñaparamita Literature. pp. 35.

等，想、施設言說，謂為幻事乃至變化事等，如是一切但
有假名。此諸假名不在內、不在外、不在兩間，不可得故。
如是，善現！若菩薩摩訶薩、若般若波羅蜜多，若此二名
皆是假法，如是假法不生不滅，唯有想等，想、施設言說，
謂為菩薩摩訶薩、謂為般若波羅蜜多，及此二名，如是三
種但有假名。此諸假名不在內、不在外、不在兩間、不可
得故。如是，善現！諸菩薩摩訶薩修行般若波羅蜜多時，
於一切法名假、法假及教授假，應正修學。[29]

《大般若波羅蜜多經 401-600 卷》卷四○六「善現品」第六
之一：

復次，善現！譬如夢境、穀響、光影、幻事、陽焰、水月
變化，唯有假名，如是名假不生不滅，唯假施設，謂為夢
境乃至變化，如是一切唯有假名。此諸假名不在內、不在
外、不在兩間，不可得故。如是，善現！若菩薩摩訶薩、
若般若波羅蜜多，若此二名皆是假法，如是假法不生不滅，
唯假施設，不在內、不在外、不在兩間，不可得故。如是，
善現！諸菩薩摩訶薩修行般若波羅蜜多時，於一切法名
假、法假及方便假，應正修學。[30]

從以上初會與二會的兩段經文來看，除了初會的文字繁複些（二
經經文不一致的地方以粗體字標出，以方便比較），以及三假的內
容有些許差異外：初會在名假、受假外，另有教授假，而二會則
以方便假取代教授假，二者的行文基本一樣。另外，由二經的行
文所展現的思路來看，雖然方便假與教授假名稱不同，但實質意
義是一樣的，都是表述以名相方便假說的意思。

29 《大般若波羅蜜多經 001-200 卷》。《大正藏》第 5 冊，頁 58 上-中。
30 《大般若波羅蜜多經 401-600 卷》。《大正藏》第 7 冊，頁 30 上。

《摩訶般若波羅蜜經》卷二「三假品」第七:

> 須菩提!譬如夢、響、影、幻、焰,佛所化,皆是和合故
> 有,但以名字說。是法及名字不生不滅,非內、非外、非
> 中間住,般若波羅蜜、菩薩、菩薩字亦如是。如是,須菩
> 提。菩薩摩訶薩行般若波羅蜜,名假施設、受假施設、法
> 假施設,如是應當學。

但是若以《摩訶般若波羅蜜經》相對應的經文來看的話,文字不但簡略得多,在列舉世間性質不實的事物時,增加了「佛所化」的項目,為初會與二會所沒有。此外,《摩訶般若波羅蜜經》以「是法及名字」強調「世法」皆是和合而「假名有」,於是法與其假名的體性皆為空,因此是「不生不滅、非內、非外、非中間住」。在二會的有關經文中,則以「若此二名皆是假法」,指出「名」是假立的法,因此是性空而「不生不滅,唯假施設,不在內、不在外、不在兩間,不可得故」。二會於此只指出諸法「名假」的現象,並未提及諸法「和合而有」的情況,初會的情況與二會一樣。再來,《摩訶般若波羅蜜經》的三假中,則既無教授假,也無方便假,而有受假。根據我們在第二章的分析,表述取名取相的受假,意義明顯地與方便假不同。第二會曾清楚地解釋方便假的意義:「世尊!既說如是等法種種差別,將無世尊自壞法性?佛言:善現!我不自壞諸法法性,但以名相方便假說」[31]。由以上的對比中,我們確證了《大般若經》第二會確實比《摩訶般若波羅蜜經》更貼近十萬頌,《摩訶般若波羅蜜經》則與十萬頌差異較大。

由上述的比較中,我們已發現《摩訶般若波羅蜜經》與《大般若經》第二會不只有行文的差異(二會的敘述較為繁複),內容

---

31 《大般若波羅蜜多經 401-600 卷》,卷 462「巧方便品」第六十八之三。《大正藏》第 7 冊,頁 336 下。

也稍微不同。由於本書以研究《摩訶般若波羅蜜經》的思想爲主，因此我們在此不擬對《大般若經》第二會與《摩訶般若波羅蜜經》的文本內容進行細部的比較，僅以下面五例顯示二經在文體風格以及內容方面的基本差異，如：

第一：《摩訶般若波羅蜜經》中所提到的一切智、道種智、一切種智，到了《大般若經》的初會與第二會中即成一切智、道相智、一切相智，同時初會與二會並提出「一切智智」的名稱以表彰佛的無上正等正覺，爲所有智中最圓滿殊勝者，《大般若經》卷四六五第二分「遍學品」第七十二之二說道：

> 佛告善現：諸菩薩摩訶薩從初發心勇猛精進，修行六種波羅蜜多，以勝智見超過八地，謂淨觀地乃至獨覺地。雖於如是所說八地皆遍修學，而能以勝智見超過，由道相智得入菩薩正性離生。已入菩薩正性離生，漸次復由一切相智，證得圓滿一切智智，永斷一切習氣相續。[32]

第二會在此指出道相智的獲得，是奠基於菩薩在三乘共十地[33]的

---

32 《大般若波羅蜜多經 401-600 卷》。《大正藏》第 7 冊，頁 349 中。

33 根據《大般若波羅蜜多經》第二會，三乘共十地是指淨觀地、種姓地、第八地、具見地、薄地、離欲地、已辦地、獨覺地、菩薩地、如來地。《大般若波羅蜜多經 401-600 卷》卷四一七「出住品」第十九說道：「善現！此中云何十地？謂淨觀地、種姓地、第八地、具見地、薄地、離欲地、已辦地、獨覺地、菩薩地、如來地，是爲十地」。(《大正藏》第 8 冊，頁 93 下) 其中，前七地爲聲聞乘所攝；獨覺地屬緣覺乘；菩薩地屬菩薩乘；如來地即佛地。相對於第二會的十地，《摩訶般若波羅蜜經》中的十地名稱爲乾慧地、性地、八人地、見地、薄地、離欲地、已辦地、辟支佛地、菩薩地、佛地。《摩訶般若波羅蜜經》卷十七「深奧品」第五十七說道：
  > 須菩提！是中菩薩摩訶薩從初發意行般若波羅蜜具足十地得阿耨多羅三藐三菩提。須菩提白佛言：世尊！何等是十地？菩薩具足已得阿耨多羅三藐三菩提。佛言：菩薩摩訶薩具足乾慧地、性地、八人地、見地、薄地、離欲地、已作地、辟支佛地、菩薩地、佛地，具足是地得阿耨多羅三藐三菩提。(《大正藏》第 8 冊，頁 346 上-中。)

前八地中遍修各種的法門，成就於菩薩發大乘心勇猛精進地修行六波羅蜜，才終能以殊勝的智慧（即由以對諸法性相了知的智慧及度生的智慧）超過前八地（即淨觀地至獨覺地之間），入菩薩正

由上揭二經的引文可見，二經對十地的命名，雖然有些不同，可是概念是相同的。另外，十地的次第涵蓋行者從初發道意到成佛之間，所有心意的轉變過程。《摩訶般若波羅蜜經》以燃燈爲喻說明這個狀況（第二會中也有相對應的經文，但因爲不像《摩訶般若波羅蜜經》般的集中，所以在此以摩訶般若的經文爲例說明），《摩訶般若波羅蜜經》在「深奧品」說道：

須菩提白佛言：世尊！菩薩摩訶薩用初心得阿耨多羅三藐三菩提，用後心得阿耨多羅三藐三菩提。世尊！是初心不至後心，後心不在初心。世尊！如是心心數法不具，云何善根增益？若善根不增，云何當得阿耨多羅三藐三菩提？佛告須菩提：我當爲汝說譬喻，智者得譬喻則於義易解。須菩提！譬如然燈，爲用初焰燋炷，爲用後焰燋炷。須菩提言：世尊！非初焰燋炷亦非離初焰。世尊！非後焰燋炷亦非離後焰。須菩提！於汝意云何？炷爲燋不？世尊！炷實燋。佛告須菩提：菩薩摩訶薩如是，不用初心得阿耨多羅三藐三菩提，亦不離初心得阿耨多羅三藐三菩提，不用後心得阿耨多羅三藐三菩提，亦不離後心得阿耨多羅三藐三菩提，而得阿耨多羅三藐三菩提。（《大正藏》第 8 冊，頁346 上。）

這是因爲有初心就會有第二心、第三心以及連續不斷出現的後心，就像火焰燋炷，火焰不斷的生滅，燈炷才能不停的燃燒，所以燈炷被燋並不是只由其中的某焰造成，而是由一連串不斷生滅的火焰接續不斷的燃燒所造成。以此之故，行者從初發意至證得阿耨多羅三藐三菩提，可以說是以後心不斷的取代前心的一個「以心置心」的過程。前心是後心的因，後心是前心的果，前心與後心互爲因果，因此引文中才說「不用初心得阿耨多羅三藐三菩提，亦不離初心得阿耨多羅三藐三菩提，不用後心得阿耨多羅三藐三菩提，亦不離後心得阿耨多羅三藐三菩提，而得阿耨多羅三藐三菩提」。雖然修行者的心不斷的變化，但是由於單個的變化僅屬微細相，單個心的生滅變化是無法促成一個心態的改變，心態的改變需要一連串變化的累積才能達成。於是每一個跨越中，心的眾多微細變化，在尚未累積到足以使心的狀態做一個較大幅度的改變時，還是屬於同一個範疇之中，佛教中即以「地」來描述這個狀況。「地」 bhūmi，有住處、住持、生成之意，也就是說同一範疇中心的諸多變化（住處與住持之意）可以導致下一個階段心的變化出現（生成之意），因此「地」才含有住持與能生的意思。

性離生[34]而入第九菩薩地，接著，並在正性離生的基礎上續修一切相智，待一切相智圓滿成就時，即入第十佛地，此也即是現觀一切智智並得永斷一切習氣之時。但在《摩訶般若波羅蜜經》相對應的經文中並未見「一切智智」名詞的出現。《摩訶般若波羅蜜經》卷二十二「遍學品」第七十四這麼說道：

> 若菩薩摩訶薩從初發意行六波羅蜜時，以智觀過八地。何等八地？乾慧地、性地、八人地、見地、薄地、離欲地、已辦地、辟支佛地，直過以道種智入菩薩位。入菩薩位已，以一切種智斷一切煩惱習。[35]

於此，《摩訶般若波羅蜜經》僅提到一切種智是斷煩惱習的方法，而第二會除了提到一切相智為斷煩惱習的方法之外，另外也述及由一切相智可證一切智智，但此在《摩訶般若波羅蜜經》中則無相對應的經文。由此看來，《摩訶般若波羅蜜經》未使用「一切智智」描述圓滿佛位之後的佛智。《摩訶般若波羅蜜經》中對於佛智，僅提到佛是具有與菩薩、聲聞、辟支佛與共的表述本際的一切智，如卷十四「佛母品」第四十八說道：「是深般若波羅蜜能生諸佛、能與諸佛一切智」[36]，以及不共的一切種智，如卷二十一「三慧品」第七十說道：「佛告須菩提：薩婆若是一切聲聞、辟支佛智；道種智是菩薩摩訶薩智；一切種智是諸佛智」，除此之外，沒有再提到與佛智相關的名詞。由是可知，《摩訶般若波羅蜜經》的經文用語比二會的用語要簡略一些。玄奘翻譯向來忠於原著，所以若是原本僅以一詞說明佛智，他不可能將之拆為「一切相智」與「一切智智」二詞；而以吉爾吉特的《金剛經》寫本來看羅什的翻譯，

---

34 此指入涅槃之正性（即空性），而得遠離煩惱之生。

35 《摩訶般若波羅蜜經》。《大正藏》第 8 冊，頁 381 中。

36 同上書，頁 323 中。

羅什所翻也是與原著相符[37]，所以羅什也不可能將「一切相智」與「一切智智」融合，僅以「一切種智」名之。所以二經所依原典不是同一本，這應是證據之一。

第二：第二會卷四百七十二「善達品」中，曾出現「種子」的名詞，如《大般若經》曾說：「佛告善現：若菩薩摩訶薩行深般若波羅蜜多時，如實知因緣是種子相、等無間緣是開發相、所緣緣是任持相、增上緣是不礙相」[38]。「種子」一詞雖在原始佛教已有，但只用於譬喻，到了部派佛教時期，「種子」才被賦予哲學性的意義，作為諸法緣起微細相的代名。到了大乘佛教時期，「種子」思想被瑜伽行派吸收發展，並被納入其所奉行的唯識思想體系中，成為唯識思想中重要的一個環節，也自此確立其在大乘佛教思想中所扮演的角色。「四緣」則指一切有為法生起所憑藉的四種緣，屬由阿毘達磨所歸納整理出的因緣論的內容之一，後來也被融入唯識思想。由此可見，「四緣」與「種子」思想的完成是經過一段漫長的發展時間，且最終都是在由瑜伽行派所完成的唯識思想體系中獲得充分的闡發。以奉行唯識思想為主的瑜伽行派，建構了精密的唯識思想體系，對當時印度的佛教思想有極為重要且深層的影響，因此在七世紀中期以後完成漢譯的《大般若經》第二會，其所依的原典在集成時，極有可能因為受到於西元四、五世紀興起的瑜伽行派的影響，而在經文中加入種子與四緣等法數。這應也是在瑜伽行派興起之前集成的《摩訶般若波羅蜜經》的梵文原典中完全不見種子與四緣的原因，此為可證明《摩訶般若波羅蜜經》與第二會所依文本不同的另一個證據。

第三：由前揭引文，我們得知《摩訶般若波羅蜜經》中由名

---

37 參見本書第一章文本部分相關的討論與說明。
38 《大般若波羅蜜多經 401-600 卷》。《大正藏》第 7 冊，頁 389 上。

假、受假、法假組成的三假，到了《大般若經》第二會中，成為
名假、法假、方便假。受假為方便假所取代，但顯而易見地，受
假之意並不同於方便假。我們在第二章已詳細地討論過受假，對
之的認識為：諸法的相及名皆來自虛妄憶想分別，因此取相、取
名而後相名相應的結果，自然是假而不實的，此即為受假的的內
涵。在羅什的翻譯中「受」與「取」同義，如羅什將舊譯的「五
取蘊」改為「五受陰」。「受」指領納根塵相對之後對塵相認知的
結果，而「取」亦有接受塵相並得到認識的意義，所以「受假」
亦等於「取假」。於是受假強調的是眾生對名相的味著或偏執，與
遍計所執相同義，具有些許唯心的色彩。但是在《大般若經》第
二會中的方便假，由引文可知是表述諸法的名、相皆是方便施設，
因此其所強調的是名、相唯假施設，沒有蘊含「味著」或「偏執」
的唯心意味，與受假的意涵有明顯的不同。這是二經非同本異譯
的又一個證據。

　　第四：在《大般若經》第二會卷四五二「習近品」第五十九
曾提到佛大涅槃的常、樂、我、淨四德：

> 復次！善現！若菩薩摩訶薩常作是念：諸有情類於長夜中
> 為諸惡友所攝受故，其心常行三四顛倒，謂常想倒、心倒、
> 見倒；若樂想倒、心倒、見倒；若我想倒、心倒、見倒；
> 若淨想倒、心倒、見倒。我為如是諸有情故，應趣無上正
> 等菩提，修諸菩薩摩訶薩行，證得無上正等覺時，為諸有
> 情說無倒法：謂說生死無常、無樂、無我、無淨。唯有涅
> 槃微妙寂靜，具足種種常、樂、我、淨真實功德。[39]

但常、樂、我、淨卻未出現在《摩訶般若波羅蜜經》相對應的經

---

39 《大般若波羅蜜多經 401-600 卷》。《大正藏》第 7 冊，頁 281 下。

文中：

> 復次！須菩提！若菩薩摩訶薩作是念：眾生長夜著四顛
> 倒，常相、樂相、淨相、我相，為是眾生故求薩婆若，我
> 得阿耨多羅三藐三菩提時，為說無常法、苦、不淨、無我
> 法。[40]

　　從這兩段經文的比對中，可以很清楚的發現二經有些根本性
的差異。在第二會中，菩薩為了顛倒眾生，發願證得阿耨多羅三
藐三菩提，以及在成就菩提後，為這些眾生說無倒之法：即生死
是無常、無我、無樂、無淨，涅槃才是具有常、樂、我、淨的真
實功德。從此看來，第二會中菩薩證得三菩提之後，除了向眾生
揭示世間是無常、無我、無樂、無淨，因此不應追求之外，還另
外指出涅槃之常、樂、我、淨的特質。而在《摩訶般若波羅蜜經》
中，菩薩同樣的也是為了眾生而求菩提，但證得菩提之後，為顛
倒眾生說的是隨順他們根機的無常、苦、不淨、無我的聲聞法，
完全沒有提到涅槃的常、樂、我、淨等法。以常、樂、我、淨等
用語闡釋涅槃的功德，在中國地區最早是由曇無讖（西元 385-433
年）譯的《大般涅槃經》所揭櫫。由於《摩訶般若波羅蜜經》屬
印度佛教早期的經典，而《大般涅槃經》屬中期的經典，較早出
的《摩訶般若波羅蜜經》中沒有晚出經典的用語，是很正常的。
至於《大般若經》第二會，它比《大涅槃經》晚出超過兩世紀，
因此第二會中融入了《大涅槃經》的思想和詮釋語言，並不令人
感到驚奇。

　　第五：《大般若經》第二會的經文至「空性品」第八十五結束，
相當於《摩訶般若波羅蜜經》的第八十七「如化品」。二會沒有相

40　《摩訶般若波羅蜜經》，卷十八「不證品」。《大正藏》第 8 冊，頁 351 上。

當摩訶般若的第八十八到九十品（即「常啼品」、「法尚品」、「囑累品」）的內容。以玄奘翻譯的謹慎態度，若非其所依的的梵文原典原就缺少此一部分，不然他不會不將之譯出的，因為初會即有此三品。

　　由上述的討論可知，《大般若經》第二會與《摩訶般若波羅蜜經》所依的梵文原典，應是不同時代的產物，在時間的進程中，因為社會思想變遷的因素，二會較早出的《摩訶般若波羅蜜經》，除了法數增加一些、敘述地稍微繁複些和內容的微幅的差異之外，也融進一些《摩訶般若波羅蜜經》中所未見、屬於唯識思想和如來藏思想的法數與內容（以上本書所舉二經的差異參見表十一）。

表十一　《摩訶般若波羅蜜經》與《大般若經》第二會的簡單對照

對照主題	《摩訶般若波羅蜜經》	《大般若經》第二會
譯時與譯者	（後秦）鳩摩羅什	（唐）玄奘
內容的差異（根據本小節的舉例）	1、22,000偈（在大正藏中擁有208頁的內容）。	25,000偈（在大正藏計有中有426頁的內容）。
	2、有一切智、道種智、一切種智之名相；無一切智智之名相。	有一切智、道相智、一切相智之名相；以一切智智表彰最圓滿的佛智。
	3、沒有夾雜後來被歸為唯識學的名相，如種子、四緣等。	出現種子、四緣等被後世歸為唯識思想的用語及概念。
	4、三假的內容為名假、受假、法假。	三假的內容為名假、法假、方便假。
	5、對於著四倒的眾生，菩薩在成就菩提後，將為其說無常法、苦、不淨、無我法。	對著四倒的眾生，菩薩在成就菩提後，將為其說常、樂、我、淨的涅槃法。
	6、具有「常啼品」第八十八、「法尚品」第八十九、「囑累品」第九十。	沒有相當的內容。

　　以上我們通過漢譯本比較，發現《摩訶般若波羅蜜經》和《大

般若經》第二會不是同本異譯的做法，雖然以文獻學的角度而言，不是完善的方式，但是在梵文原典不齊備的情況下[41]，通過漢譯文本的比較，找出不同譯本和譯者對同類概念和意義，在翻譯時所呈現出的差異，依舊具有重大意義，因為它至少提供漢譯佛經發展的某種軌跡和某種思想詮釋的變遷，我們也同時得以體會不同時代譯師的翻譯與運用文字的特殊風格。經由對照，我們也發覺二會比《摩訶般若波羅蜜經》的表述繁複了一些，以致在《大正藏》中二會的篇幅比《摩訶般若波羅蜜經》多了二百一十九頁，這使得《摩訶般若波羅蜜經》的閱讀要比二會容易進行，各種話題也較容易掌握。因此二經雖然經文範疇基本一致，而且都是由佛典的翻譯聖手譯成，但若欲完整瞭解般若思想，看來還是以《摩訶般若波羅蜜經》入手，會相對容易些。

第三節　與上品般若類經典內容的比對

　　雖然上品般若以十萬頌的內容量，看似與《摩訶般若波羅蜜

41　根據山田龍城，《大般若經》第二會現存的梵本，計有 Nalinakasha Dutt 校對的劍橋寫本、巴黎國民圖書館寫本、孟加拉亞細亞協會寫本、東京大學寫本、斯坦因蒐集的中亞梵本（中亞斷片）等。現存的梵本是依《現觀莊嚴論》的「八事七十義」，分為八品而被科註的。Dutt 的版本是根據吉爾吉特（Gilgit）所出土的五世紀末至八世紀中的佛典而來，其中二萬五千頌的般若經只出版到第一品，但在份量上約佔第二會的三分之一。（山田龍城（1985）。《梵語佛典導論》（許洋主譯）《世界佛學名著譯叢 79》。台北：華宇，頁 215-216，以及蔡耀明（2000）。〈吉爾吉特（Gilgit）梵文佛典寫本的出土與佛教研究〉，頁 1-21。）由於山田氏在其所著的書中完全沒有提到《摩訶般若波羅蜜經》梵本留存的相關資訊，這應有二種可能：一是他沒有資料在手中；再來，他可能以為「摩訶般若」的梵本與第二會所依是同一本，無論何種可能，都顯示出目前學界對《摩訶般若波羅蜜經》梵文原典的相關問題的所知，還是相當地有限，更多的瞭解，有賴將來更多文獻資料的發現。

經》之間，存有極大的落差，但事實上，如同二萬五千頌的中品般若一般，其與摩訶般若都是圍繞著相同的話題進行論述，因此在剔除法數的重複外，實質內容未見增加。十萬頌的上品般若（藉由《大般若經》初會來看）如同中品般若一樣，是隨著佛陀自說或是令弟子說而開啓話題，但是篇幅卻足足比中品般若多了約五分之四，占《大般若經》六百卷中四百卷的篇幅，除了法數類別大量的增加以外，還增添了重述時的龐大用語，即對每一話題闡述時，都不厭其煩地以不同的法數重複敘述一遍。法數有二百項之多，一般是從五蘊的「色」開始至佛的不共法截止，例如在闡明對甚深般若波羅蜜的信解時，初會中使用的色淨、果淨、我淨、乃至一切智智淨、三際清淨等名相，幾乎涉及到佛教所有的法數。此外，更是依次運用各個法數對之進行詮釋，這就導致了所用篇幅的巨大，共計五三八頁，一百零二卷。但與之相對應的部分卻僅占《大般若經》第二會二頁半，第三會的一頁，《摩訶般若波羅蜜經》的半頁[42]。《摩訶般若波羅蜜經》只用六塵、三智、我、眾生、淫、瞋癡、十二因緣、十八空、四念處、六波羅蜜等法數反覆述說，因為這些法數的範圍已涵蓋了一切法的範疇，所以不用再將所有的法數都列舉出來。太多的法數反而容易使讀者掉入法數的大海中，而忘了原來的話題為何。

除了法數的重複述說，上品般若也會將某一法數的同義語不厭其凡地從頭到尾述說一遍，例如《摩訶般若波羅蜜經》中對佛

---

42 對深般若波羅蜜難以信解的相關闡述，出現在《大般若經》初會卷一八三起至卷二八四「難信解品」第三十四；《大般若經》第二會卷四三五「地獄品」第三十九之二；《大般若經》第三會卷五六〇「地獄品」第十之二；《摩訶般若波羅蜜經》卷十一「信毀品」第四十一。

身的一段敘述中，只用：「諸佛無所從來，亦無所至」[43]，初會在相對應的經文中卻將「佛」所有的同義語一一列出：「一切如來、應、正等覺、明行、圓滿、善逝、世間解、無上丈夫、調御士、天人師、佛、薄伽梵，所有法身，無所從來，亦無所去」[44]。這樣的例子，隨處可見。於是，雖然根據 Conze，十萬頌般若如果在與下品般若相較的情況下，內容是大幅的增加，如：

（1）「緣起品」第一至「摩訶薩品」第十三是八千頌第一卷「初品」第一的增廣，其中增加了七項新的內容：

　　1. 佛陀與十方法界各佛土的不思議境界。

　　2. 以般若波羅蜜完成菩薩的目標與願力。

　　3. 對菩薩的基礎教導。

　　4. 故事情節

　　5. 法數分類的列舉

　　6. 羅列二十種空、一一二種三昧、三十七菩提分、四十三陀羅尼門、菩薩十地。

　　7. 世間法與出世間法不同之處的闡釋。

（2）「大乘鎧品」第十四至「願行品」第五十一是八千頌「釋提還因品」第二至第「薩陀波侖品」第二十七的增廣，此部份實質上沒有任何新加的概念。

（3）「殑伽天品」第五十二至「結勸品」第七十九是獨立的，與八千頌的內容沒有關聯。此部份的內容包含：諸法空義和努力證得菩提之實際需要間的統一與區別、以及對法數的定

---

43 《摩訶般若波羅蜜經》，卷二十七「法尚品」第八十九。《大正藏》第 8 冊，頁 421 中。

44 《大般若波羅蜜多經 201-400 卷》，卷三九九「法湧菩薩品」七十八之一。《大正藏》第 6 冊，頁 1067 中。

義，例如三智、佛身的特徵等。同樣的，一個概念的提出，皆使用大量法數的反覆述說。[45]

但是增加的實質性部分，同樣地也存包含在摩訶般若之中。上品般若會以如此的風貌出現，Conze 認為應是與其編輯的年代，印度人喜好長書有關。但這樣的描述方法，卻完全不合中國人的口味，因此玄奘雖然耗費了極大的精力將之譯成漢語，卻沒有得到中國人的青睞，在中國造成流行，換句話說，即十萬頌本的傳出對中國地區的意義並不顯著。

另外，我們在前述比較《摩訶般若波羅蜜經》與初、二會行文的差異時，已經發現初會和二會的用語及文風極為接近，與摩訶般若的相似度則較低，因此《大般若經》中的上品般若其實是在其中品般若的基礎上增廣的，即初會是在二會的基礎上增廣的，而不是在摩訶般若的基礎上增廣的，所以初會與二會關係緊密地如同親子，而與《摩訶般若波羅蜜經》的關係則只像手足。除了初會所提及的法數種類遠遠地超過《摩訶般若波羅蜜經》之外，前面所述《摩訶般若波羅蜜經》與第二會之間第一至第四例的差異，也同時存於與初會之間。此外，初會的三假中，在名假、法假之外，另一則為「教授假」，此與二會的「方便假」以及《摩訶般若波羅蜜經》的「受假」皆不同。至於在前述《摩訶般若波羅蜜經》與第二會的比較中，曾提及二會沒有《摩訶般若波羅蜜經》的最後三品，初會則沒有這個問題。初會的最後三品：「常啼菩薩品」、「法湧菩薩品」、「結勸品」，即相當於《摩訶般若波羅蜜經》「常啼品」、「法尚品」、「囑累品」。

另外再說到被龍樹與吉藏列為上品般若的《光讚經》。在龍樹

---

45 Edward Conze, The Prajñaparamita Literature. pp. 32-33.

時代，他所見到或所知道的《光讚經》是具有十萬頌的大部頭經典：「大般若品有十萬偈」[46]，因此他將光讚配屬上般若。《大智度論》說道：「般若波羅蜜部黨經卷，有多、有少，有上、中、下，光讚、放光、道行」。類似的說法在（隋）吉藏注釋《金剛經》的《金剛般若疏》卷一中也可看到：

> 光讚有五百卷，此土零落，唯有十卷。或分為十二卷，有三十七品，即是上品。次放光為中品、道行為下品也。放光有二十卷，是古大品，道安法師所講者。今新定本有二十七卷，或為二十四卷，對小品為大品，於前三部實應是中品也。道行即是小品，有十卷，即有新定本，有七卷。[47]

可見《光讚經》的原本應是部頭浩大的十萬偈經本，但傳入中國的《光讚經》只剩十卷殘本共二十七品，由於現存的內容與放光的前三十品、大品的前二十九品相當，因此在漢地被歸為中品般若。《光讚經》在西元 286 年譯出，屬早期翻譯的佛典，譯語生澀、文意不暢，由是，在中國並未受到太多的注意。

由以上的討論看來，若要瞭解完整的般若思想，中品般若類經典以法數的種類不會過多，以及反覆述說不致太過的緣故，比起上品般若，應是較好的選擇。在中品般若類經典中，《摩訶般若波羅蜜經》又以行文流暢、法數的列舉雖比第二會少些但涵蓋的內容卻反而較為完整（第二會沒有《摩訶般若波羅蜜經》的末後三品）、以及可與《大智度論》直接對讀等原因，因此即便不去論它因為在中國傳出的時間所造就的獨特歷史意義，而純粹地僅以經典本身的價值而言，《摩訶般若波羅蜜經》不僅在中品般若類經典中最為突出，同時也是全部上、中、下品般若類經典中，最令

---

46 《大智度論》，卷一百「釋囑累品」第九十。《大正藏》第 25 冊，頁 756 上。
47 唐・吉藏《金剛般若疏》。《大正藏》第 33 冊，頁 86 中。

人矚目與最具代表性的一部般若經典。

第四節　與《金剛經》的對照與比較

　　本來將《摩訶般若波羅蜜經》立足於上、中、下品般若經中比較，已顯示了《摩訶般若波羅蜜經》在般若思想傳承中的特殊地位，因為其它類別的般若經，相較於上、中、下品的般若經而言，對於般若思想的介紹都只是片面，不具全面性與完整性，所以應該是沒有將《摩訶般若波羅蜜經》再與他類般若經比較的需要。然而在般若類經典中，《金剛經》應是一個例外。《金剛經》雖然篇幅不大，只約三百頌，但以其流傳的廣度，在般若類經典中，除了《般若心經》之外，沒有可與之媲擬者。此外，該經被日本靜谷正雄在其《初期大乘佛教の成立過程》一書中，推定為「原始大乘經典」之一[48]，因此可與上、中、下般若經一起代表早期的大乘思想。再說，在中國的流傳當中，該經曾被禪宗六祖慧能選為傳承禪宗心法的經典，甚至明末以來的新興宗教，如「羅教」或名「無為教」，更將之推崇為最高價值的佛典[49]。出於以上種種原因，我們以為將《摩訶般若波羅蜜經》與《金剛經》進行比較，對二經在傳揚般若思想方面的特色做一探究，從而找出二者闡述般若思想方式的異同處，還是具有重要意義的。

　　金剛般若雖未像摩訶般若一樣，完整地敘述般若思想的各個面向，但也因為基本地含括般若的重要思想，如般若波羅蜜義、

---

48 三枝充悳：〈《般若經》的成立〉。載《般若思想》，頁 113-114。
49 關於新興宗教對《金剛經》的看法，見楊惠南（2001）。〈《金剛經》的詮釋與流傳〉。載《中華佛學學報》（14），頁 185、187、206-229。

菩薩道次第的略說，以及三百頌的短小篇幅中沒有重複述說各類法數的緣故，閱讀起來比《摩訶般若波羅蜜經》容易切入般若思想的重心。正是因為如此，《金剛經》在歷來受到的關愛最多，注疏也最多。於是，透過它去理解般若波羅蜜的內涵，要比透過《摩訶般若波羅蜜經》容易得多，是故可將之作為認識般若思想的入手經典。對於宣揚般若思想中，這樣一本流傳最廣，影響最大的經典，它的文字到底具有甚麼樣的魅力？本書將從《摩訶般若波羅蜜經》的幾個代表思想，即大乘義、二諦與方便力（含般若波羅蜜義及對諸法性相的闡釋）、般若波羅蜜的觀行方法等，與《金剛經》對照，試著為此問題找出答案。

一、大乘義：菩薩道次第

　　相對於原始佛教與部派佛教而言，大乘佛教除了關注個人上求佛道的部分之外，並特別地注重對諸法本際性相、度生智慧以及心量的開發與開展。這是因為上求佛道的圓滿成就，需要來自下化眾生事行的支持。沒有在度生的過程中，培養出慈悲的心量以及確立對諸法性相的正確認識，就無法有機會證入諸法「空」的體性而見道，接下來，當然也就不可能學習在「空」中施行六波羅蜜，直至度生而無眾生可度，成就一切種智而成功登上「一切智智」位。上求與下化的結合形成了一條連結凡夫與佛的通道，即「菩薩道」。其中慈悲與智慧（即般若波羅蜜）是菩薩道成就的兩個必需 的因素，也同時是區隔大乘佛教與原始佛教、部派佛教的重要因素。同作為代表早期大乘思想的《摩訶般若波羅蜜經》與《金剛經》，自然對之的講述是不會缺少的。但是內容量差異極大的二部經典，在此方面的陳述會呈現什麼樣不同的風貌呢？

　　《金剛經》雖然內容短小，但是在僅僅三百頌的內容中，該經以般若波羅蜜為中心所做的開展，也是如同《摩訶般若波羅蜜經》一般，從發菩提心開始，經過學習六波羅蜜的世諦義，至見道，然後相應薩婆若，以薩婆若心在第一義境中學習六波羅蜜的施行，學習以度生的誓願和認識諸法真相的智慧莊嚴佛土，而又實質無莊嚴佛土事，乃至闡明佛位具備的一切種智、五眼以及佛身的真相為止，菩薩道中重要的次第都羅列在內。只是《金剛經》限於篇幅無法像《摩訶般若波羅蜜經》一樣，將菩薩道中的樣樣事都詳細闡釋，它是藉由以不同的話題談論般若波羅蜜義的方式，將菩薩道修行的次第含藏在各個話題之內，並順勢地帶出。以下即舉出《金剛經》中所含菩薩道次第的重點：

1、發菩提心

　　在《金剛經》中，佛陀透過回答須菩提所問的第一個問題——「世尊！善男子、善女人，發阿耨多羅三藐三菩提心，應云何住？云何降伏其心？」[50]時，即開宗明義地點明：發菩提心欲行菩薩道的行者，應將其心住於般若波羅蜜與慈悲，由此簡要而清楚地顯明了大乘的意義。《金剛經》卷一說：

> 佛言：……善男子、善女人，發阿耨多羅三藐三菩提心，應如是住，如是降伏其心。佛告須菩提：諸菩薩摩訶薩應如是降伏其心：所有一切眾生之類，若卵生、若胎生、若濕生、若化生，若有色、若無色，若有想、若無想、若非有想非無想，我皆令入無餘涅槃而滅度之。如是滅度無量無數無邊眾生，實無眾生得滅度者。何以故？須菩提！若

---

50 《金剛般若波羅蜜經》。《大正藏》第 8 冊，頁 748 下。

> 菩薩有我相、人相、眾生相、壽者相，即非菩薩。[51]

經文的意思是說菩薩要發心度一切眾生（包含卵生、胎生、濕生、化生，有色、無色，有想、無想、非有想非無想等九類）[52]又要知道眾生性空而實無眾生可得可度。若有眾生可得可度，就不是所謂的菩薩，這是因為具備般若波羅蜜的菩薩是不會著相的。菩薩之所以不會著相的原因，是因為藉由般若波羅蜜深深地體會了諸法本際性相皆空的緣故。在諸法空相上，各類眾生對之各自不同的虛妄憶想分別，使諸法在各道呈現「自相」的現象，就像虛空以其無相而能使諸相於其中發揮且彼此不礙的情形一樣，也因此在此諸法宛然卻不實的狀況之下，菩薩即能夠於諸法不取不著。

2、闡揚六波羅蜜世諦義的限制性

> 須菩提！於意云何？若人滿三千大千世界七寶以用布施，是人所得福德，寧為多不？須菩提言：甚多，世尊！何以故？是福德即非福德性，是故如來說福德多。若復有人，於此經中受持，乃至四句偈等，為他人說，其福勝彼。何

---

51 《金剛般若波羅蜜經》。《大正藏》第 8 冊，頁 749 上。

52 《金剛經》中所稱的九類眾生，實際上涵蓋了三種對於眾生生命形式的分類：（一）卵、胎、濕、化是依三界六道眾生的出生方式而做的分類。卵生、胎生屬欲界人道及畜生道的出生方式；濕生指依靠濕氣或在濕地生存的畜生道生命種類，如魚、蝦等水族生命；化生是指由變化而生的生命形式，如天界的天人、地獄道眾生、蚊子、蝴蝶等。（二）有色、無色是依眾生的正報（色身）與依報（器世間）是否具有色質而定。欲界與色界的生命為「有色」所攝，無色界的生命為「無色」所攝。（三）有想、無想、非有想非無想是依眾生是否具有感覺、認識、意志、思考等作用而做的分類。欲界、色界生命（除無想天外）以及無色界的前三天 —— 空無邊處、識無邊處、無所有處 —— 屬有想類，色界四禪天中的「無想天」眾生屬無想類。無色界的第四天的「非想非非想天」眾生屬非有想非無想類。《金剛經》藉由不同的分類述說所有生命的種類以包羅一切有情眾生，不致遺漏。

以故？須菩提！一切諸佛及諸佛阿耨多羅三藐三菩提法，
皆從此經出。須菩提！所謂佛法者，即非佛法。[53]

須菩提！若有善男子、善女人，初日分以恒河沙等身布施，
中日分復以恒河沙等身布施，後日分亦以恒河沙等身布施，
如是無量百千萬億劫以身布施；若復有人，聞此經典，信
心不逆，其福勝彼，何況書寫、受持、讀誦、為人解說。
須菩提！以要言之，是經有不可思議、不可稱量、無邊功
德。如來為發大乘者說，為發最上乘者說。若有人能受持
讀誦，廣為人說，如來悉知是人，悉見是人，皆得成就不
可量、不可稱、無有邊、不可思議功德，如是人等，則為
荷擔如來阿耨多羅三藐三菩提。何以故？須菩提！若樂小
法者，著我見、人見、眾生見、壽者見，則於此經，不能
聽受讀誦、為人解說。[54]

在此兩段經文中，《金剛經》的目的其實並不是要介紹布施財
寶的重要，相反地，它是要藉由比較布施財寶所得的福德與受持
《金剛經》所得的福德的大小，強調「離相」的重要性[55]。按照
《金剛經》的思路，世諦意義的有相施行布施或是其他五波羅蜜，
由於沒有出名相的範圍，只屬於世諦層次的有相施作，行者並無
法藉之見道以及相應「薩婆若心」。《金剛經》為讓眾生「離相」，
以自名相分別的纏縛中解脫，因此極力強調超越「我見、人見、
眾生見、壽者見」，以達諸法的本質。由此可見，修持《金剛經》
因為可以深達諸法本質，所以可獲致比佛法世諦意義的修持更大
的福德。但是根據《金剛經》，此亦是方便說法，因為諸法本質既

---

53 《金剛般若波羅蜜經》。《大正藏》第 8 冊，頁 749 中。
54 同上書，頁 750 下。
55 類似旨趣的經文，在《金剛經》中多處可見。

是「性空」，所以「是福德即非福德性，是故如來說福德多」。於是藉由上述的經文，我們不但瞭解第一義諦無相修持的重要，也同時明瞭世諦層次有相修持的不究竟意義。

3、見道與相應薩婆若

> 諸菩薩摩訶薩應如是生清淨心，不應住色生心，不應住聲、香、味、觸、法生心，應無所住而生其心。[56]
>
> 若當來世，後五百歲，其有眾生，得聞是經，信解受持，是人則為第一稀有。何以故？此人無我相、人相、眾生相、壽者相。所以者何？我相即是非相，人相、眾生相、壽者相即是非相。何以故？離一切諸相，則名諸佛。[57]
>
> 菩薩應離一切相，發阿耨多羅三藐三菩提心……應生無所住心。若心有住，則為非住。[58]

第一段經文指出定中修行空觀的原則 —— 不住塵境生心，如此，即得遠離塵境。值此之時，心已安住，不再躁動，心意即得向內心深層觀照。在達到心無所住之時，即表示一切心心數法不再現行，行者即得於此時在無我、人、眾生、壽者四相的情況下，於「無所住」之處而開悟見道。此無所住之處，即是在空境中不來不去、不動不出的薩婆若所行之境，因此見道而與此空境相應，即能相應薩婆若，於是所生的無所住心也即是薩婆若心，此即為「應無所住而生其心」之意。

4、以薩婆若心依般若波羅蜜行六波羅蜜

> 若菩薩心住於法而行布施，如人入闇，則無所見；若菩薩

56　《金剛般若波羅蜜經》。《大正藏》第 8 冊，頁 749 下。
57　同上書，頁 750 中。
58　同上書，頁 750 中。

> 心不住法而行布施，如人有目，日光明照，見種種色。[59]
>
> 以無我、無人、無眾生、無壽者，修一切善法。[60]

無我、人、眾生、壽者而離一切相且相應薩婆若，即是表示出世間般若波羅蜜已獲現觀，此時以出世間般若波羅蜜修一切善法，即能心不住法而行布施或其他五波羅蜜（該經僅以布施為例說明，餘波羅蜜依此類推）。

5、佛地 —— 一切種智、五眼、佛身、佛土。

一切種智：

> 佛告須菩提：爾所國土中，所有眾生，若干種心，如來悉知。何以故？如來說諸心，皆為非心，是名為心。[61]

所有眾生的各種心，如來悉知，即表示如來已具備了知諸法自共相的一切種智，因為諸法的緣起皆與眾生的心有關。

五眼：

> 須菩提！於意云何？如來有肉眼不？如是，世尊！如來有肉眼。須菩提！於意云何？如來有天眼不？如是，世尊！如來有天眼。須菩提！於意云何？如來有慧眼不？如是，世尊！如來有慧眼。須菩提！於意云何？如來有法眼不？如是，世尊！如來有法眼。須菩提！於意云何？如來有佛眼不？如是，世尊！如來有佛眼。[62]

這一段經文是說明成佛者具足五眼，五眼是：肉眼，人皆具備；天眼，色界天人因修禪定所得之眼，此眼遠近前後，內外晝夜上下皆悉能見，他界眾生亦可修得；慧眼，表示具備觀見諸法空義的智慧，二乘之人可具；法眼，是菩薩所具，洞察一切法門

---

59 《金剛般若波羅蜜經》。《大正藏》第 8 冊，頁 750 中-下。
60 同上書，頁 751 下。
61 同上書，頁 751 中。
62 同上書，頁 751 中。

之眼，緣起於道種智；佛眼：即是洞徹一切諸法的行類、相貌、顯示、說的能力，緣起於一切種智，為佛所獨有。五眼是描述佛所具備之五種不同層次洞察諸法的能力，以「眼」為譬，是取眼睛所具洞察外物的能力之義。

佛身：

> 須菩提！於意云何？佛可以具足色身見不？不也，世尊！如來不應以具足色身見。何以故？如來說具足色身，即非具足色身，是名具足色身。[63]
>
> 須菩提！於意云何？可以三十二相觀如來不？須菩提言：如是，如是！以三十二相觀如來。佛言：須菩提！若以三十二相觀如來者，轉輪聖王則是如來。須菩提白佛言：世尊！如我解佛所說義，不應以三十二相觀如來。[64]
>
> 須菩提！汝若作是念：如來不以具足相故，得阿耨多羅三藐三菩提。須菩提！莫作是念。如來不以具足相故，得阿耨多羅三藐三菩提。須菩提！汝若作是念，發阿耨多羅三藐三菩提者，說諸法斷滅相。莫作是念。何以故？發阿耨多羅三藐三菩提心者，於法不說斷滅相。[65]

以上的經文，指出佛身所攝含的兩層意義：一為指明佛的真身不是一般肉眼所見的色身，因為色身性空，是「無所從來，亦無所去」的「空性」之身，此身是佛身的基礎內涵，所以佛身不能以具足色身見；二為表明不能僅從色身是否具三十二相，為決定佛身的依據，因為轉輪聖王也是外觀具有三十二相，但轉輪聖王並不是佛。由此揭示出，雖然佛的真身，從其本體而言，不能

---

63 《金剛般若波羅蜜經》。《大正藏》第 8 冊，頁 751 下。
64 同上書，頁 752 上。
65 同上書，頁 752 上。

以具足色身見，也不能以具足諸相見，但卻不能因此以爲佛沒有具足諸相，佛的諸相具足是立基於空性之上所顯發的福慧具足之身，因此空性與具足諸相是佛身的一體兩面。以空性而言佛身之時，則佛身是不來不去，但若從福慧具足的角度來看佛身之時，則是諸相具足，所以若將佛的空性身或自性身當成是佛身的唯一定義，而以爲佛的具足相也是空，則落入「空無」的斷滅之見，發菩提心欲取菩提者，不應作如是說。

佛土：

> 須菩提！若菩薩作是言：我當莊嚴佛土。是不名菩薩。何以故？如來說莊嚴佛土者，即非莊嚴，是名莊嚴。須菩提！
> 若菩薩通達無我法者，如來說名真是菩薩。[66]

於此，經文以莊嚴佛土爲例，強調「無我法」或「諸法性空」的重要性。莊嚴佛土是指菩薩在行菩薩道的過程中，以其逐漸堅固的度生誓願和福慧，莊嚴淨土，以期將來成佛之時，可以建立莊嚴的淨土，這是菩薩道最後要圓滿的一環。但是這樣便以爲真有莊嚴淨土一事，即不符合諸法自性涅槃的意旨，而是著相，所得之般若波羅蜜即是相似般若波羅蜜，而非真實般若波羅蜜。《金剛經》在此以「莊嚴佛土者，即非莊嚴，是名莊嚴」，不但提出了「莊嚴佛土」的概念，又強調「莊嚴佛土」其實性空，此爲「即非莊嚴」之意，但在「性空即能不壞假名」的原則之下，「莊嚴佛土」之事依然可以宛然而現，即爲「是名莊嚴」。於是對於這樣的菩薩，該經將其描述爲「菩薩通達無我法者，如來說名真是菩薩」。這樣該經即以二諦完整地表達了「莊嚴佛土」有相及無相不同層次的意義。

---

66 《金剛般若波羅蜜經》。《大正藏》第 8 冊，頁 751 中。

　　以上即是《金剛經》對菩薩道次第簡單的鋪陳，而我們發現，在以上每個話題的末尾，該經幾乎都要以「××，即非××」和「××者，（即）非××，是名××」的句式，強調其所說事項的性相實際是「性空假有」，由此該經不但揭示了諸法性相的真相，也同時一併地表述了通達諸法「性空假有」兩面向之般若波羅蜜的意義和精神。

　　《摩訶般若波羅蜜經》因為內容量比《金剛經》約多出八十倍左右，而且經文的鋪陳涵蓋整個菩薩道次第的思想，此已在本書第一、二章做過敘述，在此僅以一段完整敘述菩薩道次第的經文為例，簡單地對之再次說明，該經卷四「金剛品」第十三說道：

> 佛告須菩提：菩薩摩訶薩應生如是心，我當於無量生死中大誓莊嚴、我應當捨一切所有、我應當等心於一切眾生、我應當以三乘度脫一切眾生令入無餘涅槃，我度一切眾生已，無有乃至一人入涅槃者、我應當解一切諸法不生相、我應當純以薩婆若心行六波羅蜜、我應當學智慧了達一切法、我應當了達諸法一相智門、我應當了達乃至無量相智門。須菩提！是名菩薩摩訶薩生大心，不可壞如金剛。是菩薩摩訶薩住是心中，於諸必定眾而為上首，是法用無所得故。須菩提！菩薩摩訶薩應生如是心，我當代十方一切眾生，若地獄眾生、若畜生眾生、若餓鬼眾生受苦痛，為一一眾生無量百千億劫代受地獄中苦，乃至是眾生入無餘涅槃。以是法故為是眾生受諸懃苦，是眾生入無餘涅槃已，然後自種善根，無量百千億阿僧祇劫當得阿耨多羅三藐三菩提。須菩提！是為菩薩摩訶薩生大心，不可壞如金剛。[67]

---

67 《摩訶般若波羅蜜經》。《大正藏》第 8 冊，頁 243 中-下。

引文中,「菩薩摩訶薩應生如是心、我當於無量生死中大誓莊嚴……我應當了達乃至無量相智門」,菩薩於此所發利益眾生之心,即是指「菩提心」。引文並以「我應當等心於一切眾生」、「我應當以三乘度脫一切眾生令入無餘涅槃」、「我當代十方一切眾生受無量苦,至眾生入無餘涅槃之後,才自種善根以入阿耨多羅三藐三菩提」等,說明饒益有情的菩提心,範圍要涵蓋十方三界六道的一切眾生,且不論他們目前所處的狀態是多麼的不好,即使在地獄道、餓鬼道或是畜生道,均要慢慢的引領到無餘涅槃為止。發菩提心之後,菩薩即從布施開始習行六波羅蜜,此即「我應當捨一切所有」之意。接著以了知「諸法不生相」的般若波羅蜜相應薩婆若。隨後再以薩婆若心習行六波羅蜜,並以慈悲與般若波羅蜜的雙運,即能逐漸地圓滿道種智乃至一切種智,而相應於引文中所謂的「一相智門乃至無量相智門」。這一段經文涵蓋了整個菩薩道次第,即發菩提心、發大誓願、修六波羅蜜、以般若波羅蜜相應薩婆若、在第一義境中習行以般若波羅蜜施行六波羅蜜、成就一切種智。於此經文中,《摩訶般若波羅蜜》表明了菩薩道是依據菩薩為眾生而起的一切大心以及修一切法而又不著的精神所成。一段短短的經文,即充分地表明了,由般若波羅蜜和慈悲的精神所貫串而成的完整菩薩道次第。

經由上述,我們知道,《摩訶般若波羅蜜》由於篇幅比《金剛經》大很多,自然對大乘義從發菩提心起,至圓滿一切種智為止的菩薩道次第,有詳細的闡釋。相對只以簡要說明大乘基本而核心的思想的《金剛經》而言,限於篇幅,並不能以菩薩道次第為中心開展經文,而將其中的每一個部分詳細的闡述。該經的結構是以闡述般若波羅蜜義為中心,所以該經以大量「實無有法名 ×× 」或 「實無有法……」、「×× ,即非 ××」、「×× 者,(即)

非 ×× ，是名 ××」等遮詮的句式，引導眾生正確地觀照諸法性相以建立了知諸法真相的智慧，即般若波羅蜜。一旦眾生建立了般若波羅蜜，其以作為唯一連結凡夫與佛果通道的智能，則自能引領行者走上成佛之道，菩薩道也就隨之可以順利完成。但是即使經文是圍繞著般若波羅蜜而開展，《金剛經》以其短短的內容，也只能夠以前述特定的句式講述般若波羅蜜「性空」的中心思想，不能夠如《摩訶般若波羅蜜經》一般，從各各面向陳述般若波羅蜜義，如該經卷十二「遍歎品」第四十四，以無邊、不壞、無彼岸、空種、不可說、無名、不去、無移、盡、不生、無作、無知、不到、不失、夢、響、影、焰、幻、不垢、無淨、不汙、不戲論、不念、不動、無染、不起、寂滅、無欲、無瞋、無癡、無煩惱、無眾生、無二邊、不取、不分別、無量、虛空、無常、苦、無我、空、無相、十八空、三十七菩提分、背舍、六波羅蜜、十力、四無所畏、無礙智、佛法、如實說者、自然、佛等闡述般若波羅蜜義。

　　《金剛經》雖然亦含有菩薩道次第的概念，但由於概念的呈現不像《摩訶般若波羅蜜經》般的明顯，而且所說又屬略說層次，因此若是沒有參照《摩訶般若波羅蜜經》的相關思想，是很難將之依菩薩道次第的體系整合其思想。由此可見，同屬般若類經典中的二部經典，《摩訶般若波羅蜜經》以二萬二千頌的內容，綽綽有餘地覆蓋菩薩道次第的相關思想，而《金剛經》卻只能在以般若波羅蜜為主的論述中附帶的提到菩薩道的相關思想，無法清晰地傳達菩薩道次第思想體系的脈絡。儘管如此，卻也恰好地彰顯了《金剛經》語言魅力，其以精簡的語言，儘管簡單扼要，仍然盡可能地將大乘的一些重要思想及其基本精神顯發，這也應該是它成為人人皆知的經典的重要原因之一。

二、二諦與方便力

二諦的思想在原始佛教與部派佛教中雖已存在，但與般若類經典所說卻不盡相同。般若類經典將二諦視爲對眾生施行的一種方便教導：首先以二諦區分諸法的範疇，繼而以語言、文字而教。這麼做的原因是因爲眾生在經過長期地將諸法的名與相視爲一體後，諸法與語言、文字、句義等已完全融合而無法區分，句義甚至被妄執爲諸法的自相，使得生活在「名相」世間中的眾生，無法知曉諸法本際性空、相空而無分別的第一義境界。在這樣的情況下，菩薩在教導眾生時，才必須先以眾生熟知的假名爲其說法，以使眾生能依名尋義，先從名相得到句義，以有學習的著力點，等到眾生依法修行而使煩惱習薄、智慧增長，漸漸地從名相之中超拔出來之後，繼而才能透過觀想與禪定的方法，實際地與諸法的第一義相應，而得現觀般若波羅蜜。對於這個道理，《摩訶般若波羅蜜經》曾做出明確的表態：「世尊！如是一切法無所有相，云何菩薩摩訶薩作是分別，是法若有若無？佛言：菩薩摩訶薩以世諦故，示眾生若有若無，非以第一義⋯⋯復次，須菩提！眾生於五受陰中有著相故，不知無所有，爲是眾生故，示若有若無，令知清淨無所有」[68]。

即使是以語言文字而教，在表述諸法的第一義諦時，《摩訶般若波羅蜜》爲避免眾生落入固定的名相中，選用了特別的教導方式，即採用遮詮性的語言，以否定的方式表述諸法的第一義諦。但即使是以遮詮的方法說明諸法的第一義諦，以諸法仍由語言所

---

68 《摩訶般若波羅蜜經》，卷二十二「道樹品」第七十一。《大正藏》第 8 冊，頁 378 下。

詮，依然會有相對應概念產生的問題，該經隨即又否定言詮的第
一義諦，以彰顯第一義諦真實的精神是言語道斷、心行處滅，《摩
訶般若波羅蜜經》卷二十六「平等品」八十會說道：

> 以是有為性、無為性，是二法不合不散、無色、無形、無
> 對、一相所謂無相，佛亦以世諦故說，非以第一義。何以
> 故？第一義中無身行、無口行、無意行，亦不離身口意行
> 得第一義。是諸有為法、無為法，平等相即是第一義。菩
> 薩摩訶薩行般若波羅蜜時，第一義中不動，而行菩薩事饒
> 益眾生。[69]

此中所言「不離身口意行得第一義」即是指第一義的獲得，還是
得依靠言詮的方便教導以得思考的方向，然後才能依法修行而致
最終相應第一義諦，這種方便施設的意趣即是該經所說：「舍利
弗！菩薩摩訶薩住二諦中為眾生說法：世諦、第一義諦。舍利弗！
二諦中眾生雖不可得，菩薩摩訶薩行般若波羅蜜，以方便力故，
為眾生說法」[70]的意思。由是，施設而有的語言、文字，就像渡
河的船，具有工具的功能，我們可以依據語言、文字按圖索驥找
到目的地的所在，這也就像過河要藉船一般，但是船雖能載我們
過河，一旦到了目的地，就不再需要船了。若上了岸，在土地上
還執意要用船代步，就有行不了的現象發生，此非智者所為。同
樣地，菩薩以語言依世諦說法是為了指引著相的眾生找到通往第
一義諦的道路，而不是要讓眾生著於說法中的各種名相、概念之
中，並同時以為這些名相、概念即是真如。

　　由此看來，要能掌握二諦的教法，必須先要能夠通達諸法在
二諦中的不同的性相，換句話說，即是行者必須具備般若波羅蜜，

---

69 《摩訶般若波羅蜜經》。《大正藏》第 8 冊，頁 415 中。
70 同上書，頁 405 上。

然後才能藉由般若波羅蜜之力，在完全地把握諸法在世間與出世間不同的意義之後，本者利益眾生的慈悲心，生起方便力，之後才能依方便力運用諸法的假名，在諸法「性空唯名」的原則下，在第一義中自在地爲眾生說法，此即經中所言「不壞假名而說諸法相」的意境，亦是前述引文中所說「菩薩摩訶薩行般若波羅蜜時，第一義中不動，而行菩薩事饒益眾生」的內涵。此外，該經在說明二諦施設意義的同時，將諸法性相在二諦中不同的展現，以及世間般若波羅蜜與出世間般若波羅蜜的不同範疇，也一併地傳達清楚了。即經由世諦認知諸法性相的意義，即爲世間般若波羅蜜；透過世諦明白諸法第一義諦性相的道理，然後依第一義諦的教導並通過禪修，所得現觀的智慧即爲出世間般若波羅蜜。

　　《金剛經》由於內容的短小，因此對於般若思想的闡述只能採取略說但突出主題的形式進行，並沒有像《摩訶般若波羅蜜經》一樣，對菩薩道的教、行、果不僅概括完整且詳細的說明，同時還不厭其煩地以法數重複述說的方式強調，以加強聽法眾生的印象。《金剛經》是重複以「實無有法名 ×× 者」或「實無有法……」、「×× 者，即非 ××」與 「×× 者，即非 ××，是名 ××」等句式圍繞著般若波羅蜜的中心意義而展開經文。這些句式是用來說明諸法的性空唯名，而其「實際」非是人們可由根識取相而達成認知的。確切地說，《金剛經》是以「實無有法名 ××」或「實無有法……」、「×× 者，即非 ××」等遮詮的句式否定眾人對諸法的既定概念，這是因爲眾生不明諸法名、相、句義的真相，以爲顯現其前爲假名所定義的諸法，真有符合如是句義的體相存在；以「×× 者，即非 ×× ，是名 ××」的方式說明世間諸法其實並沒有名相所表述的性相，其在世間的存有，只是透過假名所成立的自性，然後隨起言說而宛然若存的一種假名有。

「實無有法名 ×ｘ」或「實無有法……」、「×ｘ者，即非 ×
ｘ」在《金剛經》中雖同是屬於遮詮的表達方式，但是「實無有法
名 ×ｘ」、「實無有法……」與「×ｘ者，即非 ×ｘ」所表達的句
義範疇不是一樣的。「實無有法名 ×ｘ」、「實無有法……」是傳
達諸法與其名相之間沒有對應的關係，這暗示世間諸法的存在是
「假有」。《金剛經》的相關表述有：

> 實無有法名阿羅漢。[71]
>
> 實無有法名為菩薩。[72]
>
> 實無有法發阿耨多羅三藐三菩提（心）者。[73]
>
> 實無有法如來得阿耨多羅三藐三菩提。[74]

「×ｘ，即非 ×ｘ」則是一種以遮詮方式否定諸法名相實在
性的句式，這也相同表示諸法的性空，在《金剛經》中，以這種
句式出現的相關表述有：

> 如來所說身相，即非身相。[75]
>
> 若見諸相非相，則見如來。[76]
>
> 是福德，即非福德性。[77]
>
> 所謂佛法者，即非佛法。[78]
>
> 佛說般若波羅蜜，則（即）非般若波羅蜜。[79]
>
> 若心有住，則為非住。[80]

---

71 《金剛般若波羅蜜經》。《大正藏》第 8 冊，頁 749 下。
72 同上書，頁 751 中。
73 同上書，頁 751 上。
74 同上書，頁 751 上。
75 同上書，頁 749 上。
76 同上書，頁 749 上。
77 同上書，頁 749 中。
78 同上書，頁 749 中。
79 同上書，頁 750 上。

如來說有我者，即非有我。[81]

由此看來，《金剛經》以此二種句式分別表述諸法的性相。「實無有法名 ××」、「實無有法……」的句式是用在傳達諸法的「假有」；「×× 者，即非 ××」則是用以說明諸法的「性空」。由是，「實無有法名 ××」、「實無有法……」和「非 ××」的句式各自說明了諸法的性空與假有，完全地否定諸法在世間的真實性，也因此《金剛經》中雖沒有出現「空」之一字，但「空」的思想卻是透過上列的句式隱含在經文的各處。

結合「實無有法名 ××」、「實無有法……」和「××，即非 ××」的意趣即可得「×× 者，(即) 非 ××，是名 ××」的句式。「×× 者，(即) 非 ××，是名 ××」的三句式基本上出現在《金剛經》後三分之二的經文中，是《金剛經》中最爲有名的句式，《金剛經》用之以同時表達諸法的性空與假 (名) 有。《金剛經》雖未像《摩訶般若波羅蜜經》般運用世諦與第一義諦的概念同時說明諸法的世俗面與真實面，但其使用「×× 者，即非 ××，是名 ××」的方式說明諸法性空唯名而假有的存在，亦是與《摩訶般若波羅蜜經》依方便力運用世諦與第一義諦說法的旨趣相同。三句式中，「×× 者」是指依世諦而得的諸法名相；「即非 ××」，如前所述，是表示否定有如是法的存在，亦即暗示諸法的本性是無所有、不可得，是性空；「是名 ××」即表示真實地瞭解呈現在眼前假名所謂 ×× 的法，其「名相」只是假立的施設法，爲假有。由此看來，三句式的第一句是指一般的認知，屬世諦的範疇；第二句否定一般的認知，然後人們即無法循固定的名相、概念思考，才能有機會穿透名相、句義的束縛，而相應諸法

---

80 《金剛般若波羅蜜經》。《大正藏》第 8 冊，頁 750 中。
81 同上書，頁 752 上。

的實際,即第一義;經過以上的兩個過程,人們才能在完全地了然諸法實際性空,名相、句義但是假立的事實之後,在根塵相接之時,同時從諸法性空、假名有的角度認知諸法,如此雖見名為 ×× 的法,卻又不會被其假立的名相、句義所囿,因此即能見到諸法如夢幻的存有形式,而此即第三句「是名 ××」的意義。由此可見,「是名 ××」蘊含了諸法名相但假施設,實際「無法」,雙攝性空假有的諸法實相義、或中道義。於是《金剛經》中雖未用「方便力」與「二諦」的概念與語言來說明諸法同時在世俗與超世俗中的區別,但是其所用精煉的三句語式,亦表達了與《摩訶般若波羅蜜經》依方便力運用二諦闡述諸法「性空唯名」相同的意趣。

至此我們達成這樣的認知:《金剛經》與《摩訶般若波羅蜜經》雖然因為經文量多寡的不同,造成二經詮釋重心與方法的差異,以致語言的運用方式大異其趣,但在闡述諸法的世間與出世間的意義上,不同的詮釋方法方式卻具有相同的內涵與精神。看來,同時分由二諦闡述諸法的性相,使養成般若波羅蜜,是般若類經典慣用的說法方式。

三、般若波羅蜜的觀行方法

在般若波羅蜜的實踐方面,《摩訶般若波羅蜜經》的相關內容主要體現在空、假、中三種觀行知見的建立與實際修持兩個層面。其中引導眾生開悟見道的空觀攝有十八空、四十二字門、三昧等法。十八空是從十八種不同的角度觀一切法空,是空觀的基礎。四十二字門,是以四十二種音聲作為入諸法空義的聯繫,只能在禪定中修習。三昧則是指透過禪定的修習,所達到內心的一種安

靜止息的狀態。該經對於每一種觀法皆有廣泛的敘述（此在本書第二章已做討論，在此不再多言），只可惜都停留在意理層面的敘述，即知見的養成階段，並沒有在實際施行，或禪修的層面，多作講述。可是內容短小的《金剛經》雖然不能像《摩訶般若波羅蜜經》一樣，談到多種的實踐方法，但是卻提出實際可依的禪觀原則：不住相生心、離相與無所住生心。

上述言及《金剛經》的禪觀之法，主要體現在「諸菩薩摩訶薩應如是生清淨心，不應住色生心，不應住香味觸法生心，應無所住而生其心」[82]這段話上。這段經文將開悟見道在禪定中以心置心的過程，描述的次第分明：即先遠離塵境，接著，不對境生心，此即「不住色、聲、香、味、觸、法生心」之意。這是因為於色、聲、香、味、觸、法生心，根塵相對即會生「觸」，此時「心」即會因為透過「根」取塵境，而導致對諸法的識知，接著即會產生著相的問題，並在隨後發生受、愛、取、有的連續心所，使心無法安寧。而當不住色、聲、香、味、觸、法生心之時，在禪定中，心不會緣取塵境，心意即不會向外攀緣流逸，於是虛妄憶想分別之心才能暫停躁動而不起作用。以如是的內心狀態，心意才有能力向內心深處觀照，當透過無間相續作意，除遣一切心心數法乃至無有可遣時，就有機會破無明而開悟見道。換句話說，即是需先停止五蘊身的造作，五蘊身屬虛妄憶想分別的層次，因此我們無法藉由色、受、想、行、識去除虛妄、進入清淨心。以上即為《金剛經》所提出的空觀原則與方法。由此可見，「不住色生心，不住聲、香、味、觸、法生心」，是心意得以向深層意識觀照的一個重要關鍵。透過這個方法，遠離並還滅一切相的境界才有

---

82 《金剛般若波羅蜜經》。《大正藏》第 8 冊，頁 749 下。

可能達到。見道離相之後，心由於已無虛妄的分別作用而能無所住，此時，乃得相應薩婆若心，此即是「應無所住而生其心」之義，此心因為沒有顛倒妄想，所以即是清淨心，也是日後能夠以「×× 者，（即）非 ×× ，是名 ××」觀得空有不二之諸法實相的基礎。一段短短的經文，即蘊含空觀的修行心要，可見《金剛經》文字使用的精煉程度。以上二經的比較，以表十二說明。

表十二　《摩訶般若波羅蜜經》與《金剛經》異同處的對照

主題	《摩訶般若波羅蜜經》	《金剛經》
內容量	22,000 頌	300 頌
菩薩道次第	詳述菩薩道次第。	含菩薩道次第的觀念，但以篇幅過小，其之說明是隱含在以各種話題探討般若波羅蜜義之中。
語言與詮釋方法	明確地以二諦分述諸法性相，並在闡述第一義諦時，以大量的否定式語言說明第一義諦中諸法的性相，以免眾生落入確定的概念。 接著，否定語言的實在性，表明諸法的第一義諦其實是言語道斷、心行處滅。 3、在以二諦分述的同時，不但清楚地表明瞭諸法在世諦與第一義諦不同性相的表現，還一併地說明了世間般若波羅蜜與出世間般若波羅蜜相異的範疇。	經中以大量的「實無有法名××」或「實無有法……」、「××，即非××」、「××者，（即）非××，是名××」等句式建立對般若波羅蜜的認識和知見，並藉之說明諸法的性空、假有與實相的意涵。
觀行方法	經中提出的空、假、中（或稱諸法實相觀）三觀涵蓋聞、思、修，即知見的建立與禪定方法。其中，空觀之法包含十八空、三昧門與四十二字門。	以「不應住色生心，不應住香味觸法生心，應無所住而生其心」表述空觀的禪定心法。

　　在本節的開始我們曾經提到，比較《摩訶般若波羅蜜經》與《金剛經》的目的，在於瞭解二經在傳揚般若思想方面的特色與詮釋風格，以及《金剛經》的文字所具有的魅力。而我們得到的結論與答案是：同作為闡揚般若波羅蜜相關思想的兩部經典，《摩

訶般若波羅蜜經》以完整的敘述,充分地將般若波羅蜜的教、行、果思想或菩薩道次第交代清楚,從而確立了它代表般若思想主流經典的地位。至於《金剛經》,則以內容量過少的原因,雖不能像《摩訶般若波羅蜜經》一樣,將所有的般若思想做詳盡的闡釋,但其精煉的語言卻亦盡其可能地將般若思想中的重要思想,如大乘義、般若波羅蜜義、諸法性相的真相、二諦、方便力、般若波羅蜜的觀行方法等,甚至其它如親近與遠離般若波羅蜜、佛智、佛身、佛土等思想,羅致齊全。於是《金剛經》以內容短少、誦持方便、涵蓋齊全、提綱挈領等殊勝因緣,導致了它的廣泛流傳。

第四章　《摩訶般若波羅蜜經》對龍樹中觀思想的影響

　　般若經可以算是現存最古的大乘經典，它的集出與大乘佛法的興起有很大的關係。西元前一世紀中到西元三世紀中原始與初期大乘佛法的時代，也正是般若經從原型發展至下品、中品乃至上品的時期。至中品般若經時，內容已演進爲對菩薩道完整的敘述：包含初發阿耨多羅三藐三菩提心、學六波羅蜜、行般若波羅蜜相應薩婆若（即一切智）、在一切智的基礎上習行各種度生的方法以成就道種智、方便力具足而得成一切種智、乃至現觀阿耨多羅三藐三菩提、圓滿淨佛國土等。這樣完整對菩薩道的闡述使得大乘佛教無論在義理、實踐和果地的達成上都有了依據，也因而使大乘佛教的思想體系得以完整地建立。般若類經典的次第演進伴隨了大乘佛法在初期的發展，同時深深地影響了龍樹。龍樹的思想淵源主要來自《摩訶般若波羅蜜經》，龍樹曾爲之詳細的注釋[1]，作出《大智度論》一書。龍樹以般若思想爲基礎的學說，後來被奉爲中觀派的基礎理論，不只在印度地區形成極大的影響；隨著他的眾多著作，在經過鳩摩羅什的傳譯之後，對於漢語地區的佛教人士，正確地領悟般若思想也形成重大的幫助；其在藏地亦

---

1 龍樹所看到的中品般若，在漢地即由鳩摩羅什譯成《摩訶般若波羅蜜經》（相關的討論請見本書第一、三章）。

流行廣泛，影響力至今不墜。由此可見《摩訶般若波羅蜜經》對大乘佛教的發展具有直接與間接性的意義。

龍樹是確立大乘佛教一位極爲重要的人物，他正確地將般若的空、假名、中道、二諦思想，以縝密的論證方法，在一個充斥諸法爲實有自性想法的印度社會中傳播開來，使大乘佛教的核心義理得以哲學的面貌系統化的建立。龍樹的著作很多，其中，《中論》（又稱《中論頌》或《根本中頌》[2]，指偈文部份）思想深刻豐富、論證邏輯嚴密，充分地展現了龍樹對般若思想的融通和闡釋的技巧，因此向被學者視爲研究中觀哲學的核心論著，我們也因而將之列爲本章討論的重要依據。此外，本章參照的對象尚有《十二門論》、《迴諍論》和《大智度論》。

本章的討論主要通過《摩訶般若波羅蜜經》與龍樹一些論著的參照，藉著瞭解般若思想對龍樹思想影響的同時，展現《摩訶般若波羅蜜經》對於大乘佛教的奠立與傳承的重要意義。本章稟承《摩訶般若波羅蜜經》依二諦闡明諸法性相的精神，一方面探究龍樹在其相關論著中，是否運用相同的方法闡明諸法性相？再方面分由世諦與第一義諦探查該經和龍樹在「無自性」與「中道」思想方面的異同，以明確地瞭解《摩訶般若波羅蜜經》相關思想的基本原則是否無差別地體現在龍樹的思想中？這將會有助於我們領悟《摩訶般若波羅蜜經》在眾多的般若經中所具有的獨特歷史意義。

---

2 在現在的梵本裡，偈文被稱爲《根本中頌》。（平川彰。《印度佛教史》，頁 279。）

第一節　方便權巧的説法方式

　　在菩薩取道成就阿耨多羅三藐三菩提的路途中，由了知諸法在二諦不同性相的智慧（般若波羅蜜）、以及利益眾生的慈悲心組成了菩薩度生所必需的「方便力」，因而在主要講述利他菩薩道的《摩訶般若波羅蜜經》中，「方便力」是宣講的重點之一。該經提出行使方便力的方法是施用二諦，《摩訶般若波羅蜜經》曾說道：「菩薩摩訶薩住二諦中爲眾生說法：世諦、第一義諦。舍利弗！二諦中眾生雖不可得，菩薩摩訶薩行般若波羅蜜，以方便力故，爲眾生說法」[3]。此段經文的意思爲：雖然菩薩依於般若波羅蜜了知眾生性空，並無眾生相可得，但眾生因爲虛妄憶想的緣故，而使其相（眾生相）與諸法相宛然若存，所以諸佛、菩薩必須對之依二諦以方便力施以教導，即先依世諦的假名來說諸相，使爲名相所困的眾生了知世諦的虛妄與第一義諦的道理，接著他們才能慢慢地調整自己的知見與思惟，隨後並能夠在實際的情況中逐漸地與第一義諦相應，最終才有可能出於虛妄的世諦而臻於第一義諦的涅槃之境，甚至一切種智。由此看來，二諦的法教不僅表明了菩薩了知眾生根機的方便智慧，並彰顯了一種學習的階次，眾生因而能夠各依次第，尋得符合自身現況的法教。正因爲如此，《摩訶般若波羅蜜經》大力地強調諸佛、菩薩依方便力行使二諦爲眾生說法的重要性。諸佛、菩薩依於成就於般若波羅蜜與慈悲心齊運的「方便力」，使雖身處空中，卻能隨自身廣大的本願誓力自在

3　《摩訶般若波羅蜜經》，卷二十五「實際品」第八十。《大正藏》第 8 冊，頁 405 上。

地出入諸法的性空與假有，行使二諦教化眾生，《摩訶般若波羅蜜經》卷二十五「實際品」第八十中所說：「菩薩摩訶薩行性空波羅蜜，不壞色等諸法相若空、若不空」即是此境界。《摩訶般若波羅蜜經》中諸佛、菩薩以方便力行使二諦教化眾生的講述，在《中論頌》中，亦有意趣相近的說法，如：

卷四「觀如來品」第二十二：

空則不可說，非空不可說，共不共叵說，但以假名說。[4]

卷四「觀四諦品」第二十四：

諸佛依二諦，為眾生說法，一以世俗諦，二第一義諦。若人不能知，分別於二諦，則於深佛法，不知真實義。若不依俗諦，不得第一義，不得第一義，則不得涅槃。[5]

其中，「諸佛依二諦，為眾生說法，一以世俗諦，二第一義諦。若人不能知，分別於二諦，則於深佛法，不知真實義。若不依俗諦，不得第一義，不得第一義，則不得涅槃」，與《摩訶般若波羅蜜經》所言極為相似。此段文中，龍樹表示二諦的施設只是方便說法，若是強行分別二諦所表述的意義，即是錯解佛法的真實意涵，但若不依據由語言施設而成的俗諦或世諦而講，為名相所縛的眾生又無法明白第一義諦，之後即無法依之而入於涅槃。另外，「空則不可說，非空不可說，共不共叵說，但以假名說」則是說明諸法的性相從實際（或第一義諦）的角度而言，是言語道斷、心行處滅，因此「空」與「不空」皆不可說；但從諸法的現實情況（或世諦）而言，諸法因與假名連結，在此層面上，假名即是諸法的代言，因此諸法可被假名闡述。於是此四句偈中雖然沒有「世諦」、「第一義諦」的文字出現，但其精神毫無疑問地是符合

---

4 《中論》。《大正藏》第 30 冊，頁 30 中。
5 同上書，頁 32 下-33 上。

「依二諦爲眾生說法」的原則。這樣看來，龍樹和《摩訶般若波羅蜜經》一樣，是以「世諦」作爲讓眾生明瞭第一義諦的手段，之後，這樣的知見即爲一種標竿，成爲眾生調整自己的身口意行爲的依據，使「趣向菩提」成爲可期。

正是把握了以二諦闡述諸法性相的方便力，龍樹才能夠一方面以世諦層次的諸法性相義破斥諸法具有自性的各種認知；另一方面以第一義諦建立眾人對諸法性相的正確認識。由此，破中有立、立中有破，恰到好處地傳達了《摩訶般若波羅蜜經》對諸法性相闡述的真義。

第二節　無自性的思想

在本書第二章第二節「諸法性相的內涵」中，我們曾經由《摩訶般若波羅蜜經》分由世諦與第一義諦兩個方面闡述諸法的本源與顯示，所做的一些討論中，對「無自性」的思想意義做了清楚的闡述：即世諦中，諸法是經由妄想與外因緣和合而成立，眾因緣生法緣合而有，緣離則滅，其中沒有住持此因緣和合之假相不變的自性，因此是「緣起性空」，此「空」之義是「沒有」或「缺少」。是以世諦中，「無自性」之義即是「缺少自性」或「沒有自性」的意思，由此所成之相也因而成爲「假有」；第一義諦中，諸法亦性空，但第一義境中的「性空」之義，不是「沒有」或「缺少」之義，而是指諸法是由「勝義空」所顯，因此諸法性相的內涵是「無所有」、是「無相無爲」，換句話說，就是表示諸法是以「無自性」爲性，即「無自性性」，此即「勝義有」之意。由此看來，第一義諦中諸法的「無自性」義與世諦中諸法的「無自性」

義有明顯的區別。《摩訶般若波羅蜜經》依二諦分述諸法性相的目的，是為了隨順眾生根機所做的一種方便性教導，使眾生可以依循次第，漸次轉換思惟，以養成般若波羅蜜，順利地將「凡夫智」轉化為「勝義佛智」，而完成轉識成智的機轉。那麼龍樹在其相關論述中，也是傳達一樣的旨趣嗎？

一、世諦層面：緣生法無自性

《摩訶般若波羅蜜經》對諸法緣生而自性空的意義有相關的闡述，並提出「法假」的概念。在《摩訶般若波羅蜜經》中，法假的道理是透過諸法「源自妄想」與「因緣和合而成」二個面向分別闡述諸緣生法的無自性，故而假立的現象。《摩訶般若波羅蜜經》對此相關的敘述為：

緣生法源自妄想

卷三「相行品」第十：

凡夫以無明力渴愛故，妄見分別說是無明。是凡夫為二邊所縛，是人不知不見諸法無所有，而憶想分別著色乃至十八不共法，是人著故，於無所有法而作識知見。[6]

卷七「問住品」第二十七：

但諸法諸法共相因緣潤益增長分別校計，是中無我、無我所。[7]

卷十七「深奧品」第五十七：

因緣起法從妄想生非實。[8]

---

6 《摩訶般若波羅蜜經》。《大正藏》第 8 冊，頁 239 上。
7 同上書，頁 273 下。
8 同上書，頁 343 中。

卷二十四「善達品」第七十九：

> 一切和合法皆是假名，以名取諸法。是故為名……諸眾生！
> 是名但有空名，虛妄憶想分別中生。汝等莫著虛妄憶想，
> 此事本末皆無，自性空故。[9]

卷二十六「差別品」第八十四：

> 是眾生於無所有法中，顛倒妄想分別得法，無眾生有眾生
> 相、無色有色相、無受想行識有受想行識相。[10]

卷二十六「平等品」第八十六：

> 一切法皆是憶想思惟作法。[11]

諸法因緣和合而成

卷三「集散品」第九：

> 諸法因緣和合假名施設。[12]

卷二十二「道樹品」第七十一：

> 諸法和合，因緣生法中無自性。[13]

卷二十六「淨土品」第八十二：

> 一切諸法中定性不可得，但從和合因緣起法，故有名字諸
> 法，我當思惟諸法實性無所著。[14]

卷二十七「法尚品」第八十九：

> 但諸緣合故有，諸緣離故滅。[15]

在《十二門論》中，龍樹則是透過內、外因緣法闡釋諸法緣

---

9 《摩訶般若波羅蜜經》。《大正藏》第 8 冊，頁 398 中。
10 同上書，頁 411 下。
11 同上書，頁 414 上。
12 同上書，頁 234 下。
13 同上書，頁 378 上。
14 同上書，頁 407 下。
15 同上書，頁 422 上。

起性空的道理。《十二門論》「觀因緣門」第一：

> 眾緣所生法有二種：一者內、一者外。眾緣亦有二種：一者內、一者外。外因緣者，如泥團、轉繩、陶師等和合，故有瓶生；又如縷繩、機杼等和合，故有㲲生；又如治地、築基、梁椽、泥草、人功等和合，故有舍生；又如酪器、鑽搖、人功等和合，故有酥生；又如種子，地、水、火、風、虛空、時節、人功等和合，故有芽生，當知外緣等法皆亦如是。內因緣者，所謂無明、行、識、名色、六入、觸、受、愛、取、有、生、老死，各各先因而後生。如是內外諸法皆從眾緣生……餘瓶酥等外因緣生法皆亦如是不可得，內因緣生法皆亦如是不可得。[16]

我們若將經、論對比，則可發現《摩訶般若波羅蜜經》分由「源自妄想」與「因緣和合而成」二方面闡述諸法假立的現象，和《十二門論》以內、外因緣法闡釋諸法緣生的現象，恰恰相同。「源自妄想」描述諸法經過眾生的妄見分別，被眾生認知並執以為實的性相，符合內因緣法表述的範圍；而將經由內因緣法所識知的諸法和合，則符合外緣起法陳述的範疇。緣起的諸法也由於是由內、外因緣和合而成，因此緣聚則有、緣散則滅，其中並沒有住持和合相的自性存在，因為諸法若有自性則應有定相，而法法若有定相則無能合成。

然而，雖然經、論一致地以內、外因緣法詮釋諸法緣起的現象，但經、論解釋內、外因緣法的方式和內容並不相同。首先《摩訶般若波羅蜜經》以「妄想」、「虛妄憶想分別」、「顛倒妄想」、「憶想思惟作法」等說明內因緣法的虛妄而「無自性」的現象；《十二

---

16 龍樹菩薩造。《十二門論》（後秦·鳩摩羅什譯）。《大正藏》第 30 冊，頁 159下-160 上。

門論》則是以十二因緣法詮釋內因緣法的「無自性」。根據十二因緣法，眾生因爲無明造成的妄想分別導致其各各有別的根塵識界，並由此建立不同的眾生世間，爲首的無明由於是妄現，因此據以而緣生的以下十一支因緣也皆是體性虛妄，自然依這樣的緣起而成立的世間也就不具真實體性。可是，《十二門論》中，龍樹並非從十二因緣彼此互爲因果的角度論述諸法的無自性，他是以十二因緣法是一心中有，還是眾心中有討論十二因緣法的無自性。《十二門論》卷一「觀因緣門」第一說道：

> 是十二因緣法實自無生，若謂有生，為一心中有？為眾心中有？若一心中有者，因果即一時共生。又因果一時有，是事不然。何以故？凡物先因後果故。若眾心中有者，十二因緣法則各各別異，先分共心滅已，後分誰為因緣，滅法無所有，何得為因。十二因緣法若先有者，應若一心、若多心，二俱不然。是故眾緣皆空，緣空故從緣生法亦空，是故當知：一切有為法皆空。[17]

根據《十二門論》，如果十二因緣法「有生」的話，此十二支若在一（刹那）心中同時具足的話，因果則應同時俱生，但實際並無此事，十二緣起皆是先因後果；而若十二因緣法有生，卻各自存於不同的刹那心中（此即眾心之意），則表示十二因緣各有不同的自體，十二支彼此即不存在互爲因果的關係，於是前心的生滅自然不會導致後心的生滅，這樣的情況也與事實不合，由此可見十二因緣實無有生，由十二因緣所緣生的一切有爲法也就自然爲空。

再來，對於外因緣法，《摩訶般若波羅蜜經》只簡單地以「諸

---

17 《十二門論》。《大正藏》第 30 冊，頁 160 上-中。

法因緣和合」的概念說明，沒有更進一步的說明；但在《十二門論》中，龍樹以他善用的推理方法，對之有較為詳盡的辯證：

> 從眾緣生故，即非是無性耶。若法自性無，他性亦無，自他亦無。何以故？因他性故無自性。若謂以他性故有者，則牛以馬性有，馬以牛性有；梨以柰（奈）性有，柰以梨性有，余皆應爾，而實不然。但因他故有者，是亦不然。何以故？若以蒲故有席者，則蒲席一體，不名為他。若謂蒲於席為他者，不得言以蒲故有席。又蒲亦無自性，何以故？蒲亦從眾緣出，故無自性。無自性故，不得言以蒲性故有席。是故席不應以蒲為體，餘瓶酥等外因緣生法，皆亦如是不可得。[18]

由此引文可知，《十二門論》從兩方面討論外因緣生法的無自性：（一）諸法均因為因緣和合而有，故而沒有自性。若某法因為他法的自性而有的話，則牛會因馬性而存在，馬會因牛性而存在，但事實並非如此；（二）若而由於他法而導致某法的存有的話，某法與他法應同為一體，然而若是一體，則無他法。這是因為若有他法，他法與某法則為二體，體既不同，即不能言以他法而有某法。此外，他法亦是眾緣所出，沒有自性，因此因為他法而合成某法，而某法是以他法為體，事實也並非如此，例如蒲與席，席由蒲而成，蒲對於席而言是他法，但若將蒲、席視為一體，則蒲非他法。再說蒲亦是眾緣所出，因此並無自性，既然缺少自性，則不能說因為蒲性而成席，席以蒲性為體，其它外緣所生法依此類推。由是可見外緣生法亦皆無自性。在龍樹的另一部重要著作《中論頌》中，龍樹對世間諸法的緣起性空也做了相當程度的著

---

18 《十二門論》，卷一「觀因緣門」第一。《大正藏》第 30 冊，頁 160 上。

墨，但是沒有同《十二門論》一樣，對因緣所生的諸法以內、外因緣的分科，詳細地闡釋緣起諸法的無自性。

此外，在《大智度論》中，龍樹對緣起的諸法其性虛妄而空無，也做了相關而明確的談論：「菩薩行菩薩道時，從初發意已來，如是思惟一切法：無定實性，但從因緣和合起，是眾因緣亦各各從和合起，乃至到畢竟空，畢竟空唯是一法實，餘者無性故皆虛誑」[19]。在此，龍樹只以「畢竟空」為實法，其它諸法以缺乏自性，皆是虛妄。由此，我們同時瞭解到，雖然「緣起性空」可以一方面用來表述世諦中諸法體性的虛妄，一方面又可用來闡釋第一義諦中諸法的「無所有性」或「空性」，但是為了能夠破除世人以為諸法實有體性的偏執，「緣起性空」的旨趣在「摩訶般若」與《中論》、《十二門論》、《大智度論》中，很多時候是體現在世諦的層面，即緣起的有為諸法並沒有一個不變體性的事實，此即《大智度論》中所言「無定實性」之意。諸法在第一義諦中「勝義空」又「勝義有」的情況，「摩訶般若」轉以「諸法實相」名之，龍樹則以表述性空但假名有的「中道義」稱之（此在本章第三節有詳細的討論）。由是，我們在探討「緣起性空」之義時，應注意經論思想的走向或脈絡，以求準確地掌握它的理論內涵。

從以上的討論看來，雖然從詮釋的方法與內容廣略上，經、論都不盡相同，但是毫無疑問地，它們擁有相同的基本概念，即皆是從內、外因緣談論緣生諸法的無（缺少、沒有）自性之意，龍樹傳承《摩訶般若波羅蜜經》的思想軌跡，由此可見一斑。

---

19 《大智度論》，卷九十二「釋淨佛國土品」第八十。《大正藏》第 25 冊，頁 77 上-中。

二、第一義諦層面：無自性性

　　龍樹雖然重視通過「內、外因緣」來講述空義，但是他與《摩訶般若波羅蜜經》一樣並非只強調緣起性空的「世諦」之義。這也就是說，龍樹並不只是單純地認爲緣生法是「無自性」（即體性虛妄之意），而成爲一位虛無主義者。如他曾說道：「汝謂我著空，而爲我生過，汝今所說過，於空則無有。以有空義故，一切法得成，若無空義者，一切則不成」[20]。由此偈看來，龍樹否定自己是虛無主義者，並且積極地肯定諸法的本際，即諸法在第一義中的「空性」，或諸法的「無自性性」，此即「空」的甚深意涵。他曾同時在《中論頌》與《十二門論》的起首很清楚的說明了他這樣的的意圖。如他在《十二門論》卷一「觀因緣門」第一中，一開始即表明爲了宣揚大乘佛教的摩訶衍義[21]，所以必須解釋通達大乘佛教的「諸法空義」。他以十二事說明「空義」，爲令眾生悟入，他說道：

> 說曰：今當略解摩訶衍義。問曰：解摩訶衍者，有何義利？
> 答曰：摩訶衍者是十方三世諸佛甚深法藏，爲大功德利根者說。末世眾生薄福鈍根雖尋經文不能通達，我愍此等欲令開悟，又欲光闡如來無上大法，是故略解摩訶衍義。問曰：摩訶衍無量無邊不可稱數，直是佛語尚不可盡，況復解釋演散其義。答曰：以是義故，我初言略解。問曰：何

---

20 《中論》，卷四「觀四諦品」第二十四。《大正藏》第30冊，頁33上。
21 摩訶衍是從梵文 mahā-yāna 音譯而來，意譯是「大乘」的意思。摩訶衍以含攝利益眾生的慈悲心與通達諸法實相的智慧（即般若波羅蜜）而顯其大，並因而與不知諸法根本性相與不具足慈悲心的聲聞乘與緣覺乘做了區隔。

故名為摩訶衍？答曰：摩訶衍者，於二乘為上故，名大乘。
諸佛最大，是乘能至，故名為大；諸佛大人乘是乘故，故
名為大；又能滅除眾生大苦與大利益事，故名為大；又觀
世音、得大勢、文殊師利、彌勒菩薩等，是諸大士之所乘
故，故名為大；又以此乘能盡一切諸法邊底，故名為大；
又如般若經中，佛自說摩訶衍義無量無邊，以是因緣故名
為大。大分深義所謂空也，若能通達是義，即通達大乘，
具足六波羅蜜無所障礙。是故我今但解釋空，解釋空者當
以十二門入於空義。[22]

此中，龍樹表達了他宣揚摩訶衍的原因：摩訶衍是諸佛的甚深法
藏，但因為其義甚深，只有利根眾生方可通達，龍樹為了鈍根眾
生亦能開悟，所以開講摩訶衍義。他以摩訶衍比二乘為優、摩訶
衍可承載行者至佛地、是諸佛及大菩薩所乘、能拔眾生苦並與眾
生利、能窮盡諸法邊際、其義無量無邊等，陳述摩訶衍的功德。
最後他以「諸法空義」即是摩訶衍義的核心思想，通達諸法空義
即通達大乘作結。正因為龍樹欲使人們瞭解諸法空義以通達大
乘，所以於《十二門論》中只解釋「空」，並開十二門以圖引領眾
生入於諸法空義。此外，龍樹認為通達諸法空義即能具足六波羅
蜜，這說明他所認為的佛法甚深義，不僅僅是立足於世諦緣起性
空義的層次。緣起性空在大多的時候是被用來表述諸法在世諦層
面，因為眾緣和合而無自性的意義，目的是要讓眾生認知世間假
合的諸法，並沒有一個住持自相的自體，眾生以為的諸法自性其
實是體性空無（即虛妄之意），因此諸法在世間的存在也只是「假
有」而已。在此層面，緣起性空以僅指稱諸法世間虛妄性空的「空

---

22 《十二門論》。《大正藏》第 30 冊，頁 159 下。

義」，當然不能驅使六波羅蜜的施行脫於名相的束縛，並入於三分清淨而無所障礙之地。由是，我們可知龍樹在此所認為的「諸法空義」，即是諸法在第一義諦中「空」的性相，即如他在《中論》卷一「觀因緣品」第一中所說是「不生亦不滅、不常亦不斷、不一亦不異、不來亦不出」[23]法爾如是的空義。龍樹在此以遮詮的方式敘述，可使人無法依據一般邏輯思考，所以不會徒做分別而陷入名相之中，這也是龍樹在其後接著說：「能說是因緣，善滅諸戲論」[24]的意思。同樣的方式在《摩訶般若波羅蜜經》中也常見到，如「不生不滅、不垢不淨、不增不減」等，是經中常用以表述諸法安住法位（即「空」）如如不動的語詞，其它該經常用來表述「諸法實際」的還有「如、法性、法住、實際、不可思議性」等。

　　諸法的第一義既是指諸法的本際，即指未經妄見分別前所成立的諸法，於此，諸法的性相是由「勝義空」義所顯，我們已知，《摩訶般若波羅蜜經》是以「無所有」、「無相無為」等表述諸法在第一義中體性的內涵，此即表示諸法的自性是「空」，於是性空而又不生不滅的法性，即是具有「無自性」的體性，強而言之，即為「無自性性」，又可名為「勝義有」。《中論頌》相關的闡述如：

23　《中論》。《大正藏》第 30 冊，頁 1 中。
24　同上書，頁 1 中。

卷一「觀因緣品」：

　　不生亦不滅，不常亦不斷、不一亦不異，不來亦不出。[25]

卷三「觀有無品」第十五：

　　若人見有無，見自性他性，如是則不見，佛法真實義。[26]

卷三「觀法品」第十八：

　　諸法實相中，無我無非我。諸法實相者，心行言語斷，無
　　生亦無滅，寂滅如涅槃。[27]

卷四「觀如來品」第二十二：

　　如來寂滅相，分別有亦非，如是性空中，思惟亦不可。[28]

卷四「觀四諦品」第二十四：

　　以有空義故，一切法得成；若無空義者，一切則不成。[29]

卷四「觀四諦品」第二十四：

　　若無有空者，未得不應得，亦無斷煩惱，亦無苦盡事。[30]

卷四「觀涅槃品」第二十五：

　　諸法不可得，滅一切戲論。無人亦無處，佛亦無所說。[31]

卷四「觀涅槃品」第二十五：

　　無得亦無至，不斷亦不常，不生亦不滅，是說名涅槃……
　　受諸因緣故，輪轉生死中；不受諸因緣，是名為涅槃。[32]

　　藉由以上的引文，我們可以很清楚地瞭解，龍樹肯定諸法具
有一種語言、心行難以描述的「空」義，這表示了諸法具有「不

---

25 《中論》。《大正藏》第 30 冊，頁 1 中。
26 同上書，頁 20 上。
27 同上書，頁 24 上。
28 同上書，頁 30 下。
29 同上書，頁 33 上。
30 同上書，頁 34 下。
31 同上書，頁 36 中。
32 同上書，頁 34 下-35 中。

生不滅、不斷不常」不可思議的一種性質，這種性質不是世諦可以形容的，因為性空中是沒有分別，也不可思惟的，此即是龍樹所宣達的「空」義，亦即他在引文中所說的佛法的真實義。由此看來，龍樹是贊成諸法性空，而此性空之性是不能分別、不可思惟的不思議性，這也就是說諸法具有「空」或「無自性」的體性。這樣的見解符合《摩訶般若波羅蜜經》對法性的看法，亦即「一切法一性非二性……是一法性是亦無性，是無性即是性，是性不起不滅」[33]、「一切法皆入無相無為性中」[34]以及「諸法無所有性是諸法自性」[35]。「無相無為」、「無所有」、「不起不滅」俱是表述「空」另外的方法。

　　從本節對龍樹諸法無自性思想的考察看來，龍樹在《十二門論》與《中論頌》中對「空」的論述，是承接《摩訶般若波羅蜜》的思路，即以二諦分層表述諸法空義：世諦中，諸法「緣起性空」而「無自性」；第一義諦中，諸法「緣起性空」但「無自性性」。也可看出作為一名佛教修行者的龍樹，忠實地傳承《摩訶般若波羅蜜經》中諸法第一義空而無自性性的思想。然而，龍樹雖然秉持《摩訶般若波羅蜜》對「空」見解的思想原則，但是他表達的方法卻與該經存在著一些落差。我們若以頌文的邏輯結構來看的話，如前揭《十二門論》論證十二因緣法無生的引文，可發現龍樹並沒有像《摩訶般若波羅蜜經》一樣直接從本體論證，他是從「一心中有或眾心中有」皆不符合事實，反面證實「一切有為法皆空」的道理，以及「從眾緣生故，即非是無性耶，若法自性無，他性亦無，自他亦無。何以故？因他性故無自性。若謂以他性故

---

33 《摩訶般若波羅蜜經》。《大正藏》第 8 冊，頁 308 中。
34 同上書，頁 399 下。
35 同上書，頁 292 中。

有者，則牛以馬性有，馬以牛性有……餘皆應爾，而實不然……餘瓶酥等外因緣生法，皆亦如是不可得」論證緣生諸法無自性的道理。若我們分析他在以上論述的辯證方法，則會發現龍樹所使用的論證方法，後世將之稱爲「歸謬論證法」。歸謬論證法是當欲論證命題 A 是真實時，先假立與 A 矛盾的非 A，因爲由此假定的命題必定會演繹出錯誤的結論，所以可證明非 A 爲錯誤的命題，在此同時，即證明了原來的命題 A 是正確的[36]。我們若將前揭引文依據這個方法分析的話，會發現二者皆符合這個論證方法：

> 是十二因緣法實自無生（真實命題），若謂有生，為一心中有？為眾心中有？（假立的命題）若一心中有者，因果即一時共生。又因果一時有，是事不然。何以故？凡物先因後果故。若眾心中有者，十二因緣法則各各別異，先分共心滅已，後分誰為因緣，滅法無所有，何得為因。十二因緣法若先有者，應若一心、若多心，二俱不然（由假立的命題所導出的錯誤結論）。是故眾緣皆空，緣空故從緣生法亦空，是故當知：一切有為法皆空（證明原來命題的正確性）。
>
> 從眾緣生故，即非是無性耶。若法自性無，他性亦無，自他亦無。何以故？因他性故無自性（真實命題）。若謂以他性故有者（假立的命題一），則牛以馬性有，馬以牛性有。梨以柰（奈）性有，柰以梨性有，余皆應爾，而實不然（由假立命題一所導出的錯誤結論一）。但因他故有者（假立的命題二），是亦不然。何以故？若以蒲故有席者，則蒲席一體，不名為他。若謂蒲於席為他者，不得言以蒲故有席（由假立命題二所導出的錯誤結論二）。又蒲亦無自性，何以故？蒲亦從眾

---

36 梶山雄一等（1988）。《中觀思想》（世界佛學名著譯叢 63）。台北：華宇，頁 163-167。

　　　　緣出，故無自性。無自性故，不得言以蒲性故有席。是故
　　　　席不應以蒲為體，餘瓶酥等外因緣生法，皆亦如是不可得
　　　　（證明原來命題的正確性）。

　　根據近現代學者的研究，歸謬論證法只是龍樹所用的辯證法
之一。其它的論證方法，據日本學者口山雄一的分析，還有西洋
形式邏輯三律與典型的定言三段論證，以及假言推理、兩難、四
句否定。其中假言推理、兩難與四句否定亦為龍樹最常用的辯證
方法[37]。

---

37 根據慧敏法師引用山口雄一的分析（釋惠敏（1984）。〈梵本《中論頌‧月稱
　　註》〉〈淨明句論〉研究序論〉《華岡佛學學報》（7），頁335-336。轉引自口
　　山雄一（1969）。《空之哲學》（吳汝鈞譯）。《現代佛學大系 33》。台
　　北：彌勒，頁 95-106。），對假言推理、兩難與四句否定的論證方法簡介
　　如下：
　　「假言推理」（條件論證）：
　　公式一：「若 p 則 q，今 p 故 q」
　　例如：「是眼則不能，自見其自體；若不能自見，亦何見餘物」（《中論》。
　　　　　《大正藏》，第 30 冊，頁 6 上）。
　　改寫：「若眼不能見其自體，則不能見餘物；今眼不能見其自體，故不能
　　　　　見餘物。」
　　公式二：「若 p 則 q，非 q 故非 p」
　　例如：「空相未有時，則無虛空法；若先有虛空，即為是無相」（《中論》。
　　　　　《大正藏》，第 30 冊，頁 7 中）。
　　改寫：「若有虛空，則是在空相之後。在空相之後無虛空法，故虛空不存
　　　　　在」
　　「兩難」（假言推理的運用）：
　　公式一：「（p 或非 q）若 p 則 r。若非 p 則 r。（故 r）」
　　例如：「若因空無果，因何能生果；若因不空果，因可能生果」（《中論》。
　　　　　《大正藏》，第 30 冊，頁 27 中）。可見因中果空、不空，都不能生
　　　　　果。
　　公式二：「（p 或非 q）若 p 則 r，若非 p 則 s。（故 r 或 s）」（「若 p
　　　　　則 r，若 q 則 s。故 r 或 s」這樣的場合中，q 是 p 的矛盾命題，r
　　　　　與 s 都是不希望出現的事實。
　　例如：「若燃是可燃，作作者是一；若燃異可燃，離可燃有燃」（《中論》。
　　　　　《大正藏》，第 30 冊，頁 14 下）。

　　歸謬論證法在龍樹的論證中，經常性地出現，可見是龍樹倚
賴甚深的論證方法。佛護（約西元 470-540）這位中期中觀派（又
分為歸謬論證派與自立論證派）的大家之一，即以歸謬法來論證
中觀思想[38]，他發現龍樹的兩難與四句否定甚至可改寫成四個歸
謬式[39]。以佛護為首使用歸謬論證法的中觀學派，因此被藏傳佛
教稱為「歸謬論證派」[40]，另一則為以清辯（約西元 500-570）為
始的「自立論證派」[41]。歸謬論證法的使用，使龍樹可以在破斥
論敵的同時，闡述佛教的道理。龍樹會採用論證方式說明佛教的
道理，可能一方面是因為自己經過印度好思辯傳統的洗禮，再方
面此種方法可在順應印度人思考邏輯的同時指出他們思想的謬
誤。這樣便造成他在論破各種異見（即外道、執空與執有等）[42]，

「四句否定」（tetralema）：
　公式：「p、非 p、p 且非 p、非 p 且非非 p」
　例如：「諸法不自生，亦不從他生，不共不無因，是故知無生」（《中論》。
　《大正藏》，第 30 冊，頁 27 中）。
38 歸謬法、兩難與四句否定在傳統的印度論理學中，皆不被認許為推理，尤其
　兩難與四句否定更在印度的論理學中，甚至連表記的方法都不存在，也因此
　梶山雄一認為佛護之所以使用歸謬法論證龍樹中觀哲學，應至少是歸謬法還
　被看做是具有效果的反證法。（梶山雄一等（1986）。《佛教中觀哲學》（吳汝
　鈞譯）（再版）。高雄：佛光，頁 111-112。）
39 同上書，頁 109-116。
40 另一說法是以月稱為始祖，此在西藏並無定論。
41 自立論證派是依陳那（約西元 480-570）的比量推論，採「自立破他」的論
　證方法。
42 這些異見出自印度各學派以及部派佛教，青目在《中論》卷一「觀因緣品」
　第一的註解中做過一些說明：
　　何故造此論？答曰：有人言萬物從大自在天生、有言從韋紐天生、有
　　言從和合生、有言從時生、有言從世性生、有言從變生、有言從自然
　　生、有言從微塵生，有如是等謬故，墮於無因、邪因、斷、常等邪見，
　　種種說我我所，不知正法。佛欲斷如是等諸邪見令知佛法故，先於聲
　　聞法中說十二因緣。又為已習行有大心堪受深法者，以大乘法說因緣
　　相，所謂一切法不生不滅、不一不異等，畢竟空無所有，如般若波羅

轉述一切法「不生不滅、不一不異」之性相本際時，呈現了與《摩訶般若波羅蜜經》不同的風格，他的著作因而具備了哲學思辯的基本性格。但無論如何，龍樹所掌握以二諦分述世間諸法緣生無自性的道理，以及出世間諸法具有「不生不滅、不一不異」畢竟空義的基調，無庸諱言是完全地服膺《摩訶般若波羅蜜經》的基本精神。

第三節　中道的思想

「中道」的梵文為 madhyamā-pratipad。madhyamā，意為「中」，pratipad 或 prati-pad 則是行跡或道，綜合二者之意即為不

蜜中說：佛告須菩提：「菩薩坐道場時，觀十二因緣如虛空不可盡」。佛滅度後，後五百歲像法中，人根轉鈍，深著諸法，求十二因緣、五陰、十二入、十八界等決定相，不知佛意，但著文字。聞大乘法中說畢竟空，不知何因緣故空，即生疑見。若都畢竟空，云何分別有罪福報應等。如是則無世諦、第一義諦，取是空相而起貪著，於畢竟空中生種種過。龍樹菩薩為是等故，造此中論。(《大正藏》第 30 冊，頁 1 中-下。)此中，大自在天生與韋紐天生為為婆羅門教的主張；和合生、自然生出自順世論者；時生為奧義書所出；世性生與微塵生同是勝論派的主張；變生出於數論派，這些看法都違反《中論》所述世間諸法不從自生、他生、共生、無因生的原則。《中論》認為諸法皆為因緣和合而起，其中並無可生自體的自性。另外，「深著諸法，求十二因緣、五陰、十二入、十八界等決定相，不知佛意，但著文字。聞大乘法中說畢竟空，不知何因緣故空，即生疑見：若都畢竟空，云何分別有罪福報應」表述執著有見者，以陰界入為實有法，不知大乘空義，根據《大智度論》此指說一切有部。該論卷一「初序品中緣起義釋論」第一曾說道：「說一切有道人輩言：……十八界、十二入、五眾實有，而此中無人」(《大正藏》第 25 冊，頁 61 中。)。再來，「如是則無世諦、第一義諦，取是空相而起貪著，於畢竟空中生種種過」則是描述著空者，其執空為實，不解諸法另有緣起的一面。《大智度論》認為著空者即是指方廣部（或稱大空部），該論說道：「更有佛法中方廣道人言：一切法不生不滅，空無所有，譬如兔角龜毛常無」(《大正藏》第 25 冊，頁 61 中-下。)。

偏不倚的「中道」之義。「中道」是佛教思想體系中核心且基本的
觀念，它可以說是一種態度，呈現了佛教哲學不偏有、無二邊極
端的獨特思考範式。它的起源可追溯至吠陀、奧義書時期。至佛
教興起後，因為廣受不同時期佛教的重視，所以在具體的內容上
有了更多的發揮，最終成為佛教的根本立場。「中道」在早期佛教
的發展時期中，分別出現苦樂中道、無記中道、有無中道、斷常
中道等。這幾種「中道」關係密切，有時很難作嚴格的區分[43]。
及入大乘佛教時期，因為般若思想聚焦於諸法性相的闡述，中道
思想的實質內涵轉由性、相表述，「性」代表本體，「相」表述緣
起。

　　般若思想中，由於諸法空義是分由世諦與第一義諦表述其不
同層面的含意，因此性相兼及而體現的中道義，亦是分由兩個層
面表明：一為世諦層次的意義。此中，諸法因為內、外因緣和合
而成立，人們對其的認知只是來自相名相應之後所得的概念，這
樣的概念並被人們執為諸法的自性。為了指出眾生這樣的邪見與
偏執，從而獲得調整和改變的機會，般若類經典揭示諸法在世間
呈現的性相是「假有」的事實，由此而成立自性無（虛妄之義）
與假名有的中道義。對此《摩訶般若波羅蜜經》說道：

　　　一切和合法皆是假名，以名取諸法。是故為名……諸眾生！
　　　是名但有空名，虛妄憶想分別中生。汝等莫著虛妄憶想，
　　　此事本末皆無，自性空故。[44]
　　　一切諸法中定性不可得，但從因緣和合起法，故有名字諸

43　姚衛群（2002）。《佛學概論》。北京：宗教文化，頁287-294。
44　《摩訶般若波羅蜜經》，卷二十四「善達品」第七十九。《大正藏》第8冊，
　　頁398中。

法。[45]

另一則是第一義諦層次的意義。此中,由於「色性空相不壞色」,因此諸法在世間呈現「幻有」的現象,這是一種由空性所表詮的「色即是空、空即是色」空有不二所成的中道義,《摩訶般若波羅蜜經》以「諸法實相」稱之。對此,《摩訶般若波羅蜜經》的相關說法為:

> 菩薩摩訶薩行性空波羅蜜,不壞色等諸法相若空、若不空。何以故?色性空相不壞色,所謂是色、是空、是受想行識,乃至阿耨多羅三藐三菩提亦如是。譬如虛空不壞虛空,內虛空不壞外虛空,外虛空不壞內虛空。如是須菩提!色不壞色空相,色空相不壞色。何以故?是二法無有性能有所壞,所謂是空、是非空,乃至阿耨多羅三藐三菩提亦如是。[46]

> 何等諸法實相?所謂一切法不垢不淨。何以故?一切法自性空,無眾生、無人、無我。一切法如幻、如夢、如響、如影、如焰、如化。[47]

由經文可知,「諸法實相」以兼具自性空與由自性空而顯現的如幻、如夢、如響、如影、如焰、如化的法相,成為《摩訶般若波羅蜜經》中表述第一義諦之中道義的代名。然而,「中道義」在般若思想中雖然分為兩個層次來談,但是二者並非截然的劃分。事實上,它表述了一種思惟的更迭與進展,展現了一種由世俗進階至勝義的次第。

---

45 《摩訶般若波羅蜜經》,卷二十六「淨土品」第八十二。《大正藏》第 8 冊,頁 407 下。

46 同上書,卷二十五「實際品」第八十。《大正藏》第 8 冊,頁 403 中。

47 同上書,卷二十七「常啼品」第八十八。《大正藏》第 8 冊,頁 416 下。

　　以下我們將在《摩訶般若波羅蜜經》對中道看法的基礎上，探查龍樹相關的思路與該經的思路是否相同，以瞭解龍樹的相關思想是否完全繼承該經？由於龍樹的中道思想主要由《中論頌》體現，因此在本節中，我們主要依據《中論頌》作考察，一樣分由世諦、第一義諦兩個層次進行探討。《中論頌》中與中道思想相關的偈頌有：

　　卷一「觀因緣品」：

　　　不生亦不滅，不常亦不斷、不一亦不異，不來亦不出。[48]

　　卷三「觀業品」第十七：

　　　諸煩惱及業，作者及果報，皆如幻與夢，如炎亦如嚮。[49]

　　卷四「觀如來品」第二十二：

　　　如來所有性，即是世間性。[50]

　　卷四「觀顛倒品」第二十三：

　　　色聲香味觸，及法體六種，皆空如炎夢，如乾闥婆城。如是六種中，何有淨不淨，猶如幻化人，亦如境中像。[51]

　　卷四「觀四諦品」第二十四：

　　以有空義故，一切法得成；若無空義者，一切則不成。[52]

　　卷四「觀四諦品」第二十四：

　　眾因緣生法，我說即是無（空），亦為是假名，亦是中道義。未曾有一法，不從因緣生，是故一切法，無不是空者。[53]

---

48 《中論》。《大正藏》第 30 冊，頁 1 中。
49 同上書，頁 23 中-下。
50 同上書，頁 31 上。
51 同上書，頁 31 中。
52 同上書，頁 33 上。
53 同上書，頁 33 中。

卷四「觀涅槃品」第二十五：

> 無得亦無至，不斷亦不常，不生亦不滅，是說明涅槃。[54]

卷四「觀涅槃品」第二十五：

> 涅槃與世間，無有少分別；世間與涅槃，亦無少分別。涅
> 槃之實際，及與世間際，如是二際者，無毫釐差別。[55]

上述的引文中，相應《摩訶般若波羅蜜經》世諦層次「中道義」的闡述計有：

卷四「觀顛倒品」第二十三：

> 色聲香味觸，及法體六種，皆空如炎夢，如乾闥婆城。如
> 是六種中，何有淨不淨，猶如幻化人，亦如境中像。

卷四「觀四諦品」第二十四：

> 眾因緣生法，我說即是無（空），亦為是假名，亦是中道義。
> 未曾有一法，不從因緣生，是故一切法，無不是空者。

在後首闡述中道義[56]的偈文中，龍樹簡單地以四句偈提綱挈領地

---

54 《中論》。《大正藏》第 30 冊，頁 34 下。
55 同上書，頁 36 上。
56 這首結語是《中論》中最廣為人知的一首偈語，一般是將「因緣所生法」當作主詞，無（空）、假名、中道視為賓語，此即表示因緣生法等於空，假名，中道，因而空、假、中的地位是平行的。但我們若考察與此偈相對應的梵語 yah pratityasamutpādah śūnyatām tām pracaksmahe, sā praj ñaptir upādāya pratipat saiva madhyamā. 則會發現梵語所表達的意思，與一般的認知有一些差距。此中，前半偈是以關係代名詞 yah 引領的關係子句，意思為：「我們宣稱，凡是相關連而生起的，都是空」。後半偈是主要子句，其起首的 sā 是第三人稱單數陰性主格，因此指稱對象即為陰性名詞 śūnyatām（空）；prajñaptir 是假名施設的意思；upādāya 或 upā-dāya 則是「由……故」之意，表示基於某種理由。故而後偈的意思即為：「由於這空是假名施設，故它（空）實是中道」。於是對於此偈，我們可以如此解讀：「眾因緣生法即是空，而此「空」是假名施設，這樣即是中道」（參見吳汝鈞（1984）。《龍樹之論空、假、中》。《華崗佛學學報》，（7），頁 102）。緣起法既然是性空，所以不能偏有，但此「空」的概念又是來自假名施設，因此又不能著「空」，在此空、

將般若思想中有爲諸法「虛妄性空但假名有」的旨趣，清楚地揭示出來：即中道義是同時涵蓋緣起法的「虛誑自性」與「假名有」兩方面。這是因爲凡因緣所生法皆是和合的假相，所以其中並無眾生認爲實有的自性。眾生對諸法體相分齊的認知只是源自假名所立的句義，而句義又只是表詮心中對諸法識知所得的概念。由此看來，龍樹認爲眾生界諸法的存有，事實是來自眾生對名相的錯誤認知與執著，這樣的偏執造成諸法在眾生界所呈現的性相就如炎夢、乾闥婆城、幻化人、鏡中像般的虛妄，而透露出世間諸法假有的事實。於是「虛妄有」或是「假有」即詮釋了龍樹所認爲世諦層次的中道義：諸法無（虛妄之意）自性、但假名有。

在第一義諦層次方面，我們在前已指出龍樹以世諦說法的目的是要藉之傳達第一義諦，而最終目的則是引領眾生趣入涅槃。由此，我們即可知道，龍樹的中道義是建立在以「空」融通性相，而形成「性相相即、空有不二」的基礎上。在該論的偈頌中可見不少相關的描述，如在前述所引的偈頌中，與第一義諦中道義相應的計有：

卷一「觀因緣品」：

不生亦不滅，不常亦不斷、不一亦不異，不來亦不出。

卷三「觀業品」第十七：

諸煩惱及業，作者及果報，皆如幻與夢，如炎亦如嚮。

卷四「觀如來品」第二十二：

如來所有性，即是世間性。

卷四「觀四諦品」第二十四：

有皆不著的情況下，即是中道。這樣看來，龍樹在《中論頌》中，並不是透過緣起法既是性空又是假名講述中道，他是通過緣起法是空，空又是假名而指出中道。

以有空義故，一切法得成；若無空義者，一切則不成。

卷四「觀四諦品」第二十四：

眾因緣生法，我說即是無（空），亦為是假名，亦是中道義。

未曾有一法，不從因緣生，是故一切法，無不是空者。

卷四「觀涅槃品」第二十五：

無得亦無至，不斷亦不常，不生亦不滅，是說明涅槃。

卷四「觀涅槃品」第二十五：

涅槃與世間，無有少分別；世間與涅槃，亦無少分別。涅槃之實際，及與世間際，如是二際者，無毫釐差別。

龍樹透過這些偈語，清楚地展現他從諸法本際作論述的立場，例如「以有空義故，一切法得成」，即是說明諸法是在空義的基礎上成立的，而此空義是建立在「空性」之上，因為若此空義是指緣起性空的世諦意義，即「無（沒有）自性」的話，則諸法無由成立。也因為是表述實性，才以「不生亦不滅，不常亦不斷、不一亦不異，不來亦不出」與「無得亦無至，不斷亦不常，不生亦不滅，是說明涅槃」等句，描述諸法以「空」為內涵的性質所因而具有的不思議性。其中，「不生不滅」、「不斷不常」是說明「空性」的性質；「不來不出」、「無得無至」是闡揚實性的安住法位；「不一不異」則傳達諸法以同具「空」的體性而「不異」，但在「空相」所顯發的諸相也因此具有「不一」的意涵。由是，本際涅槃與世間諸法因為同以「空」為根本的性相，所以，「如來所有性，即是世間性」、「涅槃與世間，無有少分別；世間與涅槃，亦無少分別。涅槃之實際，及與世間際，如是二際者，無毫釐差別」。這幾段話並充分地傳達了《摩訶般若波羅蜜經》所闡述之第一義諦的中道義，即由「色性空相不壞色」或「性相相即」所成的「空有不二」義。

　　由此看來，龍樹的中道思想亦是把握住《摩訶般若波羅蜜經》的精神分由世諦的「虛妄性空假名有」與第一義諦的「性相相融不二」表述。故而，若我們同時從世諦和第一義諦的角度掌握龍樹表述的中道義，當更能體現龍樹的本懷。雖然從上述的引文看來，龍樹對中道義的論證方法及語言與《摩訶般若波羅蜜經》存在著一些差異，但是不難看出他的中道思想符合《摩訶般若波羅蜜經》的思路。由此，我們瞭解到：通過《摩訶般若波羅蜜經》，龍樹完整地繼承了般若思想的精髓，也因此種下了大乘佛教確立與傳布的最重要因緣。

　　另外，我們有一個問題需要特別提出來討論，即「眾因緣生法，我說即是無（空），亦為是假名，亦是中道義」這首偈語的意義範圍是涵蓋世諦、第一義諦兩個層次嗎？因為這首偈語的影響深遠，使我們不得不對它做一些討論，以求能夠儘量地體現龍樹藉之表達的真義。

　　對於這個的問題，我們認為解答的關鍵在於如何定位「眾因緣生法，我說即是無（空）」。依前述的結論，龍樹是通過二諦闡揚諸法空義，我們在此隨順他的思路，一樣分由二諦考察「眾因緣生法，我說即是無（空）」。在世諦方面：若我們探查「眾因緣生法，我說即是無，亦為是假名，亦是中道義」的前後偈文，我們發現在此偈之前的「若汝見諸法，決定有性者，即為見諸法，無因亦無緣」[57]，傳達出龍樹宣揚諸法無定實性的意圖與努力，因為當時的社會充斥了各種以諸法為實有自性的想法[58]，可是如果是這樣，諸法就不需透過因緣才能生起，以致諸法將常存而不生不滅。也因此龍樹在此偈之後，才會接著說道：「未曾有一法，

---

57 《中論》，卷四「觀四諦品」第二十四。《大正藏》第 30 冊，頁 33 中。
58 見註 42。

不從因緣生,是故一切法,無不是空者。若一切不空,則無有生滅」的話語,再次強調因緣假合的諸法沒有假合自性的事實,在這個層面所表述的「空」並非「勝義空」,而是「虛妄性空」(此「空」是沒有之義)。對此,龍樹在《大智度論》中有相當清楚的表白:「菩薩行菩薩道時,從初發意已來,如是思惟一切法:無定實性,但從因緣和合起,是眾因緣亦各各從和合起,乃至到畢竟空,畢竟空唯是一法實,餘者無性故皆虛誑」[59]。《迴諍論》也有相似的論述:「若法一切皆因緣生,則一切法皆無自體。……以無自體,故得言空」[60]。在第一義諦方面:如果我們審視龍樹著作《中論頌》的目的:「不生亦不滅、不常亦不斷、不一亦不異、不來亦不出,能說是因緣,善滅諸戲論」[61],則很清楚的知道,龍樹藉由該論真正要開顯的是諸法不可思議的存有形式。此形式因為不可言詮、不著分別,所以強名言「空」,諸法以此為內涵,即所謂的「空性」。若從此角度來看「眾因緣生法,我說即是無(空)」的意義時,緣起法的無定實性也恰恰地彰顯了它們因為「空性」,所以可隨各種不同的因緣而作種種呈現的事實,這也正是他在《中論頌》所說「以有空義故,一切法得成;若無空義者,一切則不成」的意思。由此看來,該偈中的「空」義,亦指向第一義諦。

綜合上述的討論,該偈「性空」的含義在龍樹的想法中,應是同時包含世諦「虛妄性空」的「無自性義」與第一義諦的「無自性性義」兩個層面,因此我們在理解該偈時,需要同時掌握它在二諦不同層面的含意,才能體會該偈完整的意涵。

---

59 《大智度論》,卷九十二「釋淨佛國土品」第八十。《大正藏》第 25 冊,頁 77 上-中。

60 龍樹菩薩造。《迴諍論》(後魏‧毘目智仙、瞿曇流支譯)。《大正藏》第 32 冊,頁 18 上。

61 《中論》,卷四「觀因緣品」第一。《大正藏》第 30 冊,頁 14-16 中。

藉由上述探查《中論頌》、《十二門論》、《迴諍論》與《大智度論》以二諦分述諸法的性相、中道以及方便力的論述中,我們得知龍樹受般若思想的影響甚深,尤其是來自《摩訶般若波羅蜜經》的影響,畢竟他曾花了極大的心力對之做出釋論,因此《摩訶般若波羅蜜經》可說是建立龍樹思想的前沿。龍樹雖然無疑地是承繼了般若學說,但是除了中心思想與之相同外,在論證的風格上卻是大異其趣。他使用合於印度人思考邏輯的論述方法闡述般若思想,藉由隨機施教的方便智慧,透過二諦凸顯般若思想所強調的涅槃即世間、空有不二的中道思想,成為大乘佛教最早形成的有系統教學,並因此成為中觀派的思想基礎,終而為建構印度大乘佛教理論的重要基石。龍樹之後,中觀派的學說不僅對印度佛教有極大影響,經羅什傳入中國後,甚至成為中國各宗所共同尊奉的學說。至於藏地,也是深受中觀思想的影響,最初到藏傳播佛法的寂護(西元 742-797 年)與蓮華戒(約 740-795 年)即是印度後期中觀派的論師,藏地佛教的正式學習即由他二人所建立,之後格魯派更將中觀學納入僧團的必修課程之一。由此,可見中觀思想對中國漢、藏二地影響的深遠。這表示了《摩訶般若波羅蜜經》除了對匡正中國魏晉南北朝時期的般若思想有直接而重大的影響之外(詳細請見本書第一章),由於作為龍樹中觀思想的淵源,也因此對大乘般若思想的傳佈具有間接性的意義,相對於其它的般若類經典而言,《摩訶般若波羅蜜經》在佛教的發展史中因而具有不可取代與不可撼動的重要地位。

第五章 從《摩訶般若波羅蜜經》看般若思想與其它大乘思想的理論關聯

　　般若類經典是佛教現存最早的經典，它們透過遮詮的方式闡述了諸法勝義空又勝義有的內涵，並通過由修習般若波羅蜜與慈悲心的進程所詮釋的菩薩道次第，使般若思想系統性的呈現，從而完成了大乘佛教最早的理論體系。般若類經典以諸法性空但假名有分依二諦展開它們對諸法性相的詮釋。其中屬世諦的假名有，緣起於眾生的虛妄憶想分別，是般若類經典對染法緣起的揭櫫；「諸法實相」、「一切種智」是該類經典中淨法緣起的概念。可見般若類經典依二諦講述諸法性相的方式，使其思想內涵除了具有對法性詳實闡述的本體論之外，亦含有諸法緣起的發生論，這些思想各自的內涵我們在本書的第二至四章都已論及。但是作為大乘佛教思想前沿的般若思想，在諸法性相的看法方面，對於其後所出的大乘思想，如唯識思想與如來藏思想，雖然無論在本體論或緣起論（或發生論）方面均具有深層的啟發意義，可是因為大家各自有其理論形成的時空背景，以致在主題及言教安立方面，顯出不同地偏重，所以思想的呈現隨即顯出各自的風格。般若思想的內核，即諸法性相（或可以本體與緣起視之）、識智之間的轉換（透過般若波羅蜜完成），在唯識、如來藏思想中是如何體現的呢？彼此間既然掌握的原則極為一致，則相異之處必在言教

方面，那麼異同何在呢？思想的發展與銜接又是如何呢？為了探究這些問題，我們特立本章，探討般若思想與其它大乘思想的一些思想聯繫與異同。

這裏有一點要特別說明的，如來藏思想（指以如來藏名闡釋心性空而不空的思想）在發展的過程中，雖然因為被融進唯識思想，所以不能將之當為一個具有完全獨立性格的印度大乘佛教思想，但是我們又不能否認由《如來藏經》、《勝鬘經》所提出，偏重講述眾生本具與如來不異的「自性清淨藏」的思想，的確展現了它與般若思想與唯識思想不同的宣講風貌。再後出的如來藏類經典，如《大般涅槃經》、《不增不減經》、《大法鼓經》、《央掘摩羅經》，則更進一步地開始關注如來藏與阿賴耶識的關係，只是此時，諸經尚未對該問題進行完整的詮釋。直到後來，《楞伽經》、《密嚴經》的出現，如來藏與阿賴耶識之間的關係，才被詳盡地探查與闡釋，這時如來藏思想完全被揉進唯識思想，內化為唯識思想的一部分，因而不再具有獨立的風貌，從此也就不能外在於唯識思想了。不過，本章的研究，是從《摩訶般若波羅蜜經》的角度，審視般若思想與其它大乘思想的關聯，因此，我們會將如來藏思想單獨列出，以與般若、唯識思想並行考察，揭示出隱藏其中的各種關係。

第一節 《摩訶般若波羅蜜經》與
如來藏思想的關係

印度佛教心性思想的發展雖然經過一段漫長的時間，但卻軌

跡可尋。從原始佛教與部派佛教開始，經過大乘佛教的般若學、如來藏學以及唯識學的發展，如來藏名最終成爲詮釋心性空而不空的代名。在整個印度心性思想的發展過程中，般若思想位居原始、部派佛教與佛性、如來藏思想的中間地位，因此具有銜接原始、部派佛教心性思想與佛性、如來藏思想的轉折性意義。

一、如來藏思想的發展背景

如來藏思想的淵源可上溯至原始佛教時期，原始佛教特別關注解脫的相關問題，因此注重說明心與煩惱的關係。其以十二因緣法闡述無明在生命輪迴的流轉與還滅過程中的關鍵性地位：無明起則流轉生，無明滅則流轉盡。這樣的說法，一方面表明了無明是造成心體雜染而使流轉發生的直接原因，另一方面則暗示了無明未起之前，心性本淨的思想，但此時並未有直接針對心體或心性的明確表述。到了後期的《阿含經》，對於心性的相關思想才得到直接的論述。《增壹阿含經》卷二十「聲聞品」第二十八第 2 經說道：

> 爾時，世尊告諸比丘：今日月有四重翳使不得放光明。何等為四？一者雲也；二者風塵；三者煙；四者阿須倫，使覆日月不得放光明。是謂，比丘！日月有此四翳，使日月不得放大光明，此亦如是。比丘！有四結覆蔽人心不得開解。云何為四？一者欲結覆蔽人心不得開解；二者瞋恚；三者愚癡；四者利養，覆蔽人心不得開解。是謂，比丘！有此四結覆蔽人心不得開解。當求方便，滅此四結。[1]

---

1 《增壹阿含經》（東晉・瞿曇僧伽提婆譯）。《大正藏》第 2 冊，頁 650 上。

　　《增壹阿含經》在此以日月被雲、風塵、煙以及阿須倫（阿修羅的舊譯）覆蓋而光明不現，譬喻人心（日月）爲後來的欲結、瞋恚、愚癡、利養（雲、風塵、煙、阿須倫）等四結所覆而清淨不再，傳達了心性原是清淨而煩惱是後起的意涵。與漢譯《增壹阿含經》相對應的巴利文《增支部》，更直接地述說心本清淨但爲煩惱這個外客所染，而致造成心隨客塵而成雜染的現象。此不但傳達了心爲「主」，而煩惱爲「客」，二者不同體性的訊息，同時亦一併地地傳達了心性本淨的思想。《增支部》一集「彈指品」說道：

> 一、諸比丘！心者是極光淨，卻為客隨煩惱所雜染，而無
> 　　聞異生不能如實解，故我言無聞之異生不修心故。
> 二、諸比丘！心者是極光淨，能從客隨煩惱得解脫，而有
> 　　聞之聖弟子能如實解，故我言有聞之聖弟子修心。[2]

這是原始佛教明確的「心性本淨」說。心性本淨而爲客塵煩惱所染，是如來藏說的核心思想，看來是淵源於《阿含經》。

　　到了部派佛教時期，因爲累積對原始佛教所揭示染淨相關問題的探討與實踐，心性思想發展有了更爲細緻地呈現，此時已將心的性相區分，確立心與煩惱在體性上的差異，以爲眾生的解脫尋求思想上的依據，從此印度佛教的心性思想也基本奠定。在部派佛教中，「心性本淨」是由大眾部與分別說部所繼承宏揚的。《異部宗輪論》中記載有大眾部對心性的主張：

> 大眾部、一說部、說出世部、雞胤部[3]本宗同義者、……心

2　《漢譯南傳大藏經·增支部經典一》（1994）。（葉慶春譯）。高雄：元亨寺妙林，頁 12-13。
3　一說部、說出世部、雞胤部均由大眾部所分出。

性本淨，客隨煩惱之所雜染，說為不淨。[4]

大眾部的心性說看來與《阿含經》的思想相符：以為心性本淨，但為客塵煩惱所染，才有不淨。分別說部（由上座部分出）也持同樣的觀點。如《阿毘達磨大毘婆沙論》卷二十七「雜蘊第一中補特伽羅納息」第三之五說：

> 謂或有執心性本淨，如分別論者。彼說心本性清淨，客塵煩惱所染汙故，相不清淨……彼說染汙不染汙心，其體無異。謂若相應煩惱未斷名染汙心，若時相應煩惱已斷名不染心。如銅器等，未除垢時名有垢器等。若除垢已，名無垢器等，心亦如是。[5]

此中，分別論者將心的性相分開來談，認為「心性」無論染汙還是清淨，其體皆一，沒有變化，只有「心相」會隨煩惱的有無而呈現染汙與清淨的變化，分別論者並以銅器有垢、無垢，其體皆不變，但其相會隨垢而轉為譬，比喻說明心相的狀況。

雖然除了上述的大眾部以及分別說部，還有其它的部派也贊成心性本淨的思想，但卻同時也有一些部派反對心性本淨的說法，如說一切有部即持反對意見。見解偏於經量部的《成實論》也認為心性本淨只是方便施教而已。無論如何，「心性本淨」的相關問題，在部派佛教時期獲得極大的關注是不爭的事實。

原始佛教與部派佛教時期，由重視個人解脫所開發出來的心性論，到了大乘佛教，出現了重大的轉折。早期大乘的般若思想關注的不再只是個人的解脫，更多的注意力是放在對諸法性相的探討，以及在還滅雜染的過程中，如何由利生的事行中啟發慈悲

---

4 世友菩薩。《異部宗輪論》（唐・玄奘譯）。《大正藏》第 49 冊，頁 15 中-下。
5 五百大阿羅漢等造。《阿毘達磨大毘婆沙論》（唐・玄奘譯）。《大正藏》第 27 冊，頁 140 中-下。

心與智慧（指出世間般若波羅蜜），以最終成就阿耨多羅三藐三菩
提所需的福智二行，因此對眾生心性的討論多是含藏在對法性的
論述中的。般若思想以爲，因爲諸法普具性空的基本性質，所以
諸法包含有情的體性俱是平等一味，這使得眾生的法性，即心性，
與「空」或「真如」聯繫了起來，揭示了心性與法性一致的要義，
從而首先使大乘佛教中「眾生成佛」的思想有了內在的依據。除
此之外，般若思想中也有直接針對心性的論述，但爲數不多。例
如成立於西元前一世紀或西元一世紀前半「原始般若」的部分（即
般若經的原型），相當於《道行般若經》的道行品，就已經談論到
相關話題。現以與《道行般若經》相當，但是譯文較爲暢達的《小
品般若波羅蜜經》的相關經文爲例說明。《小品般若波羅蜜經》卷
一「初品」第一說道：

> 菩薩行般若波羅蜜時，應如是學：不念是菩薩心，所以者
> 何？是心非心，心相本淨故。爾時，舍利弗語須菩提：有
> 此非心心不？須菩提語舍利弗：非心心可得若有若無不？
> 舍利弗言：不也。須菩提語舍利弗：若非心心不可得有無
> 者，應作是言有心無心耶！舍利弗言：何法爲非心？須菩
> 提言；不壞不分別。[6]

經文以不壞亦不作分別的「非心」說明心相的本淨，這是因爲沒
有了妄見分別，即沒有所謂的「心」可得，所以以「非心」名之，
以明此義。既然「非心」是不壞不分別，即只屬「無有相、無
有言說、無有分別」的第一義諦而有，於是以空爲內涵的「非心」
即得以說明「本淨」。另外，在「初品」之後也有多品出現與法性
清淨或眾生本性清淨意義相符的經句：如「憍尸迦！若如來住壽

---

6 《小品般若波羅蜜經》。《大正藏》第 8 冊，頁 537 中。

如恒河沙劫說言：眾生！眾生！實有眾生生滅否？釋提桓因言：
不也。何以故？眾生從本已來常清淨故」[7]、「一切法性清淨」[8]等。
此外，《小品般若波羅蜜經》還談到「法性常住故」[9]，開啟大乘
佛教談論法性本有的先河。然而般若類經典雖然提到眾生的心性
問題，但這並不是它們闡述的重心所在。

　　唯識學興起之後，因為唯識思想特別偏重對眾生心識問題的
探究，因此開展了唯心意義層次的心性理論架構。同時，在印度
三至五世紀時期，由於印度社會中梵我思想的盛行，佛教不僅將
般若的「法性」思想轉以「如來藏」之名表達，同時還以表詮的
方式肯定諸法具有實性（即法性），以攝受具有深重我執而畏懼無
我性空思想者進入佛道，造成了唯識思想與如來藏思想合流，使
得人人皆有成佛因性，或人人皆具與如來相同的自性清淨藏的佛
性、如來藏思想凸顯出來，此並成為印度如來藏學的基本內容。
如來藏學標誌了印度佛教心性思想的最後階段，也使般若法性空
卻不斷滅的性空思想得到充分地顯發。

二、《摩訶般若波羅蜜經》的心性思想

　　承接下品般若經思想的《摩訶般若波羅蜜經》，由於內容量大
幅的增加，自然在法性與心性相關的思想也有大幅的增廣。在上
述我們曾經提到，般若類經典對於心性的看法，基本上是含攝在
法性的思想當中，因此要探討《摩訶般若波羅蜜經》的心性思想，

7　《小品般若波羅蜜經》，卷一「釋提桓因品」第二。《大正藏》第 8 冊，頁 541
　中。
8　同上書，卷九「隨知品」第二十六。《大正藏》第 8 冊，頁 579 下。
9　同上書，卷四「歎淨品」第九。《大正藏》第 8 冊，頁 553 中。

就要從法性開始談起，才能明白般若類經典對心性問題的立論依據。

　　「法性」的相關思想是般若類經典中的重要思想之一。《摩訶般若波羅蜜經》對法性清楚的闡述到：「一切法即是法性……何因緣故一切法即是法性？佛言：一且法皆入無相無爲性中」[10]。由此可知，法性即是無相無爲性，而無相無爲因爲是「空」與「無自性」的同義語，所以法性也叫做「空性」或「無自性性」。法性的內容既然是空，因此也即是「淨」。該經卷二十六「攝五品」第六十八曾藉由宣說諸法平等相而談到這個話題：「佛告須菩提：是諸法平等相，我說是淨。須菩提！何等是諸法平等？所謂如，不異不誑法相、法性、法住、法位、實際，有佛無佛法性常住，是名淨」[11]。此中，《摩訶般若波羅蜜經》以「淨」闡明諸法平等相，而由於「淨」的內涵是「所謂如，不異不誑法相、法性、法住、法位、實際，有佛無佛法性常住」，因此「淨」即是「空義」，是「空義」的同義語。於是真如的異名，「法相、法性、法住、法位、實際」等自然也即是「空義」，也因此「法性常住」即相當於表示諸法是空性，且空性因爲是常住不變，所以無論有佛無佛都不會對「法性」造成影響，可見法性不只是「本淨」亦是「本有」。由此可知，《摩訶般若波羅蜜經》是贊成法性的本有與本淨。既然法性本有與本淨，當然位列諸法之一的「眾生」，也同樣是「法性本有與本淨」，只是眾生的法性被稱爲「心性」，因此《摩訶般若波羅蜜經》自然不可避免的含有心性本有、本淨的思想。而且根據《摩訶般若波羅蜜經》的說法，「心性」除了具有因「空」而寂靜

---

10 《摩訶般若波羅蜜經》，卷二十四「善達品」第七十九。《大正藏》第 8 冊，頁 399 下。
11 同上書，頁 413 下。

的性質，即法住、法位之義）之外，也同時具有覺照的能力（具有根本的一切智的緣故）。

在表明心性本淨方面，《摩訶般若波羅蜜經》曾透過佛陀與須菩提對諸法實相的問答，委婉地傳達了無明生起之前，心不具雜染而清淨的事實：

> 舍利弗白佛言。世尊。諸法實相云何有？佛言：諸法無所有。如是有、如是無所有，是事不知名為無明。舍利弗白佛言：世尊！何等無所有，是事不知名為無明。佛告舍利弗：色受想行識無所有，內空乃至無法有法空故；四念處乃至十八不共法無所有，內空乃至無法有法空故，是中凡夫以無明力渴愛故，妄見分別說是無明。是凡夫為二邊所縛，是人不知不見諸法無所有，而憶想分別著色乃至十八不共法。是人著故，於無所有法而作識知見，是凡人不知不見。[12]

此段經文說明諸法的樣貌原是無所有，但眾生因為「始起」的無明所障而妄起分別，從而不知不見諸法無所有的性相。此即暗示在無明生起之前，心是不具無明的，如此才可在沒有妄見分別的情況下，了知諸法本無所有（一切法空）的性相，於是此不具妄見分別的心，即是所謂的「清淨心」。事實上，《摩訶般若波羅蜜經》經中並不是完全沒有針對眾生體相清淨的直接講述，雖然為數不多。如該經卷八「散花品」第二十九即明言：「眾生從本已（以）來常清淨故」[13]，以及卷三「勸學品」第八也曾說道：「是心非心，心相常淨故。舍利弗語須菩提：云何名心相常淨？須菩提言：若

---

12 《摩訶般若波羅蜜經》，卷六「勝出品」第二十二。《大正藏》第 8 冊，頁 262 中-下。

13 同上書，頁 279 中。

菩薩知是心相與淫怒癡不合不離、諸纏流縛若諸結使一切煩惱不合不離、聲聞辟支佛心不合不離。舍利弗！是名菩薩心相常淨」[14]。在此，該經以心相與各種煩惱、結使以及聲聞辟支佛心皆不合不離，表明諸法的法性因為皆為「空」，所以「心」便在法性的意義上與諸法等同，在關係上便成為不合不離－－法性不異而不離，法相不一而不合。該經以心原來的性相為「空」，而成立「非心」之意，這樣即充分地說明了「心即非心，心相常淨」的道理。

由是，我們知道該經中沒有憶想分別而「是心非心，心相常淨」的清淨心，即相合於其所提出「薩婆若」或「一切智」的概念。在第二章中，我們透過詳細的討論，得知「薩婆若」或「一切智」是在實相法界不來不出、兼具寂照性質的智慧。由此看來，《摩訶般若波羅蜜經》雖未明言「自性清淨心」，但卻具有這樣的意趣。而且該經所贊成的眾生被無明障蔽之後，妄見分別而導致染法緣起的見解，含藏心性本自清淨但為無明所染的思想，與如來藏思想中的「自性清淨心為客塵所染」的說法具有相同的精神，只是在般若思想中，這樣的思想是隱諱的。但後來由於社會思想的變遷，在西元三到五世紀時，以詮釋如來藏思想為主的經典將之改為表詮的方式闡述，使得在般若思想中幽隱的部分，得到充分地闡發。

在表明心性本有方面，《摩訶般若波羅蜜經》藉由將眾生視為諸法之一的眾生法，直接地表明了眾生自性涅槃且不空、本有的事實：「須菩提！諸佛為眾生轉法輪，是眾生若實有法，非無法者，不能令是眾生於無餘涅槃而般涅槃。須菩提！以諸佛為眾生轉法輪，是眾生無法、非法，以是故，能令眾生於無餘涅槃中，已滅、

---

14 《摩訶般若波羅蜜經》。《大正藏》第 8 冊，頁 233 下。

今滅、當滅」[15]。在此,《摩訶般若波羅蜜經》以遮詮的方式,論述眾生一則不是實有法,表明眾生法是假立,二則是無法、非法,以詮釋眾生的真實是「性空」、「不滅」[16],另外,又用已滅、今滅、當滅詮釋眾生的三際(過去、現在、未來)皆是自性涅槃,於是三際皆是自性涅槃的眾生,自然即是「心性」本有了。

經由上述可知,《摩訶般若波羅蜜經》除了以客觀的角度談論法性清淨、常住以外,對於心性相關問題的見解,一方面是含藏在對法性的論述中(因為心亦有法性),另一方面是隱含在對諸法實相與無明關係的闡釋中,再一方面則出現在對心性的直接論述中。因此在心性相關問題方面,該經比下品般若有了更多的論述,且更為清晰。但畢竟《摩訶般若波羅蜜經》是以宣揚諸法性相皆空,以及認識諸法第一義性相的般若波羅蜜為主,故而述說心性本淨、本有思想的經句,即使是遮詮的方式,在經中出現的也不多,因為這不是經中側重的主題。

三、《摩訶般若波羅蜜經》的心性思想與如來藏思想的關係

(一) 二者的理論關聯

如來藏學的中心思想是由本體說與緣起說所組成,而且其本體說與緣起說都是在唯心意義上開展的。在本體說方面,如來藏

---

15 《摩訶般若波羅蜜經》,卷三「相行品」第十。《大正藏》第 8 冊,頁 238 下-239 上。

16 依據《摩訶般若波羅蜜經》,眾生所識知的諸法是由虛妄憶想分別而起,具有生滅的現象,而「非法」則指不是虛妄憶想分別而有的「法」,因此是不生不滅,是「無法」的同義語,例如卷七「十無品」第二十五說:「色不滅相是非色,受想行識不滅相是非識」。(《大正藏》第 8 冊,頁 270 中。)

以眾生身中有如來的胎藏而得名，其梵語 tathāgata-garbha，tathāgata 是如來義，garbha 是胎藏義。由佛陀跋陀羅在西元 402 年左右譯成的《大方等如來藏經》中，即以九喻[17]說明在眾生的雜染身中藏有如來法身的思想。由此可見，如來藏思想基本核心概念之一，即是眾生本具與如來等同的清淨體性，但此自性清淨心為後起的無明所染，以致為煩惱覆蓋（在纏）而不得顯現。可是煩惱只為外客，因此並不會令眾生清淨的本性產生質變，這是如來藏思想的本體說。在緣起說方面，早期的如來藏經典《勝鬘經》，藉由如來藏的兩種範疇；「空如來藏」與「不空如來藏」，揭示了自性清淨心與緣起的概念。前者指眾生本具的清淨體性，後者則指由空如來藏緣起的一切與煩惱不離、不脫、不異的佛法，它成就於眾生在修行的過程中成功地將染法轉成淨法。不空如來藏的說法，含藏了淨法緣起的概念。另一部早期的如來藏經典——《不增不減經》，除了談到淨法的緣起之外，亦談到染法的緣起的相關概念，但是如同《勝鬘經》一樣沒有對緣起的機轉作出詳盡的闡釋。直到較晚傳出的《楞伽經》、《密嚴經》，才透過將阿賴耶識與如來藏的思想整合，使包含著緣起義理的染淨諸法的相關問題得到完全的開展。這樣的線索，不禁讓我們思考：在代表早期般若思想的《摩訶般若波羅蜜經》的心性思想中，會含有與如來藏思想相同的兩個概念嗎？

1、本體說：心性本淨、本有與自性清淨藏

　　《摩訶般若波羅蜜經》對於法性與心性的立場，我們在前節已經做過討論，結果是該經贊成法性與心性的本淨與本有，這樣

---

17 即一、萎華有佛；二、蜂群繞蜜；三、糠糩粳糧；四、不淨處真金；五、貧家寶藏；六、穀內果種；七、弊物裹金像；八、貧女懷輪王；九、鑄模內金像。

的說法與後來所出的如來藏思想本質上是相同的，只是般若思想採取遮詮的論證方法，而如來藏思想則是採取表詮的詮釋手法。由此看來，二者皆是贊成在無明煩惱覆蓋之前，眾生本具清淨的體性。換句話說，也就是眾生皆具有自性清淨藏，而且此自性清淨藏是與如來的清淨藏同質，所以又被稱為「如來藏」、「法界藏」、「法身藏」或「出世間上上藏」。《勝鬘經》卷一「自性清淨章」第十三說道：「世尊！如來藏者，是法界藏、法身藏、出世間上上藏、自性清淨藏、此（自）性清淨」[18]。但此藏在眾生是伏藏，不像如來已啓開此伏藏，並已以之融通第一義諦與世諦、世間與出世間、有為法與無為法之間的分際。不過，正是因為眾生擁有此伏藏，所以皆具有成佛的因性。事實上各個大乘的經典，都普遍的蘊涵著這樣的傾向或觀點。只是不一定以「如來藏」一名闡述。如《摩訶般若波羅蜜經》即以如、實際、法性、法身、法住、法位、無所有性、無相無為性等用語詮釋與如來藏相關的含義。

2、緣起說：法性、諸法實相與空如來藏、不空如來藏

「空如來藏」與「不空如來藏」的概念出於《勝鬘經》，《勝鬘經》卷一「空義隱覆真實章」第九：「世尊！有二種如來藏空智。世尊！空如來藏，若離、若脫、若異一切煩惱藏。世尊！不空如來藏，過於恒沙不離、不脫、不異、不思議佛法」[19]。此中，《勝鬘經》透過對如來智的談論，提出「空如來藏」與「不空如來藏」的概念，表示如來同時具有空如來藏智與不空如來藏智。依於經義，空如來藏是遠離、解脫一切煩惱藏，所以與煩惱藏相異，因此即是指眾生「空」而清淨的體性，於是而獲「空」如來藏之名。

---

18 《勝鬘師子吼一乘大方便方廣經》（宋・求那跋陀羅譯）。《大正藏》第 12 冊，頁 222 中。
19 同上書，頁 221 下。

而不空如來藏是指佛地的不思議佛法，是眾生識轉識成智後所得。未轉之前，眾生受無明影響而緣起的諸法皆爲雜染；轉依之後，諸法緣起時，因爲沒有無明的影響，所以均是清淨法，即《勝鬘經》所稱的不思議佛法，由於具足了諸佛法而獲「不空」如來藏之名。可見，《勝鬘經》的空、不空如來藏思想同時攝含了「自性清淨藏」與「緣起」兩個概念。對於這兩個概念在該經「自性清淨章」第十三有更爲清楚地講述：「非如來藏有生有死，如來藏者離有爲相，如來藏常住不變。是故如來藏是依、是持、是建立。」[20]該經於此以「如來藏」一名統合了空、不空如來藏的內涵，並清楚地表明染、淨一切法的所依，即是離有爲相清淨且常住不變的如來藏。但要強調的是，此處僅僅表述了如來藏是作爲諸法緣起所依的本體，更多的含義並未得以展現。

上述《勝鬘經》所攝含的兩個如來藏思想的重要概念，也出現在《不增不減經》中。《不增不減經》曾說道：

> 舍利弗！當知如來藏本際相應體及清淨法者，此法如實，不虛妄、不離、不脫智慧清淨真如法界不思議法，無始本際來有此清淨相應法體。舍利弗！我依此清淨真如法界，爲眾生故，說爲不可思議法自性清淨心。舍利弗！當知如來藏本際不相應體及煩惱纏不清淨法者，此本際來，離脫不相應煩惱所纏不清淨法，唯有如來菩提智之所能斷。舍利弗！我依此煩惱所纏不相應不思議法界，爲眾生故，說爲客塵煩惱所染自性清淨心不可思議法。[21]

其中清淨法者是「如實、不虛妄、不離、不脫智慧清淨真如法界

---

20 《勝鬘師子吼一乘大方便方廣經》。《大正藏》第 12 冊，頁 222 中。
21 《佛說不增不減經》（元魏・菩提流支譯）。《大正藏》第 16 冊，頁 467 中-下。

不思議法」，因此而與不空如來藏表述的意涵相同，是《不增不減經》對淨法緣起的看法，該經並以「如來藏本際相應體及清淨法者，此法如實，不虛妄、不離、不脫智慧清淨真如法界不思議法」的觀點，比《勝鬘經》更進一步地明確表述淨法緣起的所依，即是真如法界，即是相應如來本際而本有的自性清淨藏（即空如來藏）。另外，該經同時也談到染法（該經稱爲不清淨法）緣起的相關問題。該經認爲，染法緣起的所依是由被客塵煩惱所染的自性清淨心，而此染污的自性清淨心，被該經稱爲「如來藏本際不相應體」，由此緣起的諸法即被名爲「煩惱纏不清淨法」。看來《不增不減經》在對淨法的緣起做出說明的同時，也對染法的緣起作出了較《勝鬘經》更爲清晰的表態。

　　雖然《勝鬘經》與《不增不減經》均談到緣起及其所依的本體即如來藏，但對一切染淨法如何自如來藏緣起的機理卻沒有明示，詳細的機理是由出於其後，且融合唯識與如來藏思想的《楞伽經》與《密嚴經》所完成。例如《楞伽經》曾通過佛陀爲大慧菩薩解釋眾生陰界入生滅相的同時，清楚地展現了如來藏內含的本體和（染法）緣起的意義。《楞伽阿跋多羅寶經》卷四「一切佛語心品之四」說道：

> 佛告大慧：如來之藏是善不善因，能遍興造一切趣生。譬如伎兒，變現諸趣，離我、我所。不覺彼故，三緣和合方便而生。外道不覺，計著作者。為無始虛偽惡習所薰，名為識藏。生無明住地，與七識俱。如海浪身，常生不斷。離無常過、離於我論，自性無垢，畢竟清淨。其諸餘識，有生有滅。意・意識等，念念有七。因不實妄想，取諸境界，種種形處，計著名相。不覺自心所現色相，不覺苦樂，

不至解脫，名相諸纏，貪生生貪。[22]

《楞伽經》於此，表明藏識（即阿賴耶識）的本質與前七識由如來藏緣起的機轉。《楞伽經》認爲如來藏本性清淨，離我、我所，沒有生滅，但在之後爲無始虛僞惡習所熏，而產生了藏識。藏識與無明、前七識共俱，並緣生眾生的各種名相境界，雜染的眾生界於焉成立。《楞伽經》將如來藏和唯識思想統合，爲本性清淨的如來藏如何緣起雜染的眾生界，提供了完整的說明。

　　《楞伽經》對於淨法緣起亦有相關的陳述，如《楞伽阿跋多羅寶經》卷一「一切佛語心品」：「云何成自性？謂離名相、事相妄想，聖智所得，及自覺聖智趣所行境界，是名成自性，如來藏心」[23]；《大乘入楞伽經》卷六「十偈頌品」第十之一：「若觀諸有爲，遠離相所相，以離眾相故，見世惟自心。安住於唯心，不分別外境，住真如所緣，超過於心量」[24]。於上揭的引文中，《楞伽經》指出自覺聖智所行境界，即是真如所緣之境。該境遠離各種分別有爲的名相，是清淨的如來藏心所行之處，這是《楞伽經》對淨法緣起的表述。

　　染淨緣起以及緣起所依的相關想法，也可在《摩訶般若波羅蜜經》中尋到嗎？若答案是肯定的，則在代表早期大乘思想的《摩訶般若波羅蜜經》中是如何闡釋的呢？

　　「空如來藏」或是「如來藏本際相應體」是描述眾生清淨本有的體性，我們已知《摩訶般若波羅蜜經》對於這樣的概念是持

22 《楞伽阿跋多羅寶經》（宋・求那跋陀羅）。《大正藏》第 16 冊，頁 510 中。
23 同上書，頁 487 下。
24 《大乘入楞伽經》（唐・實叉難陀羅）。《大正藏》第 16 冊，頁 629 中。宋本的《楞伽阿跋多羅寶經》的經文在講授斷肉之後，全文即告終，但是在魏本《入楞伽經》和唐本《大乘入楞伽經》中，「斷肉說」之後尚有陀羅尼及長頌。此引文即是引自唐本《大乘入楞伽經》「斷肉說」之後的長頌。

贊成的態度，而且經過前述的討論，我們也知《摩訶般若波羅蜜經》是以如、實際、法性、法身、法住、法位、無所有性、無相無為性等語表述諸法的體性。至於「不空如來藏」與「如來藏本際不相應體」所攝的淨法與染法「緣起」的概念，《摩訶般若波羅蜜經》中也具有相當的思想，完整的想法是透過對無明與諸法實相關係的闡釋傳達的。該經在闡述眾生因為無明妄見分別，而導致眾生界雜染諸法緣起的同時，也暗示了不受無明影響之時，即能見、能知以無所有為內涵的諸法實相。由於諸法實相是表述淨法的用語，因此也含藏了淨法緣起的思想。而且在成佛之後，因為無明已經盡除，佛界所具足的即是「不空」的淨法，所以即相同於不空如來藏所表達的淨法緣起的概念。只是《摩訶般若波羅蜜經》並沒有像前述二經一樣直接而明確地提及諸法緣起的所依體，雖然以「法性」作為諸法的本體，無庸諱言地必定是諸法緣起的所依，但是無論如何，對此《摩訶般若波羅蜜經》在經中並沒有直接言及。此外，對於染法的緣起，除了這段經文之外，該經在他處也做過一些闡述，如「一切法皆是憶想思惟作法」[25]，「是眾生於無所有法中，顛倒妄想分別得法，無眾生有眾生相、無色有色相、無受想行識有受想行識相」[26]等，皆表明了「分別妄想」是染法緣起的原因。於是我們可以確證，在《摩訶般若波羅蜜經》所表述的早期般若思想中，的確是涵蓋自性清淨藏與緣起的思想，但畢竟沒有像如來藏思想一樣，對於自性清淨藏與諸法緣起之間的關係作出表態，而且《摩訶般若波羅蜜經》所用的詮釋語言與如來藏類經典並不相同。

---

25 《摩訶般若波羅蜜經》，卷二十六「平等品」第八十六。《大正藏》第 8 冊，頁 414 上。
26 同上書，卷二十六「差別品」第八十四。《大正藏》第 8 冊，頁 411 下。

緣起的概念起於原始佛教，由十二因緣法所闡發的業感緣起思想爲濫觴，之後的部派佛教將十二因緣法以生命現象爲中心的緣起思想擴及到一切法，開始關注諸法的緣起。般若思想興起後，由於注重菩薩道的修習，因此不只重視生命的回歸清淨，也同樣重視度生過程中一切智慧的累積。在出世間般若波羅蜜的引導之下，這些智慧均將一一被引入薩婆若的領域，使行者最終得以成就「諸法行類、相貌、名字、顯示、說」[27]無不了知的「一切種智」，而登上佛位。這樣看來「一切種智」也是了知一切法的智慧，其所表詮的概念，與由「不空如來藏」緣起了知一切佛法（即淨法）的「不空如來藏智」是相對應的。從此角度的探查，也確證了《摩訶般若波羅蜜經》中存有淨法緣起的思想。然而《摩訶般若波羅蜜經》終究沒有對染淨諸法的緣起及其相關思想作出完整而明白的闡述，其隱藏的意涵必須從相關的經文中細細地體會才能發現。由如來藏緣起染淨一切法的理論架構，是如來藏思想與唯識思想雜揉後才告完成。至此，我們也知道在如來藏思想中的兩個核心概念：自性清淨藏與如來藏緣起，並不是如來藏學中特有的思想，在般若思想中即已隱藏了大致的想法，但是因爲二者宣揚的重心不同，使得自性清淨藏與如來藏緣起兩個概念在般若思想中是以「隱密相」傳達，及至如來藏思想時，才轉以「顯了相」表達[28]。

（二）二者的思想銜接：無自性與無自性性思想

通過前文的分析，不難看出以「空」爲內涵的「法性」思想

---

27 《摩訶般若波羅蜜經》，卷二十一「三慧品」第七十。《大正藏》第 8 冊，頁 375 下。
28 「隱密相」與「顯了相」是《解深密經》用來評斷二時法輪的般若思想與三時法輪的如來藏思想內容差異所用的名稱與概念。

是《摩訶般若波羅蜜經》的理趣之所在，甚至也是整個般若思想的核心，乃至大乘佛教哲學思想的根本所在。可是，在佛教經籍中，卻出現了一個問題：既然般若類經典，已經完整的提出了對「法性」空而不空的定義，爲什麼相對於被視爲代表二時法輪的般若思想之外，卻還出現宣揚諸法「無自性性」的第三時法輪呢？難道被列爲二時說的般若思想對法性的闡釋沒有如第三時說那樣完善嗎？如果將這些問題集中起來，其實質就是如何對「法性」或「空性」作出理解，或者說即是瞭解二時說與三時說在詮釋「法性」內涵的差異，以及造成它們思想轉折的因素。

1、三時說的內涵

三時說依據佛教典籍，是指佛陀三轉法輪將其完整的法教分三個時段述說完畢。這種說法雖然並不符合歷史的眼光，但是若從佛教思想的發展史，以及作爲宗教的發展史來看，三時說出現的先後順序恰恰反映了歷史上佛教思想的演進歷程，即先小乘（含原始佛教與部派佛教）、次大乘般若學，再來才是佛性、如來藏思想，不同時期對法性的詮釋標誌了思想的轉折。故而我們在下文中將以思想史而不是史料學的方式，展開對佛教三轉法輪內容的探查，以助於我們瞭解佛教在述說諸法與眾生體性方面的思想發展脈絡。

《摩訶般若波羅蜜經》中未見三轉法輪的完整說明，完整的三轉法輪的內容可參見《解深密經》卷二「無自性相品」第五：

> 爾時勝義生菩薩復白佛言：世尊初於一時在婆羅疕斯仙人墮處施鹿林中，惟爲發趣聲聞乘者，以四諦相轉正法輪，雖是甚奇甚爲稀有，一切世間諸天人等先無有能如法轉者。而於彼時所轉法輪，有上有容是未了義，是諸爭論安足處所。世尊在昔第二時中，惟爲發趣修大乘者，依一切

法皆無自性、無生無滅、本來寂靜、自性涅槃，以隱密相轉正法輪，雖更甚奇甚為稀有。而於彼時所轉法輪，亦是有上有所容受，猶未了義，是諸爭論安足處所。世尊於今第三時中普為發趣一切乘者，依一切法皆無自性、無生無滅、本來寂靜、自性涅槃、無自性性，以顯了相轉正法輪。於今世尊所轉法輪，無上、無容是真了義，非諸爭論安足處所。[29]

從這段引文可知，三時法輪講述的重心都不相同，初時主要開示聲聞乘的四聖諦法、二時側重的是闡明諸法的「無自性」、三時則是偏重敘述諸法的「無自性性」。除了初時的四諦說明顯的與其它二時不同之外，二時說的「無自性」跟三時說的「無自性性」看來極為相近，可是《解深密經》卻稱二時說為「隱密相」轉正法輪、三時說為「顯了相」轉正法輪，顯見二者之間還是存有一些差異。在此《解深密經》雖然沒提二時法輪的「無自性」與三時法的「無自性性」在佛教中分屬何種法教而有，但依據《摩訶般若波羅蜜多經》，二時法輪即是般若法教（該經卷十二「無作品」第四十三有相關說明，參見後述討論），至於三時法輪的內容既是講述諸法皆具「無自性性」，則表述眾生法性是「無自性性」的如來藏思想即可歸於此。在以下的論述，我們將從初時說起始，接著，陸續探查三時說的內容，以明確瞭解初時說到三時說內容的發展與銜接，同時釐清二轉法輪「無自性」思想與三轉法輪「無自性性」思想的區別。

根據上段引文，初時佛陀在鹿野苑開講四聖諦法，這部分的內容目前集錄在《阿含經》中。四聖諦是佛陀針對聲聞根機者所

---

29 《解深密經》。《大正藏》第 16 冊，頁 697 上-中。

特別開示的法教，個人煩惱的解脫，爲此時法教的重點，慈悲的養成與對諸法實相的闡釋不是此時關注的焦點，所以聲聞眾的慈悲心與照見諸法實相的智慧（即般若波羅蜜）未能依因四聖諦而被完全啓發。然而佛陀所證悟的阿耨多羅三藐三菩提，是需要在了知諸法性空之後，在性空中行種種利益眾生之事，並達到雖度一切眾生而實無眾生可度的境界，這樣的智慧因此是無法經由聲聞法而養成的。聲聞法只是佛陀爲導引眾生遠離五欲世間所做的一種階段性的教導。苦、空、無常、無我是具變異與和合性質的有爲法所必然得到的結果，但是認爲有爲諸法爲實有且堅固執著的眾生不能知曉，由是，於諸法「不能生厭、離欲、解脫……長夜於此保惜繫我，若得、若取，言：是我、我所、相在」[30]。於是在塵境中貪愛追逐，以爲在其中可以有所獲得，造作身、口、意業，導致「識」相續流注，刹那不停，於是生滅不斷，於六道生死中數數往來，不得解脫。《摩訶般若波羅蜜經》卷二十六「七譬品」第八十六曾描述過這樣的情形：

> 須菩提！是菩薩摩訶薩行般若波羅蜜時，以方便力見眾生，以顛倒故著五陰：無常中常相、苦中樂相、不淨中淨相、無我中我相，著無所有處。是菩薩以方便力故，於無所有中拔出眾生。須菩提白佛言：世尊！凡夫人所著，頗有實不、異不？著故起業，業因緣故，五道生死中不得脫。
>
> 佛告須菩提：凡夫人所著起業處，無如毛髮許實事。[31]

看來，爲了解決眾生在諸法無所有中產生深深味著的問題，佛陀才先以四聖諦的方便教法開示眾生，以使眾生先行建立有爲諸法是無常變異、無我、空的知見與思惟，從而知曉其所執著的

---

30 《雜阿含經》，卷十二第 289 經。《大正藏》第 2 冊，頁 81 下。
31 《摩訶般若波羅蜜經》。《大正藏》第 8 冊，頁 412 下。

對象,實際是無所有,此即「著無所有處……著故起業,業因緣故,五道生死中不得脫……凡夫人所著起業處,無如毛髮許實事」所說的意思。由此可見,藉由世間諸法無常、無我的性質,了知世間諸法中沒有一個住持其法相的自體,可建立認知世間諸法無自性、非實有的一種初步的空觀與假觀,行者於此二觀得力後即得產生對世間的厭離心。這就是佛陀初轉法輪的目的與內容。

二時法輪在初時法輪的基礎上更進一步地開展,對諸法的詮釋不再侷限於世諦層面的描述,更擴大到第一義諦的層次。同時因為關注到眾生離苦得樂乃至成佛的問題,二時法輪並容攝了度生所必需和「慈悲心」相關的話題,這些內容也即是般若類經典的內容。依據《摩訶般若波羅蜜經》,第二時宣說的內容以對般若波羅蜜的認識與開展、經由五波羅蜜的薰習修習慈悲心、以及般若波羅蜜與慈悲心的和合雙運等為主,簡單地說,即是開展對諸法性相正確認知和培養利生的慈悲心與方便力。由於對諸法性相的正確認知的智慧,即般若波羅蜜,是施展五波羅蜜到三分清淨的關鍵因素,因此在般若思想中,非常重視對「一切法空」的探討,而法性不滅的「無自性性」思想基本是以附帶的方式稍加說明而已。由於法性通心性的緣故,眾生心亦是「無自性性」的論述,自然也即會出現在般若思想中,如《摩訶般若波羅蜜經》卷二十六「差別品」第八十四說道:

> 世尊!云何觀諸法如實相?佛言:觀諸法空。世尊!何等空觀?佛言:自相空。是菩薩用如是智慧觀一切法空,無法性可見。住是性中得阿耨多羅三藐三菩提。何以故?無性相是阿耨多羅三藐三菩提,非諸佛所作、非辟支佛所作、亦非阿羅漢所作、亦非向道人所作、亦非得果人所作、亦

非菩薩所作。[32]

引文中「住是性中得阿耨多羅三藐三菩提」，而所住的「性」即是一切法空亦無法性可見的「無所有性」或「空性」。在此，《摩訶般若波羅蜜經》以其一貫的手法，從客觀的角度，將心性融攝在法性的內容中談論，即透過諸法的「無所有性」或「空性」顯發眾生心「無自性性」的道理，但是該經對於此種類型的論述並沒有大幅的展開，由是，《解深密經》才以「隱密相」稱之，以表述「無自性性」的思想在般若思想中潛藏的特質。

其實在《摩訶般若波羅蜜經》中，亦曾出現與第二法輪直接相關的闡述，其內容是以宣揚諸法具有法相、法住、法位、常住不變的「性空」之性，彰顯立基於其上的般若波羅蜜不與諸佛法俱，亦不捨諸佛法，空、有相融的精神。《摩訶般若波羅蜜經》卷十二「無作品」第四十三：

> 是般若波羅蜜亦非過去、非未來、非現在，不捨欲界不住欲界、不捨色界不住色界、不捨無色界不住無色界。是般若波羅蜜不與檀那波羅蜜亦不捨、不與屍波羅蜜亦不捨、不與羼提波羅蜜亦不捨、不與毘梨耶波羅蜜亦不捨、不與禪那波羅蜜亦不捨、不與般若波羅蜜亦不捨、不與內空亦不捨、乃至不與無法有法空亦不捨、不與四念處亦不捨、乃至不與八聖道分亦不捨、不與佛十力亦不捨、乃至不與十八不共法亦不捨、不與須陀洹果亦不捨、乃至不與阿羅漢果亦不捨、不與辟支佛道亦不捨、乃至不與一切智亦不捨。是般若波羅蜜不與阿羅漢法不捨凡人法、不與辟支佛法不捨阿羅漢法、不與佛法不捨辟支佛法。是般若波羅蜜

---

32 《摩訶般若波羅蜜經》。《大正藏》第 8 冊，頁 412 中。

亦不與無為法不捨有為法。何以故？若有諸佛、若無諸佛，
是諸法相常住不異，法相、法住、法位、常住，不謬不失
故。爾時，諸天子虛空中立發大音聲踴躍歡喜，以漚鉢羅
華、波頭摩華、拘物頭華、分陀利華而散佛上，作如是言：
我等於閻浮提見第二法輪轉，是中無量百千天子得無生法
忍。[33]

在此，《摩訶般若波羅蜜經》透過般若波羅蜜具有不住、不與、不
捨諸法的智用凸顯諸法的性空與假有：於性空中不來不去故不住
三界、以諸法性空故不與諸法俱（意即不以諸法名相為實）、諸法
假有故不捨。並藉由「若有諸佛、若無諸佛，是諸法相常住不異，
法相、法住、法位、常住，不謬不失故」，傳達諸法相是無異相的
「空」相，因此從無始以來，無論有佛、無佛，諸法第一義諦的
性相皆是常住不異、法爾如是。此中，諸法因「無自性性」而「不
空」意涵，並不能一目了然，必須仔細的體會，才能領悟。由此，
亦可見《摩訶般若波羅蜜經》以「隱密相」轉法輪的旨趣。

　　如同二時法輪是初時法輪的開展，三時法輪亦是在二時法輪
的基礎上所作的進一步探討。屬於三時法輪的經論很多，此時的
重點已從主要以客觀的角度討論一切法空的論述，逐漸地轉至從
心性的角度詮釋空性，亦即由主觀立論，因而將二時法輪的呈現
與三時法輪做」了區隔。在三時法輪中，對於諸法的詮釋是依於
唯心意義開展的。此時，由於諸法的呈現是與心識有關，於是諸
法的無自性性即由心之無自性性所顯，如《解深密經》卷二「無
自性相品」第五說道：「若即於此分別所行遍計所執相所依行相
中，由遍計所執相不成實故，即此自性，無自性性，法無我真如

---

33 《摩訶般若波羅蜜經》。《大正藏》第 8 冊，頁 311 中。

清淨所緣，是名圓成實相」[34]，在此《解深密經》以遍計所執所依的依他起相上，不起遍計所執相，即是真如所顯具「無自性性」的諸法實相，表明眾生若不起由虛妄憶想分別所成的遍計所執即能證入諸法實相。由此可見，染淨諸法的呈現即取決於眾生內心的狀態。故而三時法輪成為如來藏思想的代名。

　　經由前述，我們得到這樣的認識：般若思想在心性本淨思想方面的旨趣與如來藏思想並無二致，只是般若類經典不以描述佛地所具無自性性的風光為重點，而是側重講述進入佛地的方法與所依的智慧，即般若波羅蜜。也因此經文以極大的篇幅說明般若波羅蜜與諸法空義，卻對「眾生從本已來常清淨」、「法性清淨」、「法性常住」的相關思想點到為止，沒有作更進一步地闡釋。因此若不仔細推敲經意，很容易地便會以為般若經通篇只是闡揚諸法性空之義而已。這也是《解深密經》將宣揚「一切法無自性」列為第二時說，是不了義以「隱密相」轉正法輪的原因，因為沒有以表顯而肯定的方式說明諸法的「無自性性」義。《解深密經》認為宣揚「無自性性」的第三時說，以表詮的方式明確地說明法性與心性同具性空的實性，是以「顯了相」轉正法輪，並為了義之說。

2、無自性到無自性性的思想轉折

　　既然二時法輪已具三時法輪的思想，為何還需三時法輪？其原因為何呢？這可從歷史與思想兩方面探究。在歷史方面，若依照經典傳出的先後順序來對照三時法輪的次第的話，三時說的確反映了歷史上佛教思想的演進歷程：原始佛教、部派佛教、大乘般若學、佛性、如來藏思想。不同時期對諸法體性的詮釋表述了

---

34 《解深密經》。《大正藏》第 16 冊，頁 696 中。

佛教思想在佛教發展史中的轉折性意義，因此我們可從經典思想傳出的先後順序，檢視二時法輪轉至三時法輪的歷史原因。

般若經的原型是在西元前一世紀或西元一世紀前半出現的，於此之後一直到西元三世紀，其間陸續且密集地出現下、中、上品般若類經典。促成經典數量劇增的主要原因，是為了宣揚唯一可正確認識諸法性相的「般若波羅蜜」及大乘義，以匡正當時部派佛教（尤指上座部）以世間與涅槃為對立的見地、由此所導致其以個人解脫為追尋的目標，以及當時在社會中流行的有部思想。有部以諸法為實有，這違背了大乘佛教諸法皆性空的思想。印度的有部思想是在佛滅後 300 年也就是西元前約 250 年左右興起，到了紀元前後，有部思想已盛行於北印度。根據近現代考古研究，曾在北印度迦羅婆（Kalawan 號稱北印度最大的伽藍遺址）遺跡中的制多堂，發現成立於西元 77 年的碑文，其中記載了道安奉舍利於制多堂，捐獻給說一切有部。另外，在白夏瓦（Peshawa）附近由貴霜王朝（西元 45-250 年）的第三任國王迦膩色伽王（西元 144-173 年）建於西元二世紀以後的迦膩色迦大塔中，發現了供奉於迦膩色迦寺的舍利瓶，其上的碑文說明迦膩色迦寺屬有部所有。還有在白夏瓦的拘藍（Kurram）發現的小銅塔，其上的銘文（刻於西元 148 左右）也記載了安奉佛舍利，捐塔給有部之事[35]。這些都證明了有部曾在北印度盛行的事實。正因為般若思想闡述的重心在於破斥有部的實有主義，而不在於弘揚諸法實性的思想[36]，所以有關論述在經典中只是點到為止，並沒有多做發揮。

---

35 平川彰。《印度佛教史》，頁 199。

36 有部認為世間諸法因各自具有三世常存的法體而實有；般若思想則認為世間諸法的成立是由於法假、受假和名假的關係，諸法在世間的存有因此是「假有」。而且根據般若思想，諸法雖是假有，卻有其不生不滅、不可思議的自

到了西元三至五世紀之間，印度案達羅王朝（約西元前 200 年左右-西元三世紀）與笈多王朝（西元 320-540 年）時期，如來藏思想興起，如來藏思想的有關經典集中於此時期出現。造成的原因是：一是因為透過般若類經典的陸續傳出及龍樹（約西元 150-250 年左右）的大力弘揚，般若思想在此時期已在印度社會引起正面與負面極大的迴響，其中負面的影響是造成一些人對諸法無我思想的恐懼，以為一切都將斷滅；二是由於二王朝的王室皆崇奉婆羅門教，因而導致成社會中「梵我」思想的彌漫（雖然他們對佛教都實行保護政策）[37]。依據《楞伽經》所載，此時為了引導畏懼般若一切法空思想者以及攝受計我外道的緣故，佛教即將般若法性空而不滅的思想轉以如來藏之名表達，特別地突出對「法性」與「心性」所具「空」而「不空」一體二面性質的闡釋，以期能一方面以諸法實性的「不空」免除畏懼我、法二空思想的人們，另一方面以「無我如來藏」的思想說明，諸法實性雖不空，但此不空之性是由「空」所表述，而不是落入名相言詮的「實有」，從而引導具有「梵我」思想的人們能夠對諸法性相產生正確的認識。《楞伽阿跋多羅寶經》卷二「一切佛語心品」之二對此有清楚的說明：

> 佛告大慧：我說如來藏，不同外道所說之我。大慧！有時說空、無相、無願、如、實際、法性、法身、涅槃、離自性、不生不滅、本來寂靜、自性涅槃，如是等句說如來藏已。如來、應供、等正覺為斷愚夫畏無我句故，說離妄想、

性，即「空性」。但是此「空性」因為一方面必須在見道之後才能觀照到，再方面是言語和心行所不及之處，所以和有部所認為的諸法實有有，存在著根本性的差異。

37 平川彰。《印度佛教史》，頁 202-207，262-265。

> 無所有境界如來藏門。大慧……如來亦復如是，於法無我
> 離一切妄想相，以種種智慧善巧方便，或說如來藏、或說
> 無我，以是因緣故，說如來藏不同外道所說之我，是名說
> 如來藏。開引計我諸外道故，說如來藏，令離不實我見妄
> 想，入三解脫門境界，悕望疾得阿耨多羅三藐三菩提，是
> 故如來、應供、等正覺作如是說。如來之藏若不如是則同
> 外道所說之我，是故大慧。為離外道見故，當依無我如來
> 之藏。[38]

引文除了清楚地說明佛教使用「如來藏名」的原因之外，還明確
的告知如來藏的內涵，其實與「空、無相、無願、如、實際、法
性、法身、涅槃、離自性、不生不滅、本來寂靜、自性涅槃」等
名所闡述的語意沒有不同，換句話說，以上的名相即是「如來藏」
的同義語。由此可知，佛教所言的「如來藏」即是「無我如來藏」，
其所攝含的語意完全等同於《摩訶般若波羅蜜經》所言的「無所
有性是諸法自性」。於是，這段經文除了很清楚地說明如來藏名所
同時具有「空」而「不空」的勝義意涵，因而與般若思想的法性
與心性觀念沒有本質性的差異之外，還暗藏這樣的想法：同一概
念可同時擁有多個名稱，可因運各種情況，做不同的施設，因為
名稱不過是假施設而已，本身並無實義。

在思想方面，除了《楞伽經》所提出的，為了引導畏懼一切
法空思想而產生怯弱心者，以及攝受計我外道的兩個原因之外，
《究竟一乘寶性論》也曾經提過如來藏思想出現的原因，是為了
使眾生遠離五種過失。該經卷一「為何義說品」第七說道：

> 問曰。餘修多羅中皆說一切空。此中何故說有真如佛性。

---

38 《楞伽阿跋多羅寶經》。《大正藏》第 16 冊，頁 489 中。

偈言。處處經中說，內外一切空，有為法如雲，及如夢幻
等。此中何故說：一切諸眾生，皆有真如性，而不說空寂。
答曰：偈言：以有怯弱心、輕慢諸眾生、執著虛妄法、謗
真如實性、計身有神我，為令如是等，遠離五種過，故說
有佛性。[39]

根據經文，五種過失分別是：有怯弱心、輕慢心，執著虛妄法、
謗真如實性、以及計身有神我等。其中有怯弱心以及計身有神我
者，《楞伽經》已提到過。而執著虛妄法和謗真如實性者的問題即
產生於對般若思想的錯誤解讀。執著虛妄法者，以為般若思想的
性空之教，是教導諸法空無的法教，並以之為正說；謗真如實性
者，一般是指執著虛妄法者，他們以諸法空無為正見，所以常會
因為否定諸法具有真如體性而產生誹謗的現象[40]。至於輕慢的眾
生，可能是指「梵我論」者，他們以諸法同具實有「大我」的偏
執，造成他們對般若法空思想的輕視。綜合《楞伽經》與《寶性
論》所言，對般若思想的錯誤解讀，會造成三種心理：怯弱心、
執空無為正說的心、誹謗心；「梵我論」者則具備二種心態：輕慢
心、以為身內有神我的心。正是這樣的社會與思想現實，導致了
佛教轉變對法性與心性的詮釋方法，將般若思想中潛藏的思想，
以表顯的方式透過如來藏之名表達。

　　經由上述的討論，我們瞭解二時法輪的般若思想與三時法輪
的如來藏思想，並無本質上的差異，是由於社會思想的變遷，才
造成經典講述重心的轉移與用語的改變。因此在般若思想中所隱
藏的法性、心性「空」而「不空」的概念，在如來藏思想中改以

39 《究竟一乘寶性論》（後魏·勒那摩提）。《大正藏》第 31 冊，頁 816 上-中。
40 山口益（2006）。《般若思想史》（肖平、楊金萍譯）（一版）。上海：上海古
　　籍，頁 39。

明述的方式予以肯定，最終形成兩類經典在講述大乘核心思想方面不同的特色。

3、相關的論辯

由於對二時法輪與三時法輪內容解讀的不同，從古到今一直對之有很多的爭辯，我們在此稍做探討，以助更進一步的掌握二時法輪的般若思想與三時法輪的如來藏思想的基本概念，從而有助釐清糾結其中不清的思想脈絡。

（1）自空見與他空見

在以上的探討中，從眾生受無明影響的妄見分別而識知的諸法是「虛妄性空」開始，到眾生除去無明之後所覺知的諸法是「無所有」，而此「無所有」即是諸法的自性為止，我們深刻的體會到《摩訶般若波羅蜜經》中的般若思想，主張的是法性「空」而「不空」的深義，此即表明了諸法（包含有情眾生的法性 —— 心性）具有法爾如是的勝義自性，即無所有性、空性、或無自性性。這樣的思想與之後的佛性思想或如來藏思想在本質的內涵上毫無差異。只是以「隱密相」轉正法論的般若法教，對這個部分的闡述並沒有讓大家一目了然，以致造成有人誤認二轉法輪的般若法教只講「性空」，而不講以「空」為性的「無自性性」，並進而將之與如來藏或是佛性思想作了截然的劃分，導致了彼此之間的爭論。最有名的即是藏傳佛教中「自空見」與「他空見」的爭辯。

「自空見」是噶當派與格魯派的見解，他們認為般若法教是單純講述諸法自體「性空」的「無自性」之理，並以此為究竟了義之說，因此他們認為二轉法輪是了義說[41]。這種看法以為諸法

---

41 格魯派的著名學者：拉卜楞寺二世嘉樣・晉美旺波說：「《解深密經》中所說三法輪中的初 末二法輪是不了義經 因為那裏面沒有直接開示性空的經典，三轉法輪中的中轉法輪教是了義經，因為《般若心經》是了義經」。（見班班

皆無自性，其實只適用於表述一切緣起的有為法在世間的現實，即諸法世諦層面的意義，卻不適用於表述諸法不可思議的本體。因為諸法的本體若只單純是「空」的話，即落入空無，此為「斷滅論」，持這樣看法的人即成斷滅論者。這樣的看法忽略了般若法教對諸法空義是依二諦的次第說明，因而其終極立場是站在「法性不空」的「無自性性」上而言的。

「他空見」是寧瑪、薩迦、格舉與覺朗（或稱覺囊派）等派的見解，他們以為諸法具有以「空」為性的「無自性性」，此即是「自性」不空而「他性」空（即對諸法的能所二取戲論空）的「他空見」思想。他們贊成眾生皆本具「清淨自性」的如來藏說，並以此為了義之說，批判般若之教單純講述諸法性空，是不了義的。持「他空見」者以為般若法教只涵蓋「性空」的「無自性」思想，忽略般若思想的圓融特質，即「空」與「不空」兼具，同時含攝「虛妄性空」的「無自性」思想和以「空」為性的「無自性性」思想。由此看來，「自空見」與「他空見」所說都各有瑕疵，對般若思想的認識都不盡完善。

（2）如來藏說與梵我論

三時法輪中諸法皆具「真如實性」的說法，由於與「梵」的「大我」思想看起來有些類似，以致造成表述第三時說的如來藏思想——染上「梵我」的色彩。

「梵我論」具有兩個思想特徵：一從本體的角度來看，「梵」是作為諸法的本體、具有超越、恆常與真實的性質，是「實有」

多傑（2001）。《藏傳佛教智慧境界：拈花微笑》。台北：大千，頁296）。格魯派認為二轉法輪為了義說，而三轉法輪為不了義說的看法明顯的與《解深密經》所說不同。而且般若類經典的旨趣都一樣，並不只有《般若心經》是了義經。

而「不空」。現象界中所有的一切都以「梵」爲基體，因此「梵」是遍存於宇宙的一切事物之中，包含人身之中，但人身之中的梵被稱爲「阿特曼」，「梵」與「阿特曼」於是具有相同的體性，又可被視爲「實有」的一大我。當阿特曼的業行除去之後，就能發現本具實有而恒常的真性，並能因此與同性質的大梵結合，這即是所謂的「梵我一如」論。既然諸法皆同以「梵」爲本體，因此「梵」是諸法生出的根本原因，是以「緣起」即爲「梵我論」的另一個思想特徵。本體與緣起的思想相互連結而形成「梵我論」的基本思想。奧義書中不乏對此基本思想的表述，如早期的《蒙查羯奧義書》1.1.6 及 1.1.7 中說：

> 彼不可見，攝，無姓氏、無色、無眼、耳、手、足，恒常而遍入、遍在，微妙極，彼非變滅者，是萬物之胎，智者觀遍是。（1.1.6）
>
> 如蜘蛛之吐絲，而又收吸之；如地生草木，如人長毛髮，自不變滅者，萬物如是起。（1.1.7）[42]

在如來藏思想中，眾生被煩惱所覆而不得清淨，一旦煩惱盡除之後，眾生即能回返其本具的清淨體性，從此角度來看，如來藏說與梵我論的確不大容易區分。尤其《大般涅槃經》曾經明白的表示如來藏與佛性即是「我」義，如該經卷七「如來性品」第四之四說道：「佛言：善男子！我者即是如來藏義。一切眾生悉有佛性，即是我義。如是我義，從本已來常爲無量煩惱所覆，是故眾生不能得見」[43]。這樣的說法，更加深了如來藏說與「梵我論」的混淆，使對佛教佛性、如來藏思想沒有完整瞭解的人，以爲二者沒有差別。雖然乍看之下，如來藏說很難與「梵我論」作區隔，

---

42 徐梵澄。《五十奧義書》，頁 482。
43 《大般涅槃經》（東晉・法顯譯）。《大正藏》第 12 冊，頁 407 中。

但細究起來，二者還是存在著根本性的差異。

　　在佛教的「如來藏」思想中，眾生各具的佛性或如來藏（指空如來藏），都是以「無自性」爲性，也就是以「空」爲性（但此空只是強而名之，其本質是言語道斷，心行處滅，不可描述），是「空」而「不空」，因此「如來藏」是不生不滅、不增不減，是「自性涅槃」，本身並不具備創造世間的能力，並不能像「梵」一樣，可以生出諸法。眾生世間的成立，根據佛教，是因爲眾生爲無明障覆，由此導致其「虛妄憶想分別」之後所緣生。換句話說，即世間是眾生的「共業」所成，若沒有無明，則眾生的三界六道的世間不會宛然而現。再說，雖然人人都具「性空的如來藏」，但「如來藏」並不是眾生共具的「大我」，因此各人在盡破無明重返「如來藏」並修成一切種智之後，才可通過度生的強大誓願依如來藏（指不空如來藏）建立各自的淨土。於是若是「如來藏」是共通的，則大乘佛教思想中，所謂諸佛的各種刹土則不可能各自成就。由是可知，「如來藏」思想與「梵我論」思想的根本性差異。

第二節　《摩訶般若波羅蜜經》與
唯識思想的理論關涉

一、諸法性相

　　誠如前述，般若類經典的出世有其歷史因素，即是爲了對治當時占主流地位的說一切有部的實有主義，以及印度其他各派以諸法爲實有自性的學說。般若類經典以「妄見分別」、「虛妄憶想

分別」、或「顛倒妄想」等說明世法的假立不實,又以大量否定式的語言說明諸法根本性相「無所有」的內涵,以引導人們正確地認識諸法在世間與出世間的不同性相。由般若思想所揭示出的諸法性相的二諦義,在佛教思想的發展中,成為其後唯識學在這方面相關思想的鋪墊,但以著重詮釋阿賴耶識緣起的唯識思想,在思想的呈現上與般若思想有極大的差異,對於諸法性相的述說會以甚麼樣的方式出現在唯識思想中?二者之間的關係又將為何?

　　唯識思想中,對諸法性相集中而完整的說明出自《解深密經》。《解深密經》以「三相」或「三性」與「三無自性性」等思想,清晰地傳達了唯識思想時期對諸法性相的詮釋。「三相」是遍計所執相(性)、依他起相(性)、圓成實相(性);「三無性」是相無自性性、生無自性性、勝義無自性性。《解深密經》的「三相」說與「三無性」說可與般若思想哪部分對應呢?

　　《摩訶般若波羅蜜經》在闡述諸法性相時,依二諦由不同的層面分述諸法的性相。在世諦層面,該經以名假、受假、法假等「三假」說明諸法在世間緣起而假立的性相。《摩訶般若波羅蜜經》認為「三假」皆是源自人們的虛妄憶想分別:

> 須菩提!一切和合法皆是假名,以名取諸法,是故為名。
> 一切有為法但有名相,凡夫愚人於中生著……是名但有空
> 名,虛妄憶想分別中生。何等名色相?諸所有色若麤、若
> 細、若好、若醜皆是空,是空法中憶想分別著心取相,是
> 名為色相。何等是無色相?諸無色法憶想分別著心取相,
> 故生煩惱,是名無色相。[44]

　　其中,「是空法中憶想分別著心取相,是名為色相。何等是無

---

44 《摩訶般若波羅蜜經》,卷二十四「善達品」第七十九。《大正藏》第8冊,
　頁398中-下。

色相？諸無色法憶想分別著心取相，故生煩惱，是名無色相」，爲
表述諸法自空中經由憶想分別而緣起的「法假」現象；對緣起而
有的諸法相，施以由聲音與符號所表述的假名而成立，此名「但
有空名，虛妄憶想分別中生」，是「名假」的現象；而「一切有爲
法但有名相，凡夫愚人於中生著」，取名與相的和合，並對其產生
執著，使諸法因爲名相的假立而宛然若存，則爲「受假」的現象。
由此可知，「名假」與「受假」亦屬緣起法，而且都要依於「法假」
才能成立。進一步來說，諸法「名相」的建立緣於眾生的執取，
這種執取使得眾生界諸法緣生的名相宛然若實，《摩訶般若波羅蜜
經》以著名、著相描述，並沒有使用特別的名稱說明。這種經過
著名、著相而實有的諸法名相，其實只是「假有」，此即爲《摩訶
般若波羅蜜經》對「三假」緣起機轉的闡釋。

　　《摩訶般若波羅蜜經》以「虛妄憶想分別」闡釋諸法的呈現，
這是般若思想對於心識與外境關係的明確表態，從中揭示出「虛
妄憶想分別」即是眾生心識的一種能力。「虛妄憶想分別」的思想
源自十二因緣法，十二因緣法是闡述眾生經由無明造成「行、識」
的作用，由此成爲建立根身（名色）的基礎，根身之後經由六入
接受塵境訊息，再由心識運作後認識塵境（觸），接著以爲所認識
的塵相爲固定相並真實存有，而致產生受、愛、取、有、生、老
死等現象。十二因緣法清楚地說明了蘊、處、界等法因爲無明而
從「空」中生起，並使各類眾生的根、塵、識界宛然而現的原因
與過程，這是原始佛教對於「虛妄分別」與識境關係所作的清楚
闡釋。由此可知般若思想中，「虛妄憶想分別」所隱含識境關係的
思想早在原始佛教即已存在，但般若思想終究沒有對此思想作出
進一步地說明，完整的學說是由瑜伽行派完成的。

　　若依二諦所攝不同的範疇來探查《解深密經》中的「三相」

與「三無性」的相關內容,則闡述世諦層面的諸法性相義,是遍
計所執相與依他起相,因爲此二相的假有不實,該經將之定名爲
「相無自性性」與「生無自性性」。對於遍計所執相,《解深密經》
定義爲:「一切法名假安立自性差別乃至爲令隨起言說」[45]。依據
這段經文,對諸法施以假名,相與名相應的緣故,導致諸法的種
種差別相現起,但眾生執以爲實,並隨其差別相產生種種的分別
言說,就是遍計所執相。對此,《解深密經》清楚的說道:「相、
名相應以爲緣故,遍計所執相而可了知」[46]。因此遍計所執相即
是眾生對諸法名、相連結之後的和合相起錯誤的認知與執著,導
致以之爲諸法的自相,不知有爲諸法是緣起性空,是虛妄的假有,
亦不知定義諸法的假名是施設法,沒有實義。故而,所謂的遍計
所執相,並不是諸法的自相,其相於是不具自性,是「相無自性
性」。《解深密經》指出:「云何諸法相無自性性?謂諸法遍計所執
相。何以故?此由假名安立爲相,非由自相安立爲相,是故說名
相無自性性」[47]。對於眾生對之起遍計所執的諸法,《解深密經》
名爲「依他起相」,該經說道:「云何諸法依他起相?謂一切法緣
生自性,則此有故彼有,此生故彼生,謂無明緣行,乃至招集純
大苦蘊」[48],此中所言的依他起相,因爲是依他緣力而有,非自
然有,其緣起的機轉即是如十二因緣法所詮釋的,一支扣緊一支,
彼此互爲因緣輾轉相生而成,所以是「生無自性性」,《解深密經》
對此即說道:「云何諸法生無自性性?謂諸法依他起相。何以故?

<hr>

45 《解深密經》,卷二「一切法相品」第四。《大正藏》第 16 冊,頁 693 上。
46 同上書,卷二「一切法相品」第四。《大正藏》第 16 冊,頁 693 中。
47 同上書,卷二「無自性相品」第五。《大正藏》第 16 冊,頁 694 上。
48 同上書,卷二「一切法相品」第四。《大正藏》第 16 冊,頁 693 上。

此由依他緣力故有，非自然有，是故說名生無自性性」[49]。

　　由上述對二經在闡述世諦諸法的性相方面，我們瞭解到：《摩訶般若波羅蜜經》將經過認知取相的諸法與施設的假名視為一體，而產生執名著相的過程，定義為「三假」，其所攝的範疇，與《解深密經》中所述的在依他起相上透過名言熏習起遍計所執相的過程，如出一轍。依他起相由於是緣生自性，此有故彼有，此生故彼生的緣故，即是「生無自性性」，因此即通於《摩訶般若波羅蜜經》中述說諸法是緣起而假立的「法假」的範疇。但是我們也發現，《解深密經》在談論依他起相時，只從十二因緣法（內因緣法）的角度講述，雖然並沒有像《摩訶般若波羅蜜經》一樣同時涉及外因緣法，卻反而顯出其唯識的性格。由此看來，《摩訶般若波羅蜜經》的「三假說」跟《解深密經》的遍計所執相的「相無自性性」與依他起相的「生無自性性」內容並無本質性的差異，只是同樣的內容分由二組不同的語詞表述。另外，由二經所使用的不同表述名稱，可看出二者在傳達相關思想的偏重有異。《摩訶般若波羅蜜經》使用「三假」，強調的是世間諸法的假立。雖然該經指出諸法名相的假立源自「虛妄憶想分別」，但「三假」的名稱中卻不能直接看出這樣唯心的色彩；《解深密經》中，「遍計所執相」強調有為諸法的名相來自眾生的偏執，「依他起相」的名稱則展現了由無明為首所導致世間諸法的緣起，該經將名稱和十二因緣法、心的偏執緊密的結合在一起，比《摩訶般若波羅蜜經》的「三假」更多了一分唯識的色彩。

　　在闡述諸法第一義諦的性相方面，《摩訶般若波羅蜜經》是以「一切法一性非二性……是一法性是亦無性，是無性即是性，是

---

49 《解深密經》，卷二「無自性相品」第五。《大正藏》第 16 冊，頁 694 上。

性不起不滅」、「無相無爲性」、「無所有性」以及「有佛無佛法性
常住」的論述，清楚地對法性清淨本有、空而不空的內涵作出了
表示。從此也可看出，該經是以客觀及遮詮的方式而非表詮的方
式詮釋它對法性的見解。依因法性而有的實相，《摩訶般若波羅蜜
經》稱之爲「諸法實相」，該經對諸法實相的定義爲：「何等諸法
實相？所謂一切法不垢不淨。何以故？一切法自性空，無眾生、
無人、無我。一切法如幻、如夢、如響、如影、如焰、如化」。由
此可見，《摩訶般若波羅蜜經》對諸法實相的主張，同時涵蓋了法
性與由「無所有」、「無相無爲」的法性所顯發的不垢不淨的如幻
法相。

　　在《解深密經》中，諸法的實相被稱爲「圓成實相」，該經對
之的闡釋爲：「淨眼本性所行無亂境界」[50]，由「一切法平等真如」
[51]所顯，這樣看來，圓成實相的內涵即是真如，而真如又是以「勝
義空」爲內涵，因此《解深密經》又將圓成實相定義爲「勝義無
自性性」。該經卷二「無自性相品」第五說道：「復有諸法圓成實
相亦名勝義無自性性。何以故？一切諸法法無我性名爲勝義，亦
得名爲無自性性，是一切法勝義諦故，無自性性之所顯故，由此
因緣名爲勝義無自性性」[52]。由是，「法無我性」即是「勝義」之
意，並由此因緣名爲「勝義無自性性」。圓成實相既是指稱諸法在
真如境中的無亂境界，而且是以「法無我性」或「無自性性」之
所顯發。可見其之「圓成實相」的內涵是總括諸法「無我」的法
性，與由無我的法性所顯發的「無亂」的法相而成。這樣看來，《解
深密經》的圓成實相的意義範疇，與《摩訶般若波羅蜜經》的諸

50　《解深密經》，卷二「一切法相品」第四。《大正藏》第 16 冊，頁 693 中。
51　同上書，卷二「無自性相品」第五。《大正藏》第 16 冊，頁 693 上。
52　同上書，頁 694 上-中。

法實相，以皆是涵蓋自性空與「不垢不淨」而無亂，有如「如幻、如夢、如響、如影、如焰、如化」的清淨法相，而毫無不同之處。

在經過將《摩訶般若波羅蜜經》與《解深密經》在諸法性相方面的思想對照之後，我們發現，《摩訶般若波羅蜜經》是以「名假」、「受假」、「法假」的名稱詮釋有為諸法性相的假有，以「無性」、「無相無為性」、「無所有性」以及「諸法實相」詮釋諸法的本際性相。《解深密經》則使用「遍計所執相」與「相無自性性」、「依他起相」與「生無自性性」詮釋有為諸法性相的假有，以「圓成實相」與「勝義無自性性」表述諸法的勝義性相。除此之外，二經對諸法性相內涵的解釋完全相同（請見表十三）。由此可知，大乘佛教在從般若思想發展到唯識思想的過程中，雖然論述的主題與詮釋的語言有異，並因此使二者各具特有的思想性格，但是對於佛教思想的基本內核 ── 諸法性相，唯識思想中的「三相」與「三無性」的說法，除了從名稱可看出一些唯識的色彩之外，名稱所表述的內容仍然維持著與早期般若類經典相同的內涵。

表十三　《摩訶般若波羅蜜經》與《解深密經》在諸法性相方面的思想對照

主題	《摩訶般若波羅蜜經》	《解深密經》
世諦	以三假說明世法性相的虛妄不實。	以遍計所執相與相無自性性、依他起相與生無自性性說明世法的虛妄不實。
第一義諦	以「無性」、「無所有性」、「無相無為性」說明法性，以「諸法實相」稱諸法的勝義法相。	以「法無我性」或「勝義無自性性」闡述法性，以「圓成實相」稱諸法的勝義法相。

二、「識」與「智」的相關思想

大乘佛教的出現，主要是指導眾生脫離煩惱雜染、趣入清淨

體性與成就菩提，於是對於「識」、「智」之間流轉與還滅的闡述，就成為大乘佛教關注的重心。般若思想作為大乘佛教思想的根本思想，首先地揭櫫了它對這方面的看法。因為無明染覆而妄見分別，將無所有法視作有法，而致出現雜染的眾生界，是《摩訶般若波羅蜜經》對染分緣起的解說。這整個由憶想分別之後而生的顛倒妄想乃至陰、入、界成立的過程，即是唯識思想中，由細分染分而成的八識說所覆蓋的範圍，這是流轉的層面。在建立對諸法性相正確的認識，並養成世間般若波羅蜜之後，行者得以經過實際的觀行方法而見道，而致成就出世間般若波羅蜜，接著以此般若波羅蜜即得相應薩婆若，而後再以薩婆若心施行六波羅蜜，在不著一切法又修一切法的前提下，終得成就於一切法的行類、相貌、顯示、說皆得完全了然的一切種智，而登上佛位，此為《摩訶般若波羅蜜經》所揭示染分的還滅而獲轉依的過程。這樣的過程到了唯識思想中，則是以轉識成智說明，即在轉捨雜染之後，行者即將有漏的八識轉為無漏的四智。雖然唯識將「識」、「智」之間的流轉與還滅的機轉闡述的十分細緻，但其所依的基本原則，並不脫般若思想的範疇。由於《摩訶般若波羅蜜經》對於染分緣起的述說的太過簡單，而唯識思想又太過龐雜，二者在此層面無法進行對話，因此本節將關注的焦點集中於染分還滅與轉依的相關思想，亦即唯識學所稱的轉識成智的有關思想，內容涵蓋還滅的機轉以及對佛智內容的探討，嘗試釐清其間思想的發展與銜接。

（一）染分的還滅與轉依

從前述我們對《摩訶般若波羅蜜經》思想的探查中，可以知道對於染分轉換的問題，該經所提出的方式是要經由「三假」說，

建立對世間正確的知見，即世間諸法由妄見分別所成，是「假有」。有此正見之後，接著即需明白諸法的本際是「無所有」的第一義諦，以知心之歸向。而後攝心禪定，透過空觀見道，將染心回歸清淨，相應薩婆若，即得回復一切智。繼而在一切智的基礎上，經過實際的事行，亦即透過六波羅蜜修行道種智乃至一切種智，終得福慧具足圓滿一切種智的修行，現觀阿耨多羅三藐三菩提。這整個過程自凡夫發菩提心起，至入佛位止，即是《摩訶般若波羅蜜經》藉由六波羅蜜落實菩薩道次第，所提出的雜染還滅與淨分獲得的次第，實質上來說也即是一個轉依的次第（《摩訶般若波羅蜜經》在闡述相關的思想時，並未使用「轉依」一詞，我們先行使用「轉依」一詞，只為方便描述）。

　　在轉染成淨的次第中，染分如何還滅與淨分如何獲得，是完成修習次第的兩個重要的因素。染分還滅的關鍵，根據該經是來自無明的除滅與否。該經曾透過對諸法實相的闡述傳達過這樣的訊息：

> 舍利弗白佛言。世尊。諸法實相云何有？是中凡夫以無明力渴愛故，妄見分別說是無明。是凡夫為二邊所縛，是人不知不見諸法無所有，而憶想分別著色乃至十八不共法。是人著故，於無所有法而作識知見，是凡人不知不見。[53]

此段經文說明諸法的樣貌原是無所有，但眾生因為「始起」的無明所障而無法得知，此即暗示在無明生起之前，心即因為沒有無明，所以可在沒有妄見分別的情況下，了知諸法本無所有（一切

53　《摩訶般若波羅蜜經》，卷六「勝出品」第二十二。《大正藏》第 8 冊，頁262 中-下。這段短短的經文，由於其中蘊含豐富的思想，本書已經引用多次。截至目前為止，本書已用之闡述《摩訶般若波羅蜜經》對無明的立場、染淨法的緣起以及染淨法緣起的所依等。

法空）的實相。這原本沒有無明干擾，因而不具妄見分別的心，即是本有的「清淨心」，或名「薩婆若心」，即是本具的覺性。由此即可見「無明」在染分的還滅中的關鍵意義。淨分獲得的關鍵則在於是否可完成般若波羅蜜的修習（包含世間與出世間般若波羅蜜），相應薩婆若。因為相應薩婆若後，才得以薩婆若心在勝義境中習行六波羅蜜，之後，世間諸法以「空」為性、法相假有而成的「如幻」境界，才成為可期，道種智、一切種智也才得以隨後養成。

雖然《摩訶般若波羅蜜經》確實具有轉依的概念，但是並沒有針對心識轉依的機理作特別的描述，也沒有使用固定的名相表述。大乘佛教對心識完整的闡釋，是由奉行唯識思想的瑜伽派所完成。唯識學善說心識，不僅對每一種細微的心所都有詳盡的描述，對於八識轉依的機理，也有相當地闡發。般若思想與唯識思想不同的風貌也即體現於此：般若思想詳空面，略雜染面，而唯識思想詳雜染面，略空面。般若、唯識空有、詳略互有所長，因而也可互有所補。

唯識思想明確地提出「轉依」一詞，以表述染淨的轉換。「轉依」的梵語為 āśraya-parāvrtti。前字意為「諸法之所依」，後字為「轉」、「變」之義，二字相合即得「轉依」一詞。轉依用以表述「轉捨」與「轉得」兩個層面，即轉捨染分的所依 —— 阿賴耶識，而轉得淨法的所依 —— 真如。「所依」為染、淨諸法得以成立的根本原因，含有二義：一者「依憑」之義，即所依為能依所依憑；二者「因」義，即所依為能依生起的根本原因。由此可見，轉依的實際內涵即是轉所依。

《解深密經》藉由「三相」或「三性」之間的關係，曾經很清楚地闡釋了轉依的達成：「依他起相上遍計所執相無執以為緣

故，圓成實相而可了知」[54]。在此，《解深密經》指出在依他起相上不起遍計所執相，雜染相法除去之後，即能入諸法無自性性後所顯發的圓成實相，即為轉依獲得的方法。由此看來，遍計所執相、依他起相與圓成實相三者之間有緊密不可分離的關係：依他起相同時通達諸法的染、淨二相，染相是在依他起相上起遍計所執相所致；淨相則是在依他起相上不起遍計所執，以沒有雜染而成圓成實相。《解深密經》卷二「一切法相品」第四對此有極為清楚的闡釋：

> 善男子！若諸菩薩能於諸法依他起相上如實了知遍計所執相，即能如實了知一切無相之法。若諸菩薩如實了知依他起相，即能如實了知一切雜染相法。若諸菩薩如實了知圓成實相，即能如實了知一切清淨相法。善男子！若諸菩薩能於依他起相上如實了知無相之法，即能斷滅雜染相法。若能斷滅雜染相法，即能證得清淨相法。如是，德本！由諸菩薩如實了知遍計所執相、依他起相、圓成實相故，如實了知諸無相法、雜染相法、清淨相法。如實了知無相法故，斷滅一切雜染相法。斷滅一切染相法故，證得一切清淨相法。[55]。

此中，《解深密經》清楚地揭示出依他起相的雜染與清淨，決定關鍵在於是否有遍計所執相。若有，則依他起相將被執為實有而為雜染；若無，則依他起相不會被執為實有，其「無相」的真實，即圓成實相，將被覺知。同卷同品中，《解深密經》更以清靜的頗胝迦寶為譬喻，使遍計所執相、依他起相與圓成實相的關係更為清楚地展現了：

---

54 《解深密經》，卷二「一切法相品」第四。《大正藏》第 16 冊，頁 693 中。
55 同上書，頁 693 中-下。

譬如清靜頗胝迦寶，若與青染色合，則似帝青、大青末尼寶像，由邪執（即遍計所執）取帝青、大青末尼寶，故惑亂有情。若與赤染色合，則似琥珀末尼寶像，由邪執取琥珀末尼寶，故惑亂有情。若與綠染色合，則似末羅羯多末尼寶像，由邪執取末羅羯多末尼寶，故惑亂有情。若與黃染色合，則似金像，由邪執取真金像，故惑亂有情。如是德本！如彼清靜頗胝迦上，所有染色相應，依他起相上遍計所執相言說習氣當知亦爾。如彼清靜頗胝迦上，所有帝青、大青、琥珀、末羅羯多、金等邪執，依他起相上遍計所執相當知亦爾。如彼清靜頗胝迦寶，依他起相當知亦爾。[56]

由此引文可知，《解深密經》以清靜的頗胝迦寶（清淨的依他起相）與各種染色相應之後而產生種種色彩的情況，比喻依他起相上為名言習氣所薰染的情況（簡稱名言熏習）。透過名言的熏習，我們對諸法所產生的認識被固定的名言約束，此時相、名相應，諸法各自擔負著特定的意義，各種特定的意涵並變成諸法的自性，從此諸法並被執以為實，此即遍計所執相緣起的機理。上述的引文以將種種的染色認為是帝青、大青、琥珀、末羅羯多、金等真實物，描述在依他起相上由於相、名相應的緣故而起遍計所執相的情形。由此可知，諸法在世間的呈現是由名言熏習與遍計所執而成，如果能夠不對清靜的頗胝迦寶加上各種染色的名相起遍計所執，就不會將二者的和合相錯認為「實有」物，若能再進一步地了知頗胝迦寶上的各種染色（言說習氣）也是遍計所執相中的一種，即能不被各種染色所迷惑，如實地認知頗胝迦寶的實相，此

---

56 《解深密經》。《大正藏》第 16 冊，頁 693 中。

即是「依他起相上遍計所執相無執以為緣故，圓成實相而可了知」之義。

　　至此，我們瞭解到《解深密經》係透過三相與三無自性性說明行者從世間入出世間的思惟轉折。了知遍計所執相的「相無自性性」，為染分還滅的初步。當不再把依他起相錯認為他物時，即得進而瞭解緣起而有、非自然有諸緣生法的「生無自性性」。隨後，即得由了知世間諸法的無生與假立，而得趣入真如所行無亂由「法空性」或「勝義無自性性」所顯的圓成實相。換句話說，《解深密經》在此建立以「即相」入圓覺的理路，認為對於名言以及名言施設的對象（即諸法），都不能將之執為實法。

　　相對於《解深密經》通過三相與三無自性性所展現的一個染分還滅、淨分現前的次第，《摩訶般若波羅蜜經》是經由二諦的意趣透過「三假」與「諸法實相」將染、淨劃分，再以「空觀」、「假觀」、「中觀」養成的般若波羅蜜作為貫穿染、淨二分的橋樑，完成「轉依」的意義。由於該經缺乏一個對染、淨轉換的次第直接而集中的說明，對於這個轉染成淨的過程，我們必須通過對經義的仔細解析與體會，才能得到，因此不方便用來與《解深密經》作直接的對照。但龍樹曾藉由《大智度論》中「釋三假品」的部分，對由染轉淨的次第提供了一個清楚說明。鑑於《大智度論》是《摩訶般若波羅蜜經》逐文闡釋的釋論書，龍樹又承襲了般若思想的精髓，因此《大智度論》的有關說明應該是具有相當的代表性，我們可以用之與《解深密經》的相關經義作比較，以一方面清晰地掌握《摩訶般若波羅蜜經》中由染入淨的階次；一方面瞭解般若思想與唯識思想在這方面的同異處。

　　《大智度論》卷四十一「釋三假品」第七：「行者先壞名字波羅聶提（名假）到受波羅聶提（受假），次破受波羅聶提到法波羅

聶提(法假),破法波羅聶提到諸法實相中。諸法實相即是諸法及名字空般若波羅蜜」[57]。龍樹所提出破三假的次第是先破名假及受假,因爲諸法的假立(法假),是通過假名(名假)與對名相的執取(受假)而成立,所以在還滅的過程中,即須首先破除對假名及名相相應之後所得的概念,才能見到諸法的假有,這相同表示除滅的過程是透過一個由外向內的階次來達成。

由前述的討論,我們已知,《摩訶般若波羅蜜經》以名假與受假傳達的概念,相當於遍計所執相,法假等同於依他起相。於是對於《解深密經》所述入實相還滅的過程:「若諸菩薩能於諸法依他起相上如實了知遍計所執相,即能如實了知一切無相之法」,即相當於如實了知諸法的名假與受假,並能解脫此二假的過程;「若諸菩薩能於依他起相上如實了知無相之法,即能斷滅雜染相法。若能斷滅雜染相法,即能證得清淨相法」意即已知遍計所執相爲假立不實,從而能於依他起相上如實了知無相之法,進而能斷滅雜染相法,證得清淨相法,則相同於已知諸法假立,於是而能遠離「法假」並證得諸法實相的過程。

藉由經、論的對參,我們不但明確地把握了《摩訶般若波羅蜜經》由三假入實相的順序與旨趣,同時顯發了般若思想與唯識思想對於入圓覺的理路,具有相同看法的事實。只是《解深密經》將《摩訶般若波羅蜜經》中的三假與諸法實相的意趣,改用更具唯心意義的三相與三無自性性的語詞表述,並藉由三相與三無自性性的說明,將眾生原依遍計所執相達成對塵境的認知,以致染法現起,至除滅遍計所執相之後,透過依他起相瞭解到諸法的無生,悟入圓成實相,成功地將對外境識知的所依轉爲真如爲止,

---

57 《大智度論》。《大正藏》第 25 冊,頁 358 下。

將轉依的原則通過唯識的理路清楚地揭示出來。由此可看出，從《摩訶般若波羅蜜經》到《解深密經》，大乘經典言教方式的變遷，從而瞭解到大乘各經典之所以有不同風格的呈現，原因之一並不是其所言的內涵有異，而是源自各自不同的詮釋語言。

（二）對佛智詮釋的異同

根據唯識思想，行者在轉依的過程中，得依次將有漏的八識轉為無漏的四智，即第八識轉為大圓鏡智、第七識轉為平等性智、第六識轉為妙觀察智、前五識轉為成所作智。「識」緣生的過程始自自性為無明所覆，之後根本智的功能隨即被限，同時依次緣生阿賴耶識與以下的七識（始起）。各識分位不同的功能範疇，在共俱時達成對塵境的識知。既然「識」因無明而有，故而「智」轉得的過程，關鍵即在無明的除滅。在除去無明的過程中，般若波羅蜜依於安住法性的根本智，以「空」融通色、心諸法，原八識緣取外境各自不同的能力，即得轉成相對應的四智，並具有可緣三界六道一切俗境，了知一切法如夢幻的能力，此即是《摩訶般若波羅蜜經》中所謂的「色性空相不壞色」[58]的內涵，也是為何諸佛能夠如實知「諸法行類、相貌、名字、顯示、說」的內在機理。而且因為這樣的緣故，諸佛才能在諸法空義中，行廣大的度生事業，饒益有情。至於八識中的有漏識種，是在轉識成智的過程中，陸續地由識種轉成智種，成為可以成就一切淨法的材料，如嚴淨佛土。因此四智的出現雖是源出於根本智，但在轉化的過程中增加了對始起的三界六道中的諸法的詳盡瞭解，與自在運用智種的能力，從而成為佛地所獨有的「後得智」。這是如來自受用

---

58 《摩訶般若波羅蜜經》，卷二十五「實際品」第八十。《大正藏》第 8 冊，頁 403 中。

身，不通餘地，也不與其它有情與共。《佛地經論》卷三對此有清楚的說明：「緣真義邊名無分別智，緣俗義邊名後得智，雖緣一切行相微細不可了知……諸心心法，體雖是一，義用有多，隨用差別分爲二智，亦無有過。要達真理方了事俗，故雖一心，義說先後，或似後得，名後得智」[59]。由此看來，後得智與根本智俱是緣於真義（即第一義），但是因爲後得智是在「識」的還滅過程中所另外開發出來的智力與功用，所以雖與根本智體同，但二者由於有先後之別，且功用範疇不同，因此以「根本智」與「後得智」之名作出區分。由是「根本智」與「後得智」的關係也因此而成爲不一不異：體同故不異，用異故不一。

經由上述的討論可知，四智雖然與根本智同體，但在轉依的過程中，增加了對由轉識成智所成智種的運用能力，這個能力的養成是行者經由菩薩道的修行所開發出的能力，不是本具。由此可見，四智應用的範疇與《摩訶般若波羅蜜經》中表述「諸功德力」的一切種智相同。例如菩薩依四智中的大圓鏡智建立身、土，而一切種智亦得成就各種身、土，如《摩訶般若波羅蜜經》卷八「滅諍品」第三十一曾說過：「我若懈怠不能得菩薩道，亦不能得成就眾生、淨佛國土，得一切種智」[60]。只是一切種智以了知諸法相分的智力總括佛智，並未像四智分別表述佛種種智力的異相，因此可以視爲佛智的總相，而四智以分別述說佛智的差別，屬別相。

對於由始起的染分，轉識成智後才得以具有的四智，《成唯識論》稱其爲「所生得」，總名「菩提」。《成唯識論》卷十：「此四

---

59 親光菩薩等造。《佛地經論》（唐・玄奘譯）。《大正藏》第 26 冊，頁 302 下 -303 上。

60 《摩訶般若波羅蜜經》。《大正藏》第 8 冊，頁 282 中。

心品名所生得，此所生得總名菩提，及前涅槃名所轉得」[61]。在此，《成唯識論》指出四智及涅槃名爲「轉得」，即表示二者皆由轉依而得。此中，《成唯識論》所言的涅槃，即是自性涅槃。《成唯識論》卷十：

> 涅槃義別略有四種：一本來自性清淨涅槃。謂一切法相真如理，雖有客染而本性淨，具無數量微妙功德，無生無滅湛若虛空，一切有情平等共有，與一切法不一不異，離一切相一切分別，尋思路絕名言道斷，唯真聖者自內所證，其性本寂故名涅槃。[62]

既是自性涅槃，體即清淨，所以即是「清淨法界」。《成唯識論》卷十說道：「此復有二：一所顯得，謂大涅槃。此雖本來自性清淨，而由客障覆，令不顯真。聖道生，斷彼障故，令其相顯，名得涅槃。此依真如離障施設，故體即是清淨法界」[63]。由是，此涅槃也即等於《摩訶般若波羅蜜經》所言：「諸法如、法相、法性、法住、法位、實際，非作、非不作，畢竟不可得故」[64]的真如之境。至此，依據《成唯識論》，佛應具足五法，即四智與涅槃或清淨法界。《佛地經》亦有相似的闡述：「有五種法攝大覺地，何等爲五？所謂清淨法界、大圓鏡智、平等性智、妙觀察智、成所作智」[65]。至於覺知清淨法界之智，《佛地經論》稱爲「清淨聖智」：「清淨法界者……離一切相，一切分別、一切名言皆不能得，唯是清淨聖智所證，二空無我所顯真如爲其自性，諸聖分證諸佛圓證，如是

---

61 護法菩薩造，《成唯識論》（唐・玄奘譯）。《大正藏》第 31 冊，頁 57 上。
62 同上書，頁 55 中。
63 同上書，頁 55 中。
64 《摩訶般若波羅蜜經》。《大正藏》第 8 冊，頁 249 上。
65 《佛說佛地經》（唐・玄奘譯）。《大正藏》第 16 冊，頁 721 上。

名爲清淨法界」[66]。該論在此指出清淨聖智證悟的對象是清淨法
界，但因爲清淨法界是自性涅槃，本來清淨寂靜，所以是不生不
滅、不作不起、不來不去，故而可以覺知清淨法界的清淨聖智即
是本具的覺性，即根本智。清淨聖智是否可以完全證得，端視無
明破除的程度，這即是該論所說：「諸聖分證諸佛圓證」的原因。
清淨聖智在其它的唯識經論中，也有被稱作爲「根本無分別智」，
在《摩訶般若波羅蜜經》中則被稱做「薩婆若」或「一切智」。

　　由此看來，《摩訶般若波羅蜜經》以般若波羅蜜引導出於三
假、入薩婆若或一切智，乃至以一切智行六波羅蜜而得一切種智
的過程，已經完整地將染分的還滅到「智」的獲得，即一條成佛
之道完整的過程，做了清楚而全面的表述。可是因爲《摩訶般若
波羅蜜經》並沒有對心識的各種功能進行解析，這也不是般若思
想的重點。該經對「智」的詮釋，是隨順經文開講的目的，即通
過宣揚由認識諸法本際性相的智慧與慈悲心爲底蘊的六波羅蜜所
貫穿的菩薩道次第，強調度生功德力的養成，由此而提出道種智
及一切種智的觀念，以掃除當時部派佛教思想的偏差，例如有部
的實有主義，上座部的強調個人解脫等。唯識思想則是著重對染
法緣起的闡釋，將般若思想中籠統言及「虛妄憶想分別」的心識
作用，進一步地闡發爲八識。更配合八識之說，將一切種智做了
進一步的引伸，進行了功能的區分而成四智，對《摩訶般若波羅
蜜經》未有詳述的部分，給出了細緻的闡釋，使得從染分的還滅
至佛智的圓成，一條轉識成智的大乘菩提道不只次第分明，而且
在雜染心識的轉捨與四智的轉得的過程中，其中的機轉也展現得
歷歷在目。般若思想不足之處在唯識思想中得到進一步地闡發，

---

66 《佛地經論》卷三。《大正藏》第 26 冊，頁 302 上。

此同時顯現般若到唯識的發展軌跡，並展現了大乘思想的變遷，由此更加凸顯了般若思想在大乘佛教中的根本地位。

　　為了便於掌握本節對般若思想與唯識思想在識、智方面所有的討論，我們將二者思想的特點整理如下表（表十四）。

表十四　般若思想與唯識思想在「識」、「智」方面的思想對照

主題		般若思想	唯識思想
轉染成淨的次第		先破名假，次破受假，再破法假即可在雜染依次除滅之後，入諸法實相。	在依他起相上，不起遍計所執相，即可斷滅雜染相法，證得清淨相法，而入圓成實相中。
對佛智的闡述	所依	如、法相、法性、法住、法位、或實際等。	涅槃或清淨法界。
	根本智（顯得）	薩婆若或一切智。	根本無分別智或清淨聖智。
	後得智（生得）	一切種智。	大圓鏡智、平等性智、妙觀察智、成所作智。

　　到此，我們清楚地瞭解到，大乘各個思想在詮釋染、淨的思想方面，其原則是極為一致的，作為指引眾生由凡轉聖的各大乘思想，本就不可能在見地上彼此互相抵觸或矛盾。而且經由上述的分析與討論，我們亦一併清晰地掌握了般若、唯識、如來藏等思想各自有異的側重以及詮釋方法：般若思想以遮詮的語言突出般若波羅蜜的精神，並在般若波羅蜜的引導之下，使慈悲的精神運用到如虛空般地廣大，而使菩薩道次第可以依次圓滿完成，乃至現觀阿耨多羅三藐三菩提；如來藏思想凸顯眾生本具和如來一樣的自性清淨藏，以及此自性清淨藏是作為一切染淨法所依的思想。「自性清淨心而為客塵煩惱所覆」的思想，因而成為如來藏思想的特色；唯識思想著重於對心識的探究，在般若思想的基礎上，對於般若思想中沒有多做發揮的「虛妄憶想分別」，做了極為細膩

的解析與闡釋，使得心識的功能與機轉都獲得完善的說明。另外，經過菩薩道的修行轉識而得的一切種智，在唯識思想中也以功能範疇區分更為清楚的四智表述其意涵，因而使得佛智的意義獲得更確切地闡發。

總之，大乘思想雖然從般若思想開始，即已基本完備，但由於對各個議題的敘述廣略不同，使得大乘思想在般若思想之後還是呈現一個不斷發展的趨勢，只是發展的範疇並沒有離開般若思想所涵蓋的範疇，而是將般若思想中略說的道理，仔細說盡。故而大乘各思想間是存有共義且一脈相承的，也因此在思想上彼此是互有交涉，不能將之撕裂。在這樣的情況之下，般若思想中，自然可見唯識與如來藏思想的基型，而唯識與如來藏思想中亦可見般若思想的影子。於是在不同時期，由於因應社會思想的變遷，而導致出現的偏重與詮釋風格不同的各思想，卻反而互補而形成一個完整的大乘法教。

結　　語

　　從早期大乘佛教時期，即西元前一世紀開始流傳與「般若波羅蜜」相關的思想，是指導眾生出於煩惱、入於菩提，成功地由「識」轉「智」的關鍵思想，因此在梵文中，特以「波羅蜜」綴於「般若」一詞之後，以表達其之關鍵功能的意義。於是以「般若波羅蜜」的教、行果為中心而開展的大乘菩提道或菩薩道的思想被稱為「般若思想」，成為大乘佛教思想的基礎與精髓。在眾多的般若類經典中，《摩訶般若波羅蜜經》在其二萬二千頌的篇幅中，以適當的法數以及不會過多的重複，對般若思想做出全面而立體的闡述。之後，龍樹對之進行詳細的註解，造出《大智度論》一書，從而使該經於般若類經典之中特別地突出，並逐漸地為人所矚目。後來《摩訶般若波羅蜜經》經由鳩摩羅什的轉譯而傳佈漢地，在魏晉南北朝時期，當大家對般若思想的認知還是混淆不清之時，該經的出現使得般若思想有了釐清的機會。此外，該經藉由龍樹的中觀思想，間接地不僅對印度大乘佛教造成重大的影響，對中國漢藏二地的大乘思想也起了普遍而深遠的影響。《摩訶般若波羅蜜經》對大乘佛教發展的直接與間接性的意義，由此可見一斑。這也是我們自眾般若類經典中選取《摩訶般若波羅蜜經》作為般若思想的研究對象的原因。

　　本書的主要目的，是對《摩訶般若波羅蜜經》中的重要思想做系統性的探查。由於《摩訶般若波羅蜜經》所開顯的大乘義，

是體現在由般若波羅蜜與慈悲心所貫穿的菩薩道次第中,因此無論是從縱向還是橫向方面解析該經的思想,本書都是圍繞這個思想特點而開展的。在共五章的內容中,第一章是釐清《摩訶般若波羅蜜經》的成立背景,以瞭解該經形成的軌跡;第二章是對該經重要思想的解析與探究。雖然此中的話題看似耳熟能詳,但是我們除了注意思想的解析與梳理外,也同時遵循佛教解行相應的精神,行文時儘量關注思想與實踐之間的關聯性,從而突出了佛教學對於建構生命意義方面的特色。第一、二章我們將之歸為縱向研究的範疇;在第三章中,我們將該經與其它般若類經典對比,不僅突出了《摩訶般若波羅蜜經》個別的特色,並揭示了般若思想的一致性;第四、五章的內容則涵攝該經與其它大乘思想的關聯和異同的探究,一方面凸顯以《摩訶般若波羅蜜經》為代表之般若思想的重要內容與宣講重心,另一方面則呈現了般若思想與其它大乘思想之間的傳承意義以及與之方方面面的牽連。

大乘佛教中的思想體系:般若與唯識、如來藏思想,一般被當作截然不同的思想體系處理,但在本研究中,我們發現作為大乘佛教先驅思想之般若思想的啓發性意義:在對如來藏思想的影響方面,本書藉由《摩訶般若波羅蜜經》考察到般若思想中已完整地具有自性清淨藏與如來藏緣起或真如緣起的思想。在「自性清淨藏」的思想方面,《摩訶般若波羅蜜經》主要將對心性(為心的法性的簡稱)的詮釋含括在對法性的詮釋中,以諸法法性一味,同是「空」的性相,作為其對心性的基本立場。除此之外,該經多少也針對心性的本有與本淨作出了直接的表態(詳細請見第二章與第五章),因此「自性清淨藏」的看法並不是如來藏思想所特有。在如來藏緣起染淨諸法的思想方面,《摩訶般若波羅蜜經》的「諸法實相」,含藏了淨法緣起的思想,而「法性」即為淨法緣起

的所依；「虛妄憶想分別」則不但表述染法的緣起，也是染法緣起的所依。此外，依據該經，染法緣起或淨法緣起，是取決於無明的存在與否，這樣的思想特質與如來藏思想中的「自性清淨心為客塵所染」的意趣相同。

在與唯識思想的交涉方面，本書一是從諸法性相的角度來考察，另一是從「識」、「智」相關的思想來談。《摩訶般若波羅蜜經》中以三假（此表述諸法性相在世間的呈現）、法性、諸法實相（此二為諸法在第一義中性相的呈現）表述諸法性相。同樣的思想，《解深密經》中則轉以「三相」或「三性」以及「三無性」的面貌出現。就「識」、「智」方面而言，雖然《摩訶般若波羅蜜經》並沒有使用「識」之一詞，但是其所用的「虛妄憶想分別」，其實就是「識」的功能的一種展現，所以可以說該經是以簡單的思想與語詞講述染法相關的思想，可將之視為「八識說」的思想雛形。此外，《摩訶般若波羅蜜經》既然是以闡述般若波羅蜜完成菩薩道而臻阿耨多羅三藐三菩提的相關思想為主，其中就含有「轉依」的觀念，此即表示般若波羅蜜以具有引導由染入淨的功能，即是達成轉依所需要的智慧，於是「轉依」一詞的使用雖始自唯識學，但這樣的概念卻是早存於般若思想中。

由此可見，代表早期大乘的般若思想其實已經表述了完整的大乘思想。唯識與如來藏思想只是因應社會思想的變遷，而有了主題的轉換，將般若思想中未有言明的思想做了闡發，但其所把握大乘佛教的思想原則，並不脫般若思想的範圍。這樣的發現頗令我們振奮，以往的研究常常只注重各思想體系間的相異性，忽略了它們承先啟後的意義。先出的思想一般而言，皆較為簡略，後出的思想因為是以先出的思想為基礎再發展，所以在思想風貌的呈現上，較為繁複，此即是如來藏思想與唯識思想在大乘思想

的演繹上，出現了較為繁複的思想性格的原因。因此若我們只關注它們的異質性，則會將它們撕裂，忘記了它們以一樣的目的－－即透過種種的方便施教，引導各種根機的眾生達於阿耨多羅三藐三菩提 —— 而具有的思想共義。換句話說，即是同屬大乘佛教體系中的思想環節，它們所掌握大乘佛教的思想原則和所體現的精神不會相悖，純粹只是為了應機施教的關係，才產生了種種的方便施設與思想性格。於是在不同的詮釋中尋找它們的同質性，以明確地掌握大乘佛教的思想共性與倫理內涵，使佛教學的研究，除了透過對各思想異質的探究以掌握大乘佛教思想發展的變遷外，更可經由對其同質的探討，釐清宗教行為的倫理內涵，把握佛教在實踐方面的可行性。

　　總之，本書不但呈現了由般若思想而體現的大乘思想基型，而且顯發了大乘各思想之所以呈現迥異思想面目的原因：在於它們各自不同的言教安立以及側重的主題。然而恰恰因為如此，大乘思想反而獲得全然地闡發，並在各方面皆形成了精實的理論基礎。由此可見，代表早期大乘的般若思想，其範疇其實已完整地涵蓋了整個的大乘思想，唯識與如來藏思想只是因應社會思想的變遷，而有了主題的轉換，將般若思想中未有言明的思想做了闡發，但其所把握大乘的思想原則，並不脫般若思想的範圍。

參考文獻

（一）佛教經典（依翻譯年代排序）

《道行般若經》（後漢・支婁迦讖）。《大正藏》，第 8 冊。

《放光般若波羅蜜經》（西晉・無羅叉譯）。《大正藏》，第 8 冊。

《光讚般若波羅蜜經》（西晉・竺法護譯）。《大正藏》，第 8 冊。

《長阿含經》（後秦・佛陀耶舍、竺佛念譯）。《大正藏》，第 1 冊。

《小品般若波羅蜜經》（後秦・鳩摩羅什譯）。《大正藏》，第 8 冊。

《金剛般若波羅蜜經》（後秦・鳩摩羅什譯）。《大正藏》，第 8 冊。

《摩訶般若波羅蜜經》（後秦・鳩摩羅什譯）。《大正藏》，第 8 冊。

《大般涅槃經・北本》（北涼・曇無讖譯）。《大正藏》，第 12 冊。

《金剛三昧經》（北涼・失譯）。《大正藏》，第 9 冊。

《大方等如來藏經》（東晉・佛陀跋陀羅譯）。《大正藏》，第 16 冊。

《大方廣佛華嚴經》（60 卷）（東晉・佛馱跋陀羅譯）。《大正藏》，第 9 冊。

《增壹阿含經》（東晉・瞿曇僧伽提婆譯）。《大正藏》，第 2 冊。

《勝鬘師子吼一乘大方便方廣經》（宋・求那跋陀羅譯）。《大正藏》，第 12 冊。

《楞伽阿跋多羅寶經》（宋・求那跋陀羅譯）。《大正藏》，第 16 冊。

《雜阿含經》（宋‧求那跋陀羅譯）。《大正藏》，第 2 冊。

《入楞伽經》（元魏‧菩提流支譯）。《大正藏》，第 16 冊。

《佛說不增不減經》（元魏‧菩提流支譯）。《大正藏》。第 16 冊。

《文殊師利所說摩訶般若波羅蜜經》（梁‧曼陀羅仙譯），2 卷。《大
　　正藏》，第 8 冊。

《文殊師利所說摩訶般若波羅蜜經》（梁‧僧伽婆羅譯），1 卷。《大
　　正藏》，第 8 冊。

《佛說無上依經》（梁‧真諦譯）。《大正藏》，第 16 冊。

《大般若波羅蜜多經》（初會）（唐‧玄奘譯）。《大正藏》，第 5－
　　6 冊。

《大般若波羅蜜多經》（第二會）（唐‧玄奘譯）。《大正藏》，第 7
　　冊。

《般若波羅蜜多心經》（唐‧玄奘譯）。《大正藏》，第 8 冊。

《解深密經》（唐‧玄奘譯）。《大正藏》，第 16 冊。

《佛說佛地經》（唐‧玄奘譯）。《大正藏》，第 16 冊。

《大方廣圓覺修多羅了義經》（唐‧佛陀多羅譯）。《大正藏》，第
　　17 冊。

《大方廣佛華嚴經》（80 卷）（唐‧實叉難陀譯）。《大正藏》，第
　　10 冊。

《大乘入楞伽經》（唐‧實叉難陀譯）。《大正藏》，第 16 冊。

《大寶積經》（唐‧菩提流志譯）。《大正藏》，第 11 冊。

《文殊師利所說不思議佛境界經》（唐‧菩提流志譯）。《大正藏》，
　　第 12 冊。

《仁王護國般若波羅蜜多經》（唐‧不空譯）。《大正藏》，第 8 冊。

《大乘密嚴經》（唐‧不空譯）。《大正藏》，第 16 冊。

《大方廣佛華嚴經入法界品四十二字觀門》（唐‧不空譯）。《大正

藏》，第 19 冊。

《大乘理趣六波羅蜜多經》（唐・般若譯）。《大正藏》，第 8 冊。

《漢譯南傳大藏經・增支部經典一》（1994）。（葉慶春譯）。高雄：
　　元亨寺妙林。

（二）佛教論典（依翻譯年代排序）

龍樹菩薩造。《大智度論》（後秦・鳩摩羅什譯）。《大正藏》，第
　　25 冊。

龍樹菩薩造。《十二門論》（後秦・鳩摩羅什譯）。《大正藏》，第
　　30 冊。

龍樹菩薩造。《中論》（後秦・鳩摩羅什譯）。《大正藏》，第 30 冊。

龍樹菩薩造。《迴諍論》（後魏・毘目智仙、瞿曇流支譯）。《大
　　正藏》第 32 冊。《究竟一乘寶性論》（後魏・勒那摩提譯）。《大
　　正藏》，第 31 冊。

《決定藏論》（梁・真諦譯）。《大正藏》，第 30 冊。

龍樹菩薩造。《十八空論》（陳・真諦譯）。《大正藏》，第 31 冊。

馬鳴菩薩造。《大乘起信論》（梁・真諦譯）。《大正藏》，第 32 冊。

護法等菩薩造。《成唯識論》（唐・玄奘譯）。《大正藏》，第 31 冊。

親光菩薩等造。《佛地經論》（唐・玄奘譯）。《大正藏》，第 26 冊。

五百大阿羅漢等造。《阿毘達磨大毘婆沙論》（唐・玄奘譯）。《大
　　正藏》，第 27 冊。

世友菩薩造。《異部宗輪論》（唐・玄奘譯）。《大正藏》，第 49 冊。

彌勒菩薩說。《瑜伽師地論》（唐・玄奘譯）。《大正藏》，第 30 冊。

無著菩薩造。《攝大乘論本》（唐・玄奘譯）。《大正藏》，第 31 冊。

無著菩薩造。《大乘莊嚴經論》（唐・波羅頗蜜多羅譯）。《大正藏》，
　　第 31 冊。

唐・杜順。《華嚴五教止觀》。《大正藏》，第 45 冊。

（三）歷代專著（依翻譯年代排序）

東晉・慧遠。《大乘義章》。《大正藏》，第 44 冊。

梁・慧皎。《高僧傳》。《大正藏》，第 50 冊。

梁・僧佑。《出三藏記集》。《大正藏》，第 55 冊。

唐・吉藏。《勝鬘寶窟》。《大正藏》，第 37 冊。

商羯羅主菩薩造。《因明入正理論》（唐・玄奘譯）。《大正藏》，第 32 冊。

唐・窺基。《因明入正理論疏》。《大正藏》，第 44 冊。

唐・道世。《法苑珠林》。《大正藏》，第 53 冊。

佛光大藏經編修委員會（1994）。《禪藏·語錄部 古尊宿語錄二》。高雄：佛光。

（四）漢語專著（依作者姓名筆畫排序）

王文顏（1997）。《佛典疑偽經研究與考錄》。台北：文津。

王鐵均（2006）。《中國佛典翻譯史稿》。北京：中央編譯。

印順（1981）。《如來藏之研究》。台北：正聞。

印順（1988）。《初期大乘佛教之起源與開展》（四版）。台北：正聞。

印順（1993）。《印度佛教思想史》。台北：正聞。

印順（2003）。《唯識學探源》。台北：正聞。

印順（2003）。《中觀今論》。台北：正聞。

朱文光（2008）。《佛學研究導論》。台北：文津。

林光明（2000）。《簡易學梵字·基礎篇》。台北：全佛文化。

牟宗三（2004）。《佛性與般若》。台北：臺灣學生。

何先聰、張竣凱（2001）。《新編生物學》。台北：永大。

吳汝鈞（1995）。《印度佛學研究》。台北：台灣學生。

吳汝鈞（1996）。《佛學研究方法論》。台北：台灣學生。

吳汝鈞（1997）。《龍樹中論的哲學解讀》。台北：商務。

李利安主編（2004）。《彌勒五論》。西安：西北大學。

呂建福（1995）。《中國密教史》。北京：中國社會科學院。

呂建福（2009）。《密教論考》。台北：空庭書苑。

呂澂（2002）。《中國佛教源流略講》。北京：中華。

呂澂（2002）。《印度佛教源流》。上海：上海人民。

周貴華（2004）。《唯心與了別》。北京：中國社會科學。

周貴華（2006）。《唯識、心性與如來藏》。北京：宗教文化。

周廣榮（2004）。《梵語〈悉檀章〉在中國的傳播與影響》。北京：
　　宗教文化。

姚衛群（2006）。《印度宗教哲學概論》。北京：北京大學。

姚衛群（1996）。《佛教般若思想發展源流》。北京：北京大學。

姚衛群（2002）。《佛學概論》。北京：宗教文化。

班班多傑（2001）。《藏傳佛教智慧境界：拈花微笑》。台北：大千。

徐梵澄（2007）。《五十奧義書》。北京：中國社會科學院。

陳玉蛟（1992）。《〈現觀莊嚴論〉初探》。台北：東初。

紫虛居士（2002）。《金剛經白話注解》。花蓮：法成。

紫虛居士（2007）。《圓覺經白話注解》。花蓮：法成。

張曼濤編（1979）。《大乘佛教之發展》。現代佛教學術叢刊 98。
　　台北：大乘文化。

張曼濤編（1979）。《大乘佛教的問題研究》。現代佛教學術叢刊
　　99。台北：大乘文化。

張曼濤編（1979）。《般若思想研究》。現代佛教學術叢刊 45。台

北：大乘文化。

萬金川（1995）。《龍樹的語言概念》。南投：正觀。

萬金川（1995）。《詞義之爭與義理之辯－佛教思想研究論文集》。
　　南投：正觀。

楊惠南（1993）。《龍樹與中觀哲學》（再版）。台北：東大。

賴賢宗（2006）。《如來藏說與唯識思想的交涉》。台北：新文豐。

韓廷傑（2004）。《成唯識論校釋》。北京：中華。

韓廷傑（1993）。《唯識學概論》。台北：文津。

羅時憲（1999）。《小品般若經論對讀》。台北：全佛文化。

釋惠敏、釋齎因（1996）。《梵語初階》。台北：法鼓文化。

（五）日語專著（依作者姓名筆畫排序）

上田義文（2002）。《大乘佛教思想》（陳一標譯）。台北：東大。

山口益（2006）。《般若思想史》（肖平、楊金萍譯）（一版）。上海：
　　上海古籍。

山田龍城（1985）。《梵語佛典導論》（許洋譯）《世界佛學名著譯
　　叢 79》。台北：華宇。

常槃大定（1987）。《中印佛教思想史》（印海法師譯）。新竹：無
　　量壽。

平川彰（2004）。《印度佛教史》（莊昆木譯〕（二版）。台北：商
　　周。

高崎直道等（1988）。《如來藏思想》（世界佛學名著譯叢 68）。台
　　北：華宇。

梶山雄一等（1988）。《中觀思想》（世界佛學名著譯叢 63）。台北：
　　華宇。

梶山雄一等（1989）。《般若思想》（許洋主譯）。台北：法爾。

梶山雄一等（1986）。《佛教中觀哲學》（吳汝鈞譯）（再版）。高雄：
　　佛光。

（六）西文專著

Charles Rockwell Lanman（1959），ASanskrit Reader: Text and Vocabulary and Notes. Cambridge:Harvard University Press.

Edward Conze（1974），The Gilgit manuscript of the Astadaśasahasrikaprajñaparamita: chapters 70 to 82 corresponding to the 6th, 7th, and 8th Abhisamayas. Roma : Istituto Italiano per il Medio ed Estremo Oriento.

Edward Conze（1978），The Prajñaparamita Literature. Tokyo: The Reiyukai.

Edward Conze（1967），Thirty Years of Buddhist Studies: Select Essays by Edward Conze. London: Bruno Cassirer.

Edward Conze（1979），The Large Sutra on Perfect Wisdom, with the Divisions of Abhisamayalakara. Delhi: Motilal Banarsidass.

Olivelle, Patrick（1996），Upanusads/ translated from the original Sanskrit by Patrick Olivelle. Oxford: Oxford University Press.

Rischard H. Robinson（1996）。《印度與中國的早期中觀學派》（Early madhyamika in India and China）（郭忠生譯）。南投：正觀。

S. Radhakrishnan（1992），the Principal Upanisad. New York: Humanity Books.

Surendranath Dasgupta（1998）。《印度哲學史1》（林煌洲譯）。台北：國立編譯。

Williams Dwight Whitney（1987），Sanskrit Grammar: including both the classical language, and the older dialects, of Veda and Brahmana. Cambridge: Havard University Press.

列維、伯希和著（1957）。《吐火羅語考》（世界漢學論叢）（馮承鈞譯）。北京：中華。

（七）期刊論文（依作者姓名筆畫排序）

王邦維(1999)。〈四十二字門考論〉。《中華佛學學報》，（12），17-24。

吳汝鈞（1984）。《龍樹之論空、假、中》。《華崗佛學學報》，（7），101-111。

紫虛居士、紫雲居士（2006）。〈中觀、唯識與如來藏論的爭議與統一〉。《藥師山通訊》，（50），2-35。

楊惠南（2001）。〈《金剛經》的詮釋與流傳〉。《中華佛學學報》，（14），185-230。

楊翼風（2006）。〈論《金剛經》的三層心 ── 「住相生心」、「不住相生心」、「無所住生心」〉。《玄奘佛學研究》，（5），154-168。

蔡耀明（2000）。〈吉爾吉特（Gilgit）梵文佛典寫本的出土與佛教研究〉。《正觀雜誌》，（13），1-126。

譚世寶。〈略論佛教的語言文字政策及其偉大成果〉。《澳門佛教》（13），網路版。

釋惠敏（1984）。〈梵本《中論頌·月稱註》（淨明句論）研究序論〉。《華岡佛學學報》（7），頁 329-354。